Diseño de tapa:
LUCAS FRONTERA SCHÄLLIBAUM

JUAN JOSÉ ARÉVALO

CINCO PILARES PARA TRANSITAR EL CAMBIO

Los caminos del **lenguaje**, el **cuerpo** y las **emociones**

GRANICA

ARGENTINA - ESPAÑA - MÉXICO - CHILE - URUGUAY

© 2019 by Ediciones Granica S.A.

ARGENTINA
Ediciones Granica S.A.
Lavalle 1634 3º G / C1048AAN Buenos Aires, Argentina
granica.ar@granicaeditor.com
atencionaempresas@granicaeditor.com
Tel.: +54 (11) 4374-1456. Fax: +54 (11) 4373-0669

MÉXICO
Ediciones Granica México S.A. de C.V.
Calle Industria Nº 82 - Colonia Nextengo - Delegación Azcapotzalco
Ciudad de México - C.P. 02070 México
granica.mx@granicaeditor.com
Tel.: +52 (55) 5360-1010. Fax: +52 (55) 5360-1100

URUGUAY
granica.uy@granicaeditor.com
Tel.: +59 (82) 413-6195. Fax: +59 (82) 413-3042

CHILE
granica.cl@granicaeditor.com
Tel.: +56 2 8107455

ESPAÑA
granica.es@granicaeditor.com
Tel.: +34 (93) 635 4120

www.granicaeditor.com

Reservados todos los derechos, incluso el de reproducción en todo o en parte, y en cualquier forma

GRANICA es una marca registrada

ISBN 978-950-641-975-2

Hecho el depósito que marca la ley 11.723

Impreso en Argentina. *Printed in Argentina*

Arévalo, Juan José
   Cinco pilares para transitar el cambio : los caminos del lenguaje, el cuerpo y las emociones / Arévalo, Juan José. - 1a. ed. - Ciudad Autónoma de Buenos Aires : Granica, 2019.
   320 p. ; 15 x 22 cm.

   ISBN 978-950-641-975-2

   1. Autoayuda. 2. Conocimiento. I. Título.
CDD 158.1

Mi agradecimiento a mi familia: a Tere, mi compañera, por apoyarme siempre; a mis hijos: a Ariel por todo lo que me ha enseñado y a Martín por su trabajo en las figuras del libro. A mi maestro y amigo Daniel Rosales, por su empeño para que llegara a certificar en excelencia, y a otros muchos que por distintas circunstancias hicieron que me volviera más fuerte, más efectivo, posibilitando que clientes y distintas personalidades de la política, el arte y el mundo me elijan para facilitarles el camino para lograr sus objetivos. Para vos, viejito, que ya no estás pero que me diste todo. Para vos, mamá, que siempre estás atenta. A mis hermanos Jaque y Andrés, un beso y mi amor incondicional.

Índice

INTRODUCCIÓN	11
PRÓLOGO	13

Capítulo I
EL OBSERVADOR. COMENZAR A CONOCERNOS — 17
1. Caja de confort. Desafiar la dependencia — 18
2. Paradigmas. Modificar las creencias — 25
3. Ser, hacer y tener. Entender nuestro estilo — 35
4. El chivo expiatorio. Explicar y contar — 40
5. Resistencias. El temor a ser cambiados — 47
6. Introyectos. El regalo no deseado — 56

Capítulo II
NUESTRA COMUNICACIÓN. OBSERVAR QUÉ DECIMOS — 65
1. Aprender a aprender. Los cuatro estados — 67
2. Las decisiones. Elegir cómo y cuándo tomarlas — 73
3. Mejorar la comunicación. Hacer que nos entiendan — 87
4. Quejas y reproches. Elegir el reclamo — 96
5. Pedidos vs. órdenes. Comunicar lo que nos falta — 103
6. Armar un plan B. Nuestro aliado estratégico — 110

Capítulo III
NUESTRAS EMOCIONES. CUIDAR LO QUE NOS PASA — 117
1. Las emociones y los estados de ánimo. Diferenciarlos para actuar — 118
2. Cuando siempre nos falta algo. Elegir la puerta apropiada — 125
3. Las expectativas. Nuestras compañeras condicionales — 140
4. Corazas emocionales. Distinguirlas y avanzar — 151

5. Conflictos. La diferencia entre enfrentarlos o resolverlos   161
6. Nuestra interpretación de los problemas. Cuando el problema
   es la actitud   175

Capítulo IV
CORPORALIDAD. DISTINGUIR LAS DISPOSICIONES CORPORALES   189
1. Cuerpo y corporalidad. Distinción de lo corporal   191
2. Posturas corporales. Entender nuestra corporalidad   196
3. Distinguir nuestra corporalidad. Mejorar la conversación   203
4. Constituirnos en el otro. Comenzar a empatizar   212
5. Centramientos. Corporalidad y emoción   218

Capítulo V
METALIDERAZGO. CONSERVAR EL LIDERAZGO   227
1. Crear y poner en marcha una visión. Aspectos personales
   y profesionales   229
2. Confianza. Construir y reparar   243
3. Negociación. Negociar con nuestra razón o con el corazón   267
4. Trabajo en equipo. La riqueza en lo diferente   276
5. El coaching ontológico como asistente. Hacer coaching
   en el liderazgo   295
6. Metaliderazgo. Llegar para mantenerse   307

Introducción

La elaboración del material para el libro surgió de mi necesidad de volcar las experiencias vividas en los entrenamientos y cursos donde he participado como coach y aprendiz. Los talleres y las charlas compartidas, luego de las dinámicas realizadas con miles de personas, me han aportado distinciones que he querido articular en el libro. Mi deseo es que podamos acortar la distancia entre lo que queremos y lo que tenemos. Estas distinciones, las ofrezco como una guía más para poder observar el mundo que nos rodea desde la apertura de posibilidades. Es un camino para entendernos, comunicarnos con nosotros mismos, relacionarnos con los demás y, fundamentalmente, para legitimar al otro como un verdadero otro. Los conocimientos y distinciones que he volcado y que se encuentran en este libro me permitieron, nada más y nada menos, que elegir actuar y no reaccionar ante lo que me sucedía.

De forma integral y sistémica, el libro pretende articular los dominios esenciales del ser humano: cuerpo, emoción y lenguaje para ponerlos al servicio de nuestros objetivos.

Cuando comprendamos que no podemos achicar la brecha entre lo que tenemos y lo que queremos, podremos echar mano al libro y acceder a distinciones que nos facilitarán la posibilidad de iniciar pequeñas transformaciones que nos ayuden a alcanzar lo que deseamos.

Espero poder cumplir el objetivo. Tanto las amas de casa, como profesionales, empresarios, docentes y alumnos que estén buscando resultados que les son esquivos, podrán acceder a cambiar el observador que le permita encontrar alternativas para comenzar un cambio en sus vidas. Por otro lado, quienes transitan el universo del management y el liderazgo, profesionales y estudiantes de coaching, que deseen conocer y articular, de manera clara y sencilla, competencias que les permitan acceder a la gestión del liderazgo, podrán analizar qué los detiene y qué los beneficia en varios temas que suelen estar tratados en otras obras de manera desarticulada.

La Figura 1 ilustra en forma de resumen una idea de los temas por los cuales transitaremos. Gracias.

Figura 1.

Prólogo

Cuando Juan José me invitó a que prologara su libro, un conjunto de emociones se dispararon en mí como consecuencia de su pedido. Una de las competencias en que se entrena un coach ontológico profesional es la capacidad de distinguir sus estados emocionales, aceptarlos y gestionarlos sobre la base de aquello que quiere que pase. No fue esta la excepción, y así pude distinguir alegría ante un nuevo logro de Juan José en su carrera profesional, ansiedad en la búsqueda de anticipar, lo que auguro y deseo, como un éxito editorial que contribuya a difundir y aportar los nuevos paradigmas en la comunicación humana, el liderazgo y la coordinación de acciones para el logro de resultados personales y organizacionales. De todo el cóctel de emociones que experimenté, todas ellas de apertura de posibilidades, fue la emoción de orgullo la que se hizo notar con mayor intensidad. Orgullo al ver en Juan José una nueva manifestación del proceso de transformación personal y profesional que comenzó, allá por 2007, al iniciar su formación como coach ontológico en la Escuela Latinoamericana de Coaching, institución que me honra haber fundado y que presido.

El Juan José que conocí entonces era un ingeniero y empresario que había puesto en marcha un emprendimiento industrial exitoso en sus resultados operativos. De manera similar a lo que profesionalmente puedo distinguir al trabajar desde el coaching con la gran mayoría de los empresarios, veía como "natural" que aquellos logros trajeran en consecuencia un estilo de vida que incluía altos niveles de estrés, enojos casi a diario, luchas con circunstancias muchas veces desfavorables para el negocio, conflictos laborales vistos como inevitables y un fuerte desbalanceo por las horas dedicadas a la empresa en detrimento del disfrute y de la vida personal. Él mismo se "definía" en términos de "yo soy así" y, por lo tanto, era ciego a otras posibilidades de relacionamiento, tanto consigo mismo como con los demás y con las situaciones contextuales. No obstante, "algo" lo llevó a un proceso de búsqueda para encontrar alternativas que le permitieran resignificar tanto esfuerzo invertido en el pasado y darle un "sentido" más poderoso a su vida, hacia el futuro. Quizás, como señala Humberto Maturana, operó en él, como en todos nosotros, la matriz biológica-cultural conformada por la biología del conocer y la biología del amar. Nos dice Maturana: "Ingresamos a la biología del conocer desde la curiosidad, y a la biología del amar desde el dolor". Curiosidad para explorar nuevas formas de aprendizaje, y dolor ante una forma de vivir que parece que naturaliza un hábito cultural que nos hace resistir al otro como legítimo, en la fantasía de que tenemos acceso privilegiado a la verdad. Resistimos todo aquello que se comporta o manifiesta de manera contraria a como "debería ser", a nuestro juicio. Esta manera de vivir responde al programa metafísico explicitado en la filosofía de René Descartes en el siglo XVI y que ha tenido una influencia definitiva en el pensamiento occidental, al crear la ilusión de que "vemos las cosas como son", en vez de distinguir que solamente son "como las vemos".

El aprendizaje ontológico, propuesto por Rafael Echeverría, identifica propuestas desafiantes del paradigma metafísico en tanto y en cuanto observa al ser humano como "un siendo" en la coherencia entre sus pensamientos (lenguaje), sus estados emocionales y sus disposiciones corporales.

El constructivismo, por su parte, aporta la mirada del aprendizaje como un proceso dinámico en el cual es la persona quien construye conocimiento desde sus propios recursos. Las neurociencias nos permiten verificar la plasticidad del cerebro que tiene la capacidad de construir nuevas redes neuronales, fundamentando así los cambios conductuales. La perspectiva sistémica, en tanto, nos permite observarnos como seres relacionales que modifican el comportamiento del sistema al que pertenecen al modificar nuestro propio comportamiento. La Gestalt y su aporte a la gestión emocional, la logoterapia de Viktor Frankl que aporta la "voluntad de sentido" como inspirador del actuar humano, la fenomenología de Husserl y el enfoque filosófico de Heidegger, Nietzsche, Austin, Serle y Wittgenstein, entre otros, completan este poderoso bagaje teórico que le dan fundamento a la interpretación que propone el coaching ontológico, tanto como manera de ser así como también como práctica profesional, permitiendo asistir a personas y organizaciones hacia el logro de resultados que parecían imposibles de conseguir.

Arévalo escribe esta obra siendo, él mismo, testimonio viviente del poder que brinda transitar los *Cinco pilares para transitar el cambio,* lo que le da un valor extra al libro. A aquel ingeniero emprendedor y exitoso le ha sumado su ser coach ontológico, permitiéndole así incorporar competencias conversacionales, emocionales y corporales que, sin duda alguna, expanden su capacidad de acción efectiva. Su libro no es un compendio de aquellas teorías mencionadas, sino que, desde un lenguaje sencillo de entender, muestra accesos que permiten distinguir la problemática cotidiana de la persona, las dificultades más recurrentes del empresario y las propuestas para producir lo que en coaching ontológico identificamos como "cambio de observador". El texto elaborado por Juan José es una invitación constante a seguir leyendo para poder así experimentar las nuevas miradas, los nuevos paradigmas que presenta para transitar caminos de aprendizaje sustancialmente diferentes de los conocidos. No se trata de incorporar conocimientos, acumular "saberes" que solo permitirían "hablar acerca de". Se trata de experimentar en la acción, una vez transformado el observador que cada uno está siendo. Esta acción genera el aprendizaje y deviene en un nuevo observador, generándose así el círculo virtuoso de expansión del potencial del ser humano hacia los logros que le den sentido a su actuar.

Viktor Frankl nos permite reflexionar, en su célebre *El hombre en busca de sentido,* que los seres humanos necesitamos conferirle un sentido a nuestra vida para que se constituya en un verdadero "motor" del vivir. Los coaches ontológicos asistimos a las personas, equipos y organizaciones para que ellos mismos generen recursos para conferirle sentido a sus vidas.

Juan José Arévalo, con su obra y testimonio, manifiesta su estar siendo coach, contribuyendo a la expansión de esta particular manera de vivir, posibilidad enorme de transformación del ser humano y, por ende, del mundo todo.

Ingeniero Daniel Rosales
Master Coach Ontológico Profesional
Presidente de ELAC - Escuela Latinoamericana de Coaching
Presidente de la FICOP - Federación Internacional
de Coaching Ontológico Profesional

CAPÍTULO I

El observador. Comenzar a conocernos

> *Soy Tony Stark, construyo grandes cosas, tengo una linda novia y en ocasiones... salvo al mundo. Y entonces, ¿por qué no puedo dormir?*
>
> Tony Stark en *Iron Man*.

En este primer capítulo tendremos la oportunidad de recorrer un camino de autoconocimiento de manera gradual y amigable que nos permitirá reducir la brecha entre lo que tenemos y lo que queremos. El foco se centrará en quiénes *estamos siendo* con el fin de analizar los hábitos, maneras de decir, sentir y de poner el cuerpo ante los distintos momentos y situaciones que solemos atravesar en nuestras vidas.

Cuando empecemos a comprender nuestro *estar siendo*, podremos diferenciar qué es lo que nos complica y qué es lo que nos impulsa a obtener lo que deseamos. De esta manera, podremos facilitarnos el camino y la llegada a los resultados que buscamos desde hace tiempo. La particular forma de observar y explicar por qué no logramos nuestros objetivos será un indicador de los mecanismos que utilizamos para resistirnos al cambio.

Distinguir y darnos cuenta de nuestras creencias y del estilo que manejamos nos permitirá, con las herramientas adecuadas, desafiarlos cuando estos nos compliquen, dando, de a poco, la bienvenida a conceptos que tal vez ya conozcamos, pero que suelen encontrarse dentro de nosotros en forma desordenada o no muy clara.

1. Caja de confort. Desafiar la dependencia

A medida que crecemos, aprendemos y experimentamos, acumulamos una cantidad de conocimientos que suelen tener estrecha vinculación con la manera de observar lo que nos rodea a partir de nuestra interpretación.

Las diferentes experiencias sumadas forjan nuestra forma de pensar y juzgar; esto hace que, a medida que avanzamos en la vida, construyamos una particular estructura de conocimientos llamada caja de confort.

Todo lo bueno y lo malo que nos haya pasado, nuestra singular forma de interpretarlo y el aprendizaje que pueda devenir de todo lo vivido se instala dentro de la caja, la también denominada zona de confort.

Nuestro ser, hacer y tener tienen una dependencia y una relación estrecha con la caja de confort (véase Figura 2). Las creencias y todo lo que hemos aprendido se encuentran allí.

Cuando hablamos del conjunto de creencias y paradigmas que habitan nuestra caja nos referimos a las experiencias con las que hemos crecido. Estas vivencias y conocimientos constituyen el contenido de donde nos abasteceremos para actuar y reaccionar ante todo lo que nos pasa.

Suele resultarnos muy cómodo mantenernos en ella sin buscar nuevos horizontes, y en ocasiones resulta ser el lugar donde nos refugiamos cuando nos defendemos del cambio.

Si no transformamos esto con aprendizaje, probablemente lleguemos al lugar hacia donde nos estamos dirigiendo. El apego a estas creencias suele colocarnos en un espacio de ceguera cognitiva. Esta invidencia es una de las fuentes de mayor sufrimiento para nosotros, y también puede serlo para quienes nos rodean. Cuando no podemos identificar que

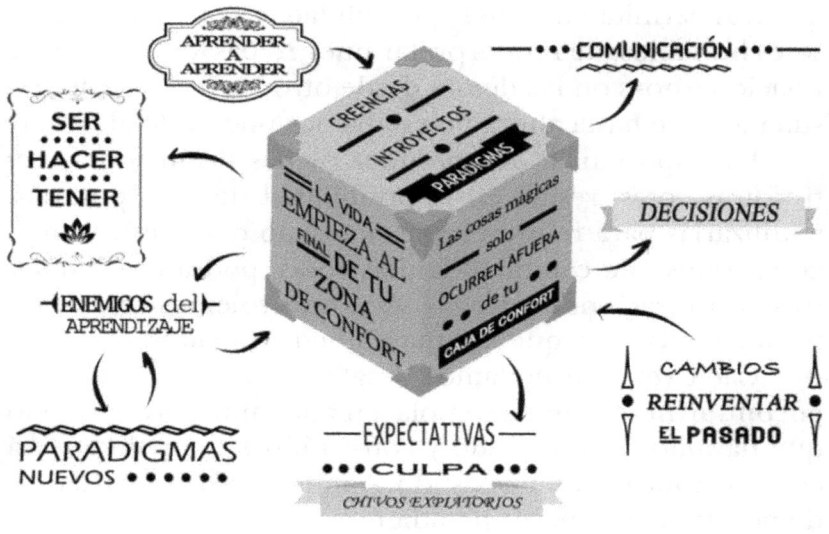

Figura 2.

nuestra caja nos tiene secuestrados es casi imposible ver qué necesitaremos para conseguir los objetivos, y es la responsable de la brecha entre lo que vivimos y lo que queremos vivir. Gracias a este arraigo pueden aparecer emociones como angustia, fracaso, rencor, que colaboran para desorientarnos aún más.

Si encontramos lo valioso que es desafiar a las creencias para cambiar nuestros resultados, también tendremos la oportunidad de salir de nuestra caja de confort. Si bien esto puede desatar todo tipo de retos y enfrentamientos, también puede llevarnos a un territorio nuevo que, aunque desconocido, nos abrirá la posibilidad de ser más efectivos.

1.1. El pasado. Reinterpretar y avanzar

Para desafiar a las creencias y apartarnos de nuestra caja de confort necesitaremos de ciertas distinciones genéricas que nos permitan darnos la posibilidad, que tenemos como seres humanos, de reinterpretar nuestro pasado. Podremos relacionarnos con los demás desde otro lugar y obtener resultados que hasta ahora no estábamos pudiendo alcanzar.

La importancia de aprender dichas distinciones, entre otras cosas, reside en la posibilidad de incorporarlas, y utilizarlas para reinterpretar el pasado que, junto con el compromiso de cambiar algunas cosas, podrá curar nuestras conversaciones internas, esas que solemos tener con nosotros mismos y que nos mantienen atrapados.

Cada vez que podamos desafiar nuestras creencias y encontrar nuevas que reemplacen a las anteriores, todo lo que hayamos interpretado y construido en el pasado será como si nunca hubiera existido. Aunque busquemos dentro de nosotros, los nuevos paradigmas siempre se encuentran fuera de nuestra caja de confort. Esto se ha comprobado a través de la historia, ya sea en el área de la ciencia, la tecnología y de todas las actividades en las cuales el ser humano se desempeña y sigue la búsqueda de la evolución, donde no importa lo anterior, solo interesa lo nuevo.

Sabemos que no podemos cambiar lo que ha ocurrido en el pasado, pero sí podemos reinterpretarlo para darle otra significación. Por este camino, más allá del dolor o complicación que hayamos tenido, lograremos modificar nuestra forma de pensar y emocionar apoyados en nuevas creencias cuando evocamos lo que hemos vivido.

1.2. Ampliar la caja de confort. Sumar, no solo reemplazar

Existen momentos en la vida en las cuales no sabemos qué nos pasa, pero sospechamos que con lo que sabemos solo nos alcanza para involucrarnos en problemas y no para llegar a obtener lo que deseamos. Es una oportunidad para preguntarnos si buscar y encontrar distinciones y nuevos paradigmas ayudaría a conseguir nuestros propósitos.

Para poder dar respuesta a lo que nos pasa, y de esta manera achicar la brecha entre nuestra realidad actual y la realidad deseada, no necesitamos desechar todo lo que hayamos aprendido hasta ahora. Veremos que desde un concepto amigable podremos ampliar nuestra caja de confort, sumando conocimientos y experiencias nuevas.

Una de las claves para salir de la caja es empezar a construir nuestro liderazgo personal. Sea cual fuere la actividad que desarrollemos, al no poder dar lo que no tenemos y ser incapaces de liderar nuestras vidas, será muy difícil liderar a los demás. En principio, si no nos lideramos a nosotros mismos quienes nos observen e intenten acompañarnos no tendrán la convicción de seguir a un verdadero líder.

Si queremos comenzar a liderarnos necesitaremos desafiar lo que conservamos en nuestra zona de confort. El proceso de valoración comienza cuando utilizamos nuevas distinciones y empezamos a obtener resultados más efectivos. Es allí donde nos conectamos con la importancia de desafiar y salir de la zona de confort.

Un liderazgo eficaz invita a incorporar herramientas que faciliten y guíen nuestras vidas para transformar gradualmente el ser y cambiar de observador para poder enfrentarnos a paradigmas y creencias.

1.3. Permanecer en la caja. La comodidad y sus peligros

Algunos de los peligros de vivir y no salir de la caja de confort son:

- Obtener una repetición de resultados inefectivos.
- Insistir con lo conocido y obtener los mismos resultados.
- Estancamiento y parálisis para encarar nuevos proyectos.
- Ceguera e ignorancia sobre algún ámbito o tema.

- Sensación de fracaso, angustia y resentimiento.
- Creer haber alcanzado el éxito, entonces ya no habrá progreso.

Si no cambiamos nuestra manera de sentir y hacer las cosas, probablemente lleguemos al mismo resultado al cual antes nos estábamos encaminando.

Para evitar que esto suceda necesitaremos trabajar en nuestro observador, realizar cambios y esforzarnos para llegar al destino deseado y no al cual apuntamos con nuestro actual estar siendo.

Algunas personas por miedo al cambio se paralizan o se victimizan al explicar cuáles son las causas, ajenas a ellos, que no les permiten obtener resultados más efectivos.

Por lo general, ante la mirada de estas personas, los cambios pueden representar amenazas, imposiciones o confusión, y de esta manera su transformación no resulta fácil de llevar adelante, obteniendo más de lo mismo.

Si hacemos un recorrido por los resultados no queridos y lo que esto nos provocó, es probable que a partir de un "basta" empiecen a aparecer ante nosotros los caminos que promuevan los cambios necesarios para obtener la efectividad que buscamos.

La declaración de "basta" puede convertirse en el primer paso para cambiar los resultados inefectivos cuando estos se repiten, siendo la bisagra para que nuestros resultados no sean "más de lo mismo".

1.4. Herramientas para salir de la caja. Conversaciones internas

Algunas de nuestras conversaciones internas (los expertos en neurociencia dicen que tenemos decenas de miles por día), suelen ser las causantes de la derrota previa que podemos sentir ante el intento de salir de nuestra zona de confort.

Pensamientos como: "no voy a poder", "el desafío es enorme", "esto no es para mí" suelen ser parte de los juicios previos que nos formamos sobre nosotros al tener estas conversaciones internas.

Si nos sentimos derrotados antes de intentar algún cambio o acción con el mundo exterior, necesitamos aprender a distinguir que estamos sumidos en la ilusión de estar interactuando con lo que nos rodea, cuando en realidad lo hacemos con nosotros mismos. Liberarnos de estos juicios previos puede ser el camino para empezar a cambiar los resultados.

Si tenemos pensamientos tales como "no voy a poder" o "voy a fracasar", ¿cómo vamos a poder generar las conversaciones necesarias para conseguir el cambio? Resulta evidente que cuando pensamos para la derrota, hablamos y escuchamos para el fracaso y no para el éxito.

Si pudiéramos distinguir cuándo hablamos para el fracaso tendríamos la oportunidad, a través de un cambio de observador, de emprender un camino en el cual puedan desarrollarse herramientas que nos facilitarían salir de la zona de confort y encontrarnos con resultados más efectivos.

Si tenemos una actitud perdedora al desafiar a nuestro observador, necesitamos preguntarnos sobre qué bases estamos juzgándonos y si podemos fundamentar por el opuesto nuestras conversaciones o pensamientos. Si esta ambigüedad fuera aplicable estaríamos en condiciones de cambiar lo que pensamos, ya que no es acertado fundamentar tales prejuicios desde dos miradas opuestas.

1.5. Salir de la zona de confort. Dar el paso día a día

El ganar oportunidades también suele ser una de las razones que nos movilizan para salir de nuestra zona de confort.

Para ser más efectivos con los cambios, podemos indagarnos y comprometernos en su comprensión, ya que al reconocer nuestras fortalezas podremos diluir la amenaza que significa salir de la caja de confort, apostando al futuro, eligiendo dentro de las opciones que surgen de estas conversaciones que podemos realizar tanto con nosotros mismos como con alguien que nos escuche comprometidamente.

Podemos pensar que solo se sale de la zona de confort de una manera reactiva, o sea: querer cambiar un resultado que no nos satisface o algo que no nos convence del todo. En otras palabras: si algo sale mal la reacción consiste en producir cambios.

En algunas oportunidades, y aun al obtener resultados razonables, necesitamos mejorarlos para progresar en nuestras vidas, y a pesar de ignorar o sentirnos sin posibilidades de ver lo que nos sucede podemos emprender un nuevo camino de superación para poder modificar el modo de hacer que las cosas sucedan de manera más efectiva.

Una manera de salir del estado de ceguera cognitiva es declarar un "basta" o un "no sé", siendo esta última la declaración de ignorancia por naturaleza.

Estas frases tienen como cualidad iniciarnos en el camino del aprendizaje y suelen constituir los primeros pasos para lograr convertirnos en aprendices, y más tarde devenir en expertos en las áreas donde antes declarábamos ignorancia.

1.6. Cuidar la experiencia. Ver los resultados

Lo conocido suele ser para nosotros una constante fuente de confianza y atracción, más aún cuando tanto sacrificio nos ha costado. Por ello, muchas veces se convierte en un tesoro invalorable. Para que podamos mirar hacia otro lado, tendrá que pasarnos algo diferente y observar de diferente forma.

Parece dramático, pero a muchos nos ha pasado que los conocimientos que hemos incorporado al terreno de lo conocido, por ejemplo a través de la interpretación de algunas experiencias dolorosas como pérdidas económicas, sentimentales o físicas, los defendemos "a muerte" antes de comprender que abandonarlos puede ser valioso para construir nuevos resultados que suelen abrirnos posibilidades de éxito.

En la película *El náufrago*, después de un accidente aéreo el personaje que protagoniza Tom Hanks termina en una isla desierta. Allí tarda meses, hasta años, en adaptarse. Este es el resultado de no haber querido abandonar su caja de confort; es decir, todo su terreno familiar previo. A partir de ese comportamiento, todo se torna más complicado: su alimentación, su salud, etc., se ven amenazadas por el solo hecho de aplicar únicamente lo que sabe. Después de un tiempo, lo que le permite seguir con vida es el cambio. Su nueva forma de adaptación al medio le permite –con nuevas técnicas– construir por primera vez una balsa y regresar nuevamente a su mundo. Una vez en él, repite la historia: prefiere conservar su caja con todo lo que había aprendido y vivido en la solitaria isla. A tal punto es así que aun en su cómoda habitación de la ciudad elige seguir con su costumbre de acostarse en el suelo junto con su amuleto y una lucecita que se prende y apaga, como solía hacerlo en la isla, en la soledad de la noche.

Este relato nos muestra literalmente la afirmación de que no solemos ser abiertos a los cambios, y mucho menos si los vemos como amenazas, nos los imponen o simplemente no los entendemos. La razón es más que evidente: confiamos y nos aferramos a lo conocido y a lo que ya sabemos.

2. Paradigmas. Modificar las creencias

A lo largo de la historia podemos observar cómo los seres humanos se han resistido a las nuevas ideas. A veces no dándoles importancia, otras negándolas y, en ciertas ocasiones, combatiéndolas.

Se ha llegado a perseguir a las personas que tenían ideas innovadoras al punto de torturar y matar incluso a sabios e intelectuales por no cambiar de parecer. El motivo fundamental es la importancia que se les ha dado a las creencias que se arraigan en el día a día y que se defienden desde un lugar de comodidad o de miedo al cambio.

Esto se debe a que los paradigmas, como todo conjunto de creencias, conviven con nosotros en total transparencia; o sea, que no podemos darnos cuenta de que rigen nuestros pensamientos. Ellos suelen ser los responsables de las alegrías y de los sufrimientos que vamos encontrando en el transcurso de nuestras vidas.

Aquí veremos cómo desafiar nuestros modelos mentales, aquellos que nos proporcionan resultados no del todo gratos, y modificarlos para producir cambios positivos en los resultados que obtenemos.

En la Figura 2 podemos observar en qué espacio se ubican nuestros modelos mentales, que junto con los introyectos, que serán analizados más adelante, poseen un lugar de privilegio dentro de nuestra caja de confort, también llamada caja de conocimientos porque allí se encuentran todo nuestro saber.

2.1. Nuestras creencias nos afectan. Cómo observamos y filtramos

Lo que observamos siempre pasa por un tamiz. El filtro de nuestras creencias condiciona lo que vemos y lo que nos pasa. Dada la autoridad que nos damos a nosotros mismos, tenemos la tendencia a creer que lo que observamos del mundo es la realidad y, en algunas oportunidades, creemos que es la única.

Esta parte del capítulo es una invitación para que quienes quieran comprometerse a cambiar algunas cosas y lograr sus objetivos distingan que lo que observan es solo una particular forma de contemplar el mundo y no la única o verdadera. Esta predisposición suele generarnos angustia e impotencia, por un lado, y choques con quienes interpretan de una manera diferente de la nuestra, por otro. A veces se convierte en la causa de enojos y dolores de cabeza, tanto en lo personal como en nuestras actividades profesionales.

Este mecanismo de ver y oír para luego observar y escuchar pasa por la lente de nuestras interpretaciones y desde allí se generan las emociones que nos predisponen a la acción.

Estas acciones tendrán la impronta de nuestra observación, y afectarán tanto a lo que nos sucede a diario como a lo que sucedió en nuestro pasado y el de los demás.

> *Dime qué piensas y te diré lo que te pasa / Dime cómo piensas y te diré como vives / Dime cuáles son tus pensamientos y te diré cuál es tu calidad de vida...*

2.2. Nuestro pensamiento afecta al actuar. Ser mejores personas

Podríamos decir que emitimos y tenemos juicios para todo lo que nos sucede y les pasa a los demás. Sin embargo, si este proceso transcurre con transparencia, los juicios nos pueden dominar si no distinguimos que nuestra forma de ver las cosas es una particular manera de observar el mundo.

En ciertas oportunidades, como mecanismo para buscar el apoyo de quienes nos escuchan, cuando contamos lo que nos pasa solemos victimizarnos al ponernos en manos de la suerte y colocar el poder afuera; de esta forma influimos en la interpretación de quienes nos escuchan y complicamos la tarea de encontrar en ellos alguna salida o cambio de observador. De esta manera, por lo menos en el relato, no podemos ser parte de la solución debido a que no nos reconocemos como parte del problema.

Si desarrollamos la capacidad de distinguir cuáles son los juicios que nos abren posibilidades y cuáles los que nos las cierran, estaremos en condiciones de elegir cómo actuar ante lo que nos pasa; eso no nos convertirá en mejores personas, pero sí nos dará la posibilidad de elegir y superarnos.

2.3. Desafiar nuestras creencias. Ver el valor

Las creencias, también llamadas paradigmas o modelos mentales, suelen convivir en transparencia con nosotros todo el tiempo. Ellas nos influencian constantemente aunque para nosotros pasen inadvertidas. Esto tiene una ventaja: no necesitamos invertir tiempo en reconocerlas para actuar o emitir juicios. Los paradigmas están con nosotros como si fueran una mochila de saberes acumulados que cargamos a lo largo de la vida con distintos conocimientos, convicciones y aprendizajes vividos.

Sin embargo, no distinguirlas y tenerlas en transparencia puede llegar a perjudicarnos cuando no logramos lo que deseamos alcanzar por haber dejado en manos de las creencias nuestras acciones y pensamientos. Esta ceguera cognitiva desaparece o disminuye cuando desafiamos a nuestros modelos mentales en las ocasiones en que no alcanzamos lo que queremos lograr.

A veces nos aferramos a estas experiencias porque nos han costado "sudor y lágrimas", pero este apego suele convertirse en una de las fuentes más grandes de sufrimiento para nosotros y para quienes nos rodean. Podemos encontrar el valor de desafiar nuestras creencias cuando vemos que las cosas no salen como deseamos y no estamos logrando lo que queremos alcanzar.

Si nos proponemos cambiar necesitaremos evaluar nuestros resultados y comprometernos al cambio para salir de nuestros espacios de ceguera cognitiva y declarar que no sabemos. Esto puede abrirnos un camino de esperanza, abriéndonos a la posibilidad de mejorar nuestras vidas, que por cierto merecen ser vividas.

Otra creencia que no solemos cultivar es la de pedir ayuda, es por eso que al comprometernos con el cambio necesitaremos buscar apoyo en quienes confiamos. La forma de salir de nuestros problemas y conflictos está en el otro y no en nuestra caja de confort. Por lo tanto, toda nueva creencia siempre vendrá de afuera, reemplazará a la anterior y nos parecerá como si la que hemos dejado atrás nunca hubiese existido. Aunque pedir ayuda constituya un mandato contrario a lo que estamos acostumbrados, el solo hecho de buscar fuera de nuestra caja de confort facilitará el inicio de la modificación de las creencias que están cerrándonos posibilidades para el cambio.

2.4. Condicionar las creencias desde lo lingüístico. Transformar el lenguaje

Las creencias que tenemos pueden estar condicionadas a través del lenguaje. Necesitaremos pasar de una comunicación que permite aumentar el riesgo de malentendidos a otra que de manera responsable acote al máximo ese peligro. Nos demos cuenta o no, las palabras que decimos cambian el mundo donde vivimos, y la calidad de lo que nos pasa se nutre del lenguaje que utilizamos para diseñar nuestro futuro.

Si transformamos el lenguaje, al agregar o dejar de lado ciertas frases y palabras, podremos modificar nuestro mundo. Como afirma Rafael Echeverría en su libro *Ontología del lenguaje*: "Estamos a las puertas de una revolución significativa en nuestra forma de comunicarnos, los que abracen ese cambio estarán en mejores condiciones de enfrentar el futuro que los que no lo hagan".

Existen palabras que solemos utilizar, como: todos, ninguno, uno, tal vez, tratar, o intentar, que forman parte de relatos que nos condicionan como víctimas, dado que facilitan las explicaciones y permiten colocar el poder fuera de nuestra área de influencia.

Por ejemplo, cuando decimos "uno" en vez de "a mí", estamos eludiendo de manera no inocente nuestra responsabilidad ante lo que somos o hacemos y, de esta forma, coartamos el poder de obtener los resultados deseados.

Una comunicación efectiva y responsable nos permitirá no solo coordinar mejor las acciones con los demás, sino también con nosotros mismos.

Hay palabras que invitan a asumir nuestra victimización porque limitan nuestra capacidad de respuesta ante lo que sucede. Los compromisos se debilitan ante expresiones como "voy a intentar" o "voy a tratar", tanto con respecto a quien nos escucha, como a nosotros mismos, que nos escuchamos constantemente. Como el lenguaje no es inocente, cada palabra que decimos abre o cierra posibilidades y tiene un peso en el contexto donde las volcamos,.

Si estamos comprometidos y queremos cambiar nuestras creencias, adaptar nuestro lenguaje y hacerlo más efectivo, transformarlo en responsable, será una puerta hacia resultados más concretos y fructíferos.

2.5. Las creencias afectan a nuestras emociones. Distinguir nuestros estados de ánimo

Como dijimos antes, las creencias funcionan como filtros y, según su naturaleza, harán que accionemos o reaccionemos de una manera u otra, determinando nuestra forma de estar siendo en el mundo.

Si observamos a una persona del campo sentada en una oficina de una ciudad metropolitana que de pronto escucha que entra por la ventana el estruendo del caño de escape de un vehículo, probablemente veamos que se altera con temor debido a su falta de costumbre, mientras que alguien que vive en la ciudad ya estará habituado a ese ruido y ni siquiera lo percibirá. Las costumbres están ligadas a nuestras creencias y actúan como lentes que según las circunstancias operan como cristales transparentes o deforman lo que vemos.

Esto nos indica que según como sean nuestras creencias, podremos reaccionar de diferentes maneras. La emoción nos predispone para la acción, pero existe un proceso previo que es la interpretación de lo que nos pasa y está directamente relacionado con los filtros y el apego que sentimos por ellos. Si pudiéramos distinguir que los estímulos pasan por los modelos mentales, comprenderíamos que estos afectan a las emociones y luego a nuestras acciones. Si pudiéramos reconocer este proceso cuando ocurre, estaríamos en condiciones de elegir qué tipo de interpretación nos quita posibilidades y cuál nos las abre para manejarnos de manera funcional.

En un principio no podemos ser responsables de las emociones que desencadenan lo que nos sucede, pero sí lo somos de las creencias que tenemos y los estados de ánimo que nos dejan.

Dado que las creencias pueden determinar nuestras emociones y luego nuestros estados de ánimo, es fundamental cuidarlas para que ante cualquier suceso sepamos diferenciar y podamos elegir pasarla de tal o cual manera.

Al sentir de forma recurrente emociones como enojo, miedo o angustia, podremos convertir los estados de ánimos de disfuncionales en funcionales para que se nos abran posibilidades. Al distinguir nuestras creencias previas y sumarle nuevas, podremos transformar los estados de ánimo en aliados estratégicos para facilitar la búsqueda de resultados efectivos.

Una forma de reconocer el hecho de que las emociones son afectadas por nuestras creencias consiste en observar desde dónde actuamos cuando algo nos pasa y que de esta manera será nuestro observador quien determine cómo vamos a procesar el evento.

Este observador estará compuesto por todo lo que hemos aprendido, estudiado, sufrido, entrenado y comprendido hasta ese momento.

2.6. Obstáculos y enemigos del cambio. Sumar nuevas experiencias

Existen condicionamientos que, a lo largo de los años, producen diferentes tipos de resistencias en las personas y que complican el desembarco de nuevas creencias. Estas resistencias a veces conviven con nosotros sin ser evidentes y sin poder distinguirlas. Estas barreras que colocamos se tornan más difíciles de observar cuando trabajan en conjunto. En ciertos casos, y sin darnos cuenta de lo que pasa, hace que los demás nos vean con cierta cuota de soberbia, arrogancia e impermeabilidad a lo nuevo.

Si estamos satisfechos con nuestros resultados no hay demasiado por qué preocuparse, pero si los resultados no acompañan de una manera efectiva, necesitaremos analizar si existe algún obstáculo que nos impide salir de nuestra ceguera cognitiva.

Veremos algunos enemigos del cambio que no nos permiten desaprender y que dificultan el adquirir y sumar nuevas creencias y experiencias. Reconocerlos es de mucha utilidad para el aprendizaje, ya que de esta manera tendremos la oportunidad de desapegarnos y estar en condiciones de agregar nuevos paradigmas y conocimientos.

A continuación, enunciaremos los enemigos del aprendizaje más importantes:

Negarnos a declarar ignorancia, temor a declarar "yo no sé"
Para dar el primer paso del aprendizaje es necesario declarar ignorancia. Necesitaremos salir de la creencia "yo ya

lo sé" para emprender el camino hacia el nuevo paradigma que se presenta.

Negarnos a reconocer nuestros espacios de ceguera cognitiva
No reconocer el "yo no sé que no sé" luego de algún resultado adverso, o declarar "no voy a hacer preguntas, no tengo nada que aprender", puede conducirnos a la arrogancia. No admitir la existencia de este espacio facilita el permanecer en nuestra zona de confort

Querer tener "todo claro, todo el tiempo", pretender entender "todo ya"
Es una falsa creencia entender "todo" para aprender, ya que el aprendizaje es un proceso. El hecho de no aceptarlo de alguna manera puede ser el reflejo de miedo, ansiedad y necesidad de controlarlo todo.

El no disponer de tiempo, querer ser experto en "tres lecciones"
"Dime cómo se hace lo antes posible...". La ansiedad no es buena compañera del aprendizaje, suele generar una angustia que puede transformarse en temprana frustración.

Negarnos a integrar el cuerpo
Cuando aprendemos algo y esta acción aprendida se torna recurrente, adquirimos una conducta denominada "corporalización del aprendizaje" que va más allá del hecho de haber internalizado un concepto o conocimiento. Integrar el cuerpo facilita este proceso.

Negarnos a incluir emociones en el proceso de aprendizaje
Existen emociones consideradas positivas que facilitan el proceso de aprendizaje: paz, alegría, humildad, liviandad, respeto, tranquilidad. Por el contrario, hay emociones que entorpecen el aprendizaje: ansiedad, miedo, bronca, soberbia, arrogancia, confusión. Incorporar emociones positivas allana el camino para un aprendizaje eficaz.

Negarnos a reconocer lo nuevo como nuevo
No dar espacio a lo nuevo, lo que ya sé –cubre todo– es una manera de evadirnos del conocimiento que se nos presenta. Es como la faceta opuesta del aprendiz, quien sabe que no lo sabe todo aunque sí lo suficiente como para agregar conocimientos que lo convertirán en experto. Si se niega a lo nuevo eso no podrá ocurrir.

Considerar que la explicación es la única verdad
Suponer que la explicación es el fenómeno y olvidar que la explicación pertenece a la interpretación de quien explica y no al fenómeno en sí; se trata de un error recurrente. Solemos explicar lo que sucede desde nuestra observación y si esto no se toma en cuenta corremos el riesgo de ser fundamentalistas de nuestras propias interpretaciones.

Adicción a la novedad
Estar constantemente buscando la novedad pretendiendo que allí está el saber y no darse tiempo para incorporar el aprendizaje nos impide generar capacidad de acción efectiva.

Confundir saber con tener información
Para poder desenvolvernos en un ámbito de manera eficaz, necesitaremos tener incorporados los saberes y no solamente conocimiento. Un experto en un dominio es quien acciona en él efectivamente. El que sabe es el que sabe hacer y lo hace de manera efectiva, y no solo quien cuenta o conoce cómo podría hacerlo.

Adicción a las respuestas
La respuesta cierra posibilidades de aprendizaje para quien la da, mientras que la pregunta las abre. De hecho, podemos aprender cuando escuchamos y no cuando hablamos. Con frecuencia nos encontramos con personas que parecen tener todas las respuestas en todos los ámbitos. Dado que es imposible tener todas las repuestas, ya que hasta ahora ni la

computadora más sofisticada las tiene, suele pasar que quien responde a todo no se detiene a pensar que puede que no sepa la respuesta y decirlo. Tal vez al reconocerlo, en un principio arriesgue su imagen, pero se volverá más confiable al haber puesto su sinceridad por delante de su imagen.

Considerarnos no aptos para el aprendizaje
Juzgar que no podemos aprender cierra nuestras posibilidades de adquirir conocimientos. Si no confiamos en nuestra capacidad de aprendizaje se tornará muy difícil que podamos aprender cualquier tema, por la autoridad que nos damos a nosotros mismos.

Trampas del pensamiento
Pretender que el nuevo conocimiento pueda solucionar radicalmente los problemas que desde hace tiempo nos aquejan es una manera de descartar ideas o paradigmas nuevos. Generalmente ocurre que creemos que si con nuestra experiencia no se soluciona, descartamos por completo la nueva herramienta. Si en vez de esta actitud nos diéramos tiempo para utilizar el nuevo recurso y con paciencia aprendiéramos a usarlo, lograríamos obtener los resultados deseados.

Existen más enemigos del aprendizaje, pero lo importante es reconocerlos cuando distinguimos que lo que pensamos y decimos juega en contra de aquello que necesitamos aprender.

3. Ser, hacer y tener. Entender nuestro estilo

Distinguir nuestro estilo nos permitirá, junto con las distinciones adecuadas, desafiar los paradigmas cuando estos compliquen nuestros resultados, y darle la oportunidad a nuevos conceptos y a otros que tal vez ya conozcamos, pero que suelen hallarse de manera desordenada dentro de nosotros.

La particular manera de coordinar acciones con los demás, la forma como alcanzamos nuestros logros y objetos materiales está determinada por nuestro estar siendo.

Al analizar las cosas que hacemos y que tenemos, probablemente lleguemos a entender quiénes estamos siendo en el mundo. Si comprendemos el estilo con que nos manejamos, podremos abrir un abanico de posibilidades que nos proporcionará una idea de nuestro ser y es desde allí que podremos modificar lo que necesitemos cambiar.

Nuestro ser, hacer y tener tiene una relación muy estrecha con nuestra zona de confort, también llamada caja de conocimientos. Sobre ella hablaremos en el siguiente punto.

Cuando nuestra manera de hacer y tener se desarticula de nuestra forma de ser se generan incoherencias que desembocan en emociones de angustia y estados de ánimo que permanecen en el tiempo, cerrándonos posibilidades de obtener lo que deseamos. Es fundamental encontrar esta coherencia y distinguir lo que nos pasa para no caer en tales dicotomías.

Entender nuestro ser es el puntapié inicial para distinguir lo que somos en la actualidad y así poder proyectar lo que queremos ser en el futuro.

3.1. Primero ser y hacer para después tener. Nuestro estar siendo

Vivimos en un mundo que nos suele ver exitosos cuando obtenemos notoriedad por alguna circunstancia de la vida u obtenemos automóviles, propiedades o empresas prestigiosas. Ahora bien, estos pueden ser indicios de triunfo o poder, pero, por sí solos, no representan ni garantizan el éxito, y mucho menos la felicidad. Todas estas creencias en las que solemos estar inmersos, con la ayuda de algunos medios de comunicación, publicidad y la sociedad de consumo, nos inducen a pensar que si hacemos bien nuestro trabajo u obtenemos logros materiales nos sentiremos y seremos vistos como exitosos y triunfadores.

Pareciera que por momentos nuestra vida estuviera marcada por el hacer y el tener para finalmente poder ser, pero siempre es nuestro ser, o mejor dicho nuestro estar siendo, quien marca lo que hacemos y tenemos. Siempre es nuestro ser el que decide, y es por eso que, al concentrarnos en nuestra transformación, podremos lograr mejores resultados.

3.2. Compromiso con el tener. Su relación con el éxito

Si entendemos que solo necesitamos realizar determinado trabajo o actividad para obtener bienestar económico, y que a partir de la mirada de los demás nos sentimos completos, estaremos ante la creencia que explica por qué aun en estado de riqueza muchas personas no se sienten completas con sus vidas y mucho menos con la calidad de la vida que llevan adelante.

El tener puede generar un primer momento de gratificación que, si no logramos distinguirlo, suele engañarnos por un tiempo, hasta que finalmente se vuelve transparente. En esa instancia, difícilmente nos vuelva a producir la satisfacción del primer momento. Sería como comer un chocolate y sentir una gratificación intensa mientras dura la sensación en la boca; una vez diluido el sabor, desaparece el disfrute.

El poseer y desear bienes materiales puede ser un reflejo de nuestro estar siendo con las cosas, pero no nos garantizará una relación con el éxito ni por sí mismo nos dará trascendencia. Por el contrario, esto muestra nuestra coherencia con lo material, desde una serena o gran ambición, y marcará la calidad de vida que llevaremos. Lo material, y su carácter de abrir o cerrar posibilidades, dependerá de que sean funcionales o no a las circunstancias que estemos viviendo.

Si nos enfocamos en el tener y nuestro ser no se ha encontrado a sí mismo, el poseer podrá tan solo tranquilizarnos por un tiempo limitado, ya que la felicidad proviene de diversos factores que dependen de si la gratificación es de corto o largo plazo. No es lo mismo comer chocolate, festejar un logro deportivo u obtener el cariño de nuestros hijos. Todos estos eventos nos satisfacen, pero no tienen la misma trascendencia, ni se extienden en el tiempo de la misma manera.

El obtener títulos, menciones o puestos de importancia, al igual que bienes materiales, puede abrirnos posibilidades para ser felices, siempre y cuando sean funcionales a nuestra calidad de vida, aun cuando sean el resultado de la autoexigencia, el ego, la vanidad o la competencia.

Los bienes materiales y las actividades por las que solemos dar la vida pasan a estar en transparencia con el transcurso del tiempo, y no podemos distinguirlas más. Suele ocurrir con las casas o autos nuevos, que después de algunas semanas de haberlos adquirido no pueden detener los sentimientos de angustia o frustración ante los otros problemas que nos presenta la vida cotidiana.

Una serena ambición o exigencia suelen ser los mejores motores que pueden impulsarnos a transitar por la vida de manera saludable, permitiéndonos también ser útiles a los demás.

3.3. Comprometidos con el hacer. Trabajar el ser

El hacer puede mantenernos enfocados pero, a su vez, suele ser una excusa para no enfrentar los obstáculos que nos detienen o simplemente nos desvían de lo que nos duele y no tenemos la capacidad de afrontar. Este mecanismo de protección suele frustrarnos y hace que nos sintamos incapaces de enfrentar lo que realmente nos está pasando.

Muchas personas trabajan desde muy temprano hasta altas horas y esta es su manera de evitar comprometerse con una mejor calidad de vida, como compartir tiempo con su familia, con sus amigos, hacer deportes, etc.

El hecho de tener bienes materiales nos puede abrir y mostrar la cuadra del barrio donde vivimos. El hacer, más allá del barrio, nos mostrará la ciudad, pero lo que nos abrirá el mundo será nuestro ser. Por eso, la satisfacción con la obtención de lo material como único fin al cabo de un tiempo se desvanece, por más dulce que haya sido obtenerlo. Cabe aclarar que, aunque parezca que primero trabajamos para obtener cosas materiales o reconocimientos, nunca dejamos de privilegiar nuestro ser, solo que a veces no lo notamos y convertimos en disfuncional el carácter de vivir una mejor calidad de vida y tener alguna felicidad con sentido.

De todos modos, el hacer y el tener tienen su motivo y su finalidad. En varias oportunidades nos sirven como referencia para poder continuar, pero si se convierten en un fin en sí mismo, está comprobado que no podrán llenar el vacío existencial que suele presentarnos el desafío de vivir.

Si trabajamos con nosotros mismos, con nuestro ser, en procesos transformacionales, podremos enfrentar las distintas circunstancias de la vida al haber elegido ser mejores personas, distinguiendo en nosotros mismos las herramientas que nos han transformado mediante dichos procesos de crecimiento personal.

3.4. Trascender el hacer y el tener. Cuando elegimos ser más grandes

Una de las interpretaciones de la metafísica define a los seres humanos como seres inmutables con muy pocas posibilidades de cambio. Este concepto se encuentra en retroceso ante la visión ontológica que indica que los seres humanos contamos con la posibilidad de cambiar. Esto nos trae una mirada esperanzadora, no tanto porque cualquiera pueda fácilmente convertir su ser, sino porque podrá cambiar quien se comprometa con su transformación y así obtener mejores resultados.

Desde esta nueva interpretación siempre podremos estar cambiando, ya sea porque vamos adquiriendo herramientas a través de nuevas experiencias, o porque emprendamos algún tipo de terapia, entrenamiento personal o simplemente leamos un libro.

Al principio, al adquirir nuevas distinciones solemos utilizarlas como herramientas, pero luego, al aplicarlas a lo largo del tiempo, estas harán cambiar nuestra manera de ser, ya que podrán facilitarnos alcanzar resultados más efectivos en nuestras vidas.

Si trabajamos lo suficiente en nuestros aspectos y logramos sostenerlos en el tiempo, podremos observar que cualquier resultado negativo que obtengamos será menos importante que nosotros y nuestro ser podrá encontrar las respuestas que permitan una salida. Incluso cuando a pesar de un resultado adverso nos sintamos más grandes, estaremos ante la evidencia de que finalmente nuestro ser es el que trasciende a todo, y de esta manera este estar siendo podrá guiarnos en el camino hacia nuestro compromiso.

Cómo lideramos es un fiel reflejo de quiénes estamos siendo. Anteponiendo en nuestras vidas el ser al hacer y al tener de una manera funcional, podremos lograr que nuestros resultados, sean cuales fueren, no produzcan desbalances que compliquen nuestros pasos hacia lo que queremos lograr.

4. El chivo expiatorio. Explicar y contar

En este apartado analizaremos una de las formas de explicar por qué no logramos nuestros objetivos. El chivo expiatorio es un mecanismo que solemos utilizar para resistirnos al cambio y que tiene varias facetas. Podremos utilizarlo según la conveniencia, a sabiendas o no, pero lo que no vamos a poder evitar son sus consecuencias. Estas consecuencias se dirigen en ambas direcciones, hacia los demás y hacia nosotros.

Las relaciones y los vínculos suelen ser fuente de conflictos que nos generan emociones. Si bien sus impactos dependen en gran parte de nuestro estar siendo, lo usual es que reaccionemos sin darnos espacio para elegir cómo actuar.

Vivimos en un mundo donde se nos pone en situaciones que invitan más a reaccionar que a actuar y elegir lo que podemos hacer. Esto sucede porque tal vez esas circunstancias no nos encuentran en las mejores condiciones para distinguir cuáles son las alternativas para responder a lo que nos está aconteciendo.

Al no tener la habilidad de responder a lo que nos pasa y sin poder observar nuestra responsabilidad por los resultados, posiblemente busquemos chivos expiatorios para explicar lo que tenía que haber sucedido de una manera, cuando en la realidad ocurrió de otra. En estas situaciones creemos que lo mejor que nos puede suceder es encontrar a alguien o algo como excusa a quien se le pueda atribuir la responsabilidad, como chivo expiatorio, a fin de explicar y explicarnos por qué ocurrió lo que no debía haber pasado.

En rituales religiosos, nuestros antepasados solían sacrificar un chivo como medio de purificación, otorgándole toda la culpa al animal. La expresión chivo expiatorio proviene del latín *expiatorius* y literalmente significa "quien se sacrifica por las culpas ajenas".

Es muy común la tendencia de buscar y señalar un chivo expiatorio, ya que él nos resuelve la frustración que nos deja un resultado negativo. La siguiente fórmula indica cómo suele funcionar entre los seres humanos el mecanismo de contar lo que no queríamos que pasara: resultado positivo = resultado negativo + chivo expiatorio.

A veces, para justificar algo que no resultó como lo habíamos planeado, tenemos la tendencia de encontrar algo que nos compense el no haber alcanzado un logro efectivo. Solemos utilizar este mecanismo como parte de una estrategia personal y profesional. Todos sabemos que no es lo mismo un resultado negativo que uno positivo, aunque le agreguemos un chivo expiatorio; sin embargo, puede resultar muy tranquilizante. El costo de esta aparente calma es el de no haber alcanzado el objetivo que habíamos deseado.

4.1. Culpar. Dar explicaciones vs. resolver los temas

Cuando utilicemos chivos expiatorios para justificar nuestros errores podremos esquivar los resultados por un tiempo. Esto puede preservarnos de la decepción y simultáneamente calmar a quienes nos escuchan. Por supuesto, esta actitud también tiene costos, como vimos antes.

Casi siempre, cuando elegimos a una persona u objeto como chivo expiatorio para limpiarnos de culpabilidad solemos hacerlo a sabiendas de que esta persona, en la mayoría de los casos, no tuvo nada que ver con lo que pasó, eximiéndonos del error y redirigiendo hacia él las miradas de quienes se sienten frustrados con el resultado que no se pudo alcanzar.

Para dejar de buscar constantemente chivos expiatorios necesitaremos hacernos responsables de lo que nos pasa, dejando atrás las explicaciones y las excusas. Si nos hacemos responsables de nuestros resultados, podremos hacer que las cosas sucedan. Para ello, necesitaremos trabajar comprometidamente para recuperar nuestro poder.

4.2. Victimizarnos. Cambiar el rol

Tomamos el rol de víctimas cuando las explicaciones que damos ponen fuera del área de nuestra influencia la posibilidad de cambio; o sea, que para que las cosas tomen un rumbo efectivo tendrá que suceder o cambiar algo externo a nosotros. Por ejemplo: "Para acceder a un ascenso, sí o sí tendrá que irse mi supervisor, ya que me tiene entre ojos, y hasta que esta circunstancia no cambie no llegará mi posibilidad de ascenso".

Bajo esta creencia, según la explicación de la persona que se siente víctima, no existe la probabilidad de que su ascenso ocurra y, aunque este relato la coloque en una posición tranquilizadora, no le proporcionará por sí mismo ningún tipo de resultado efectivo. Es más, la debilitará en todo lo relacionado con la gestión de lo que necesita cambiar.

Es probable que en algún aspecto de nuestras vidas siempre estemos siendo víctimas. Dentro de esos ámbitos, podemos entrar y salir de este estado de victimización, con lo cual podremos explicar y señalar algún chivo expiatorio para tranquilizarnos y tranquilizar a otras personas. Esta es una forma de resistir el cambio que probablemente nos constituiría como protagonistas y así, aunque a veces resulte más seductor seguir explicando, siendo responsables tendríamos el poder de cambiar nuestro destino.

En todos los ámbitos de nuestras vidas podemos estar entrando y saliendo del estado de víctimas, pero si hablamos de algún aspecto donde necesitaríamos provocar una transformación, tendríamos que modificar el rol y empezar por dar respuestas a lo que nos pasa. Necesitaremos chequear si nuestro compromiso interior se alinea con lo que queremos lograr y convencernos de que somos parte del problema. Reconocernos como integrantes de la dificultad nos abre el camino para ser parte de la solución.

4.3. Victimización personal. Responsabilizarnos

Como vimos antes, a veces resulta tranquilizante buscar y encontrar a alguien que, sin tener nada o muy poco que ver, ocupe el lugar donde se carguen nuestras frustraciones por las cosas que nos suceden en la vida.

Victimizarnos en el ámbito personal es poner el poder de hacer que las cosas sucedan lejos de nuestro alcance; o sea: "Nada cambiará hasta que el chivo expiatorio desaparezca o deje de actuar".

El chivo expiatorio sirve para contar historias que, en el fondo, sabemos que no responden a la verdad. Utilizado como muletas, con este mecanismo no solo hacemos daño a quien elegimos para cargar con la culpa, sino también a nosotros mismos, por no poder ver quién es el verdadero responsable y de esta forma comprometernos a remediar el tema.

Elegir un culpable o chivo expiatorio suele ser una de las maneras más simples de victimización de los seres humanos, ya que, por un lado, quien ocupe ese lugar se llevará la reprobación, sanción, etc. de todos, pero por otro, hasta que él no deje de ocupar dicho lugar tendremos motivos para que nada cambie. La contraprestación tiene un costo, que es el de colocar nuestro poder en el culpable, o sea fuera de nosotros mismos.

4.4. Victimización familiar. Despegarse del síntoma

Hay familias que tienen su propio chivo expiatorio, y a estas personas se las suele cargar con los problemas emocionales, inconscientes o no, de la propia familia. Por cierto que esto la convierte en la portadora del síntoma familiar, como suele denominárselo en terapia.

El hecho de asignarle a alguien una determinada culpa nos habla de lo que este grupo familiar se resiste o no puede hacerlo, al ser la propia familia quien lo señala. Dada la autoridad que le conferimos al grupo familiar solemos otorgarle a esta condena el valor de ser una verdad, aunque fuera de ese ámbito nadie haría cargo de semejante peso a una persona.

A veces, quien es designado como chivo expiatorio se encuentra alejado del círculo de relaciones, habiéndoselo elegido lejano a propósito, para que no pueda defenderse y así no quede en evidencia la mentira generada a su alrededor.

En cambio, la carga adjudicada suele resultar sumamente pesada cuando el chivo expiatorio no logra desprenderse o alejarse emocionalmente de su grupo o familia. El peso de la culpa puede mantenerse durante el tiempo que el legado familiar se lo proponga. De esta manera, puede causarle al chivo expiatorio inconvenientes personales que estarán directamente relacionados con la autoridad que este le dé a su familia.

Tampoco será la solución de los problemas de quienes componen este grupo, ya que victimizándose no van a cambiar la historia del síntoma que los ha llevado a elegir un chivo expiatorio para descargar sus frustraciones.

Para poder despegarse del síntoma familiar, quien fue nominado como el chivo expiatorio tiene la oportunidad de entender cuál es su compromiso; o sea, si prevalece el suyo o el de la familia. Si lo que realmente desea es llevar ese legado de pesada culpa o lo que desea es ser libre y feliz. Cualquiera de los dos puede brindarle una serie de posibilidades, si es que logra distinguir su compromiso y elegir cómo vivir.

4.5. Victimización profesional. Emprender el cambio

Señalar a alguien como chivo expiatorio en el mundo profesional suele ser frecuente. Aquellos que lo hacen para no recibir las represalias, correrán el riesgo de quedar al descubierto en algún momento.

Aunque ya pueda ser tarde para la persona designada como chivo expiatorio, en un futuro los que mintieron se encontrarán más vulnerables de ser descubiertos como los verdaderos responsables, y por lo tanto también estarán más expuestos al fracaso.

Quien tiene por costumbre encontrar un culpable suele buscar los momentos en los que no se encuentra la persona señalada, sea por enfermedad, exámenes, trámites, etc. Entonces es en esos días cuando destapan las ollas y es elegida como chivo expiatorio para pagar culpas ajenas. Toda la agresión que esto conlleva parte de la frustración del entorno afectado y apunta a la persona señalada.

Se dice que el hilo se corta por lo más delgado, por lo que suele elegirse como culpables a empleados de poca jerarquía, proveedores reemplazables, etc., dependiendo del grado de necesidad de ocultar las verdaderas responsabilidades. Por lo general, suele elegirse a quien no puede defenderse.

Es tan fuerte la necesidad de justificarse a través de un chivo expiatorio que quien lo hace, aun con todo el poder para no ser señalado como culpable y recibir un castigo, igual utiliza este recurso, más que nada para explicarse a sí mismo que no ha sido el responsable de tal o cual error.

En los equipos puede perderse gente muy valiosa si quien los lidera no es capaz de percibir estos manejos y esta manera de valerse de la debilidad de quien no está en condiciones, ya sea por cuestiones jerárquicas, de género, etc., de ponerse a salvo de tales acusaciones.

Existen personas que participan en equipos o grupos de trabajo que se encuentran en proceso de formación y que son apuntados como chivos expiatorios. Esto puede suceder porque si poseen mejores características y cualidades son considerados por su entorno como potenciales amenazas. A veces estas situaciones generan inseguridad o envidia, habilidades que de haber sido vistas como normales serían aceptadas por el equipo y lo integrarían como uno más. Pero al destacarse, y a su vez no tener la capacidad de empatizar con las personas que conforman el grupo, hace que sean más elegibles para volcar en ellos las culpas de los resultados que no llegan.

4.6. Remediar. Componer los vínculos

Al distinguir que cuando nos victimizamos, movidos por una emoción que nos cierra posibilidades, estamos designando a un chivo expiatorio cada vez que las cosas no salen como quisiéramos, estaremos ante la oportunidad de componer el vínculo con quien elegimos como culpable de nuestra frustración. Esto podemos remediarlo mediante una conversación comprometida en sanar la relación con quien hemos perjudicado.

En caso de que se pueda reparar las posibles pérdidas ocasionadas por el hecho de victimizarnos, podríamos ofrecer reparar el daño y pedir disculpas, lo que puede convertirse en una experiencia muy aliviadora para el damnificado, y brindar mucho poder para nosotros. Un mundo nuevo podrá abrirse a nuestros ojos si abandonamos las explicaciones y los chivos expiatorios, para así empezar a hacer que las cosas sucedan y, por otra parte, ser más grandes que nuestros propios resultados.

5. Resistencias. El temor a ser cambiados

Aquí tendremos la oportunidad de reconocer qué tipo de resistencias y miedos anteponemos a nuestros propios cambios. Si logramos detectarlos, emprenderemos de forma gradual un camino de autoconocimiento que nos permitirá reducir la brecha entre lo que somos y lo que queremos ser.

Cuando nos resistimos a algo, nos oponemos a las ideas o acciones de un individuo o grupo que puede abrir o cerrarnos posibilidades. Estas actitudes cierran posibilidades cuando funcionan como una oposición al bienestar propio y colectivo. En cambio, suele abrirlas cuando permite conservar hábitos valiosos a pesar del desacuerdo del ambiente que nos rodea.

Las resistencias que generamos a lo largo de nuestras vidas como respuesta a posibles cambios o novedades suelen responder a temores relacionados con nuestras creencias y paradigmas.

Las resistencias a nuestras ideas o argumentos que observamos en los demás habitan primero en nosotros, y en algunos casos surge como una interpretación previa a la situación que estamos atravesando, presuponiendo que los demás se nos van a resistir. Si logramos distinguirlo podremos profundizar en el aspecto en que somos resistidos y analizarlo para armonizar nuestras relaciones.

5.1. Resistencias que habitan en nosotros. Propias y ajenas

Existe un "por qué" y un "para qué" nos resistimos; la primera explicación invita a contar todo tipo de historias que justifiquen nuestras resistencias, en cambio el "para qué" nos hace reflexionar sobre actitudes que impactarán en el futuro al cerrar o abrirnos posibilidades.

Hay que diferenciar lo que vemos como una resistencia de los demás y lo que podemos distinguir como una resistencia por parte de nosotros mismos.

En principio, la resistencia de los demás proviene de una conversación propia, que juzga la mayor o menor apertura con respecto a un tema determinado y que no solo pertenece al mundo que nos ofrece resistencia, sino que es nuestro propio observador el que lo juzga como resistente.

La resistencia propia puede cerrar posibilidades cuando limita el aprendizaje y nuestro futuro, pero puede ampliarlas cuando, conservando nuestros valores, resistimos condiciones externas que perjudicarían nuestra calidad de vida y a quienes nos rodean.

5.2. Tipos de resistencias. Enemigos del aprendizaje

Resistencia al cambio
El temor que produce resistencia en las personas no es al cambio, sino a ser cambiadas y que se las transforme en quienes no quieren ser. Los cambios que más se resisten suelen ser los que no se logran entender y los que se imponen, siendo los más rechazados porque saca de la zona de confort a quienes le son propuestos. En estos casos necesitaremos aplicar más energía de convencimiento para derrotar las resistencias surgidas. Esta tarea puede ser tediosa si no estamos comprometidos a invitar y explicar lo que queremos transformar.

Resistencia al aprendizaje
A veces, cuando nos proponen un aprendizaje o una herramienta para una determinada solución, la resistimos e invalidamos cuando queremos aplicarla a un problema más complejo o que llevamos muchos años sin resolver, pretendiendo de esta forma, y sin haberla probado en cosas más sencillas, descartarla por completo. El aprendizaje de soluciones nuevas trae aparejado un entrenamiento de menor a mayor complejidad para adquirir cierta habilidad en su manejo. Con esta maestría y la nueva herramienta podremos resolver los problemas más complicados.

Resistencia a lo desconocido
Lo desconocido suele generarnos incertidumbre y nos produce temor. Este miedo provoca resistencia ante cualquier planteo sobre algo que se desconoce. Resulta muy sencillo

aferrarse a lo conocido, ya que nos proporciona seguridad a pesar de que no pueda brindarnos los resultados esperados. Cuanto más novedosas, desconocidas e imprevistas sean las ideas, mayor resistencia y rechazo suelen generar.

Resistencia al futuro
El futuro se encuentra dentro de lo desconocido, y si pretendemos controlarlo, entre otras cosas, puede provocarnos miedo. Es muy común que nos inquietemos y colapsemos circunstancias que no han sido buenas experiencias ocurridas en el pasado, y las proyectemos al futuro. Comentarios tales como "si ya probé con un socio en el pasado y me fue mal, no veo por qué pueda funcionar una nueva sociedad" provocan resistencias que se apoyan en angustias pasadas que no han sido resueltas. Es vital que comprendamos que abrirnos al futuro sin pretender controlarlo es la llave para abandonar la angustia y generar la posibilidad de desafiar nuestras viejas creencias.

Resistencia a cambiar el orden establecido
Muchas de las reglas establecidas que sostenemos son desconocidas para nosotros, sin embargo, es sorprendente cómo defendemos y validamos el orden constituido, aun sin haber participado en su origen y sin darle oportunidad al cambio que podría mejorar el *statu quo.*

> *Resulta menos problemático hacer las cosas*
> *como las realizamos siempre.*
> *Menos problemático tal vez, pero más peligroso sin duda.*
> Joel Barker

Resistencia a lo nuevo
Lo innovador, junto con las nuevas ideas, siempre han sido resistidos, desde las grandes empresas hasta los gobiernos de todo el mundo. Este tipo de resistencia suele apoyarse

en la comodidad que proporciona lo conocido, pero no colabora en la predicción de los grandes cambios. Ante los grandes cambios, estas resistencias entorpecen el entendimiento y la aceptación de las nuevas creencias.

En el mundo de las ideas, cuando lo que aparece no cubre las expectativas genera en las personas resistencias que impiden que lo presentado pueda ser evaluado de manera efectiva.

> *Quienes no aprenden de su historia,*
> *están condenados a repetirla.*

Las resistencias propias y ajenas suelen provenir del temor a ser cambiados, por falta de comprensión de lo que se nos plantea o por considerar lo nuevo como una imposición, pero en el fondo revela cierto tipo de ceguera cognitiva que nos acompaña a lo largo de nuestras vidas. Podemos enumerar algunas de ellas:

- Incapacidad para escuchar y vivir juzgando todo: "El juzgar no nos permite escuchar".
- Incapacidad para reconocer lo nuevo como algo valioso: "Con lo que sé basta y sobra".
- Incapacidad para asignar un tiempo para el aprendizaje: "No tengo tiempo, necesito aprender todo rápido".
- Incapacidad para detectar espacios de ceguera: "No pienso hacer preguntas, no tengo nada que aprender".
- Incapacidad para reconocer ignorancia: "Yo ya sé".

Otra es la historia cuando resistimos con nuestros valores para preservarnos de los embates externos como la falta de equidad, falta de educación o injusticias que pretendan establecer un cambio en detrimento de nuestros buenos hábitos.

Los valores, en estos casos, son marcadores del futuro que se comportan como faros que nos orientan a la distancia.

5.3. Tipos de resistencias al cambio. Distinguir la incertidumbre

Resistencia por comodidad
Todas nuestras creencias suelen encontrarse en la caja de confort que, por lo general y de manera transparente, nos induce a quedarnos dentro invitándonos a resistir a lo nuevo por comodidad. Más allá de que lo nuevo sea bueno o no, sencillamente lo desacreditamos gracias a la tranquilidad que nos brindan nuestras creencias y saberes conocidos.

A veces escuchamos que la gente resiste el cambio sencillamente porque cree que el futuro es una simple extensión del pasado o que es menos problemático hacer las cosas como regularmente las venimos haciendo. Pero, como dice el futurólogo Joel Barker, es menos complejo pero mucho más peligroso.

Resistencia por inseguridad
Solemos creer que las ideas que nos han traído hasta donde hoy nos encontramos pueden ser las que nos lleven hacia el mañana. Las nuevas ideas han sido resistidas a lo largo de la historia dado que rompen el supuesto equilibrio en el cual vivimos y esto puede producirnos inseguridad.

Se trata del motivo principal por el cual las personas con frecuencia presentan resistencia en reuniones de trabajo, círculos familiares, etc.

Resistencia por imposición
Cuando se intenta imponer ideas o cambios que no se pueden llegar a interpretar o entenderse generan resistencias por el alto grado de incertidumbre y obligación que producen, y entonces el rechazo a la exigencia es mayor.

Esta es una de las causas de resistencia más frecuentes por parte de las personas. Suele manifestarse en los gerentes o jefes que no pueden legitimar su valor ante los otros, dado que en muchos casos no se dan cuenta de que su espacio de ceguera no les permite explicar más detalladamente e imponen los cambios.

5.4. Saber, poder y querer. Transformar enemigos en aliados

Respuestas como "Yo ya sé" o "No tengo tiempo", "Necesito aprender todo rápido" son propias de una condición de resistencia amparada en la incapacidad de declarar ignorancia y la ceguera cognitiva que no nos permite saber que no sabemos. Además de apalancar nuestra impotencia para vencer estas incapacidades, suele mostrar nuestra posición de resistencia a lo que la vida nos plantea, como ser una transformación, un aprendizaje, etc.

En el desafío de distinguir si estamos resistiendo o no a un aprendizaje, puede ocurrir que descubramos que somos nuestros propios enemigos. Esto suele ser habitual cuando finalmente analizamos los resultados. Jugamos en contra de nosotros sin darnos cuenta que no nos permitimos la posibilidad de abrir caminos que generen mejoras en nuestras vidas.

5.5. Resistencias en la búsqueda del liderazgo. Conducir el cambio

El liderazgo propone una serie de conceptos y coordinaciones que según como se plantee pueden disparar la aparición de resistencias en las personas que contribuyen al freno o el avance de los resultados efectivos que necesitamos para influenciarlas. Será condición del líder tener la capacidad para lidiar con las resistencias de sus seguidores. Si hablamos de un liderazgo basado en la confianza, encontraremos contextos que posibiliten amigarse con lo nuevo para poder interactuar con lo desconocido.

Uno de los principales desafíos del líder es conducir las transformaciones; o sea: hacer que las cosas sucedan. Se necesitan líderes que puedan diseñar las acciones que conducirán y producirán esa transformación. El líder, a través de su influencia y generación de contextos para alcanzar objetivos, hace ver en quienes coordinan acciones con él el valor de desafiar las creencias. Estos líderes reducen las resistencias que, de persistir, no permitirían que las cosas sucedan.

Como generadores de una visión, los líderes suelen inspirar para el cambio. Este constituye un factor determinante para disminuir cualquier tipo de resistencia que pudiera interferir en la búsqueda de resultados efectivos.

El líder que, apoyado en sus principios, pueda mostrar el valor y la confianza que genera aferrarse a una visión, posiblemente logre influenciar y diluir las resistencias que aparecen en los distintos procesos necesarios para alcanzar los resultados deseados.

Estas resistencias son el resultado de una ceguera cognitiva o del desconocimiento del cambio presentado. Es entonces cuando la tarea del líder es proponer los caminos que alivien las expectativas y las angustias provocadas por tal incertidumbre.

5.6. Resistencia al cambio en los equipos de trabajo. Los miedos profesionales

A continuación, veremos tres miedos que producen resistencia en los equipos de trabajo, en empresas, organizaciones y corporaciones.

Miedo a perder la posición de poder

El trabajo en equipo durante la coordinación de acciones que apuntan a un objetivo requiere de cierta horizontalidad entre sus participantes. Para que esto se cumpla deben considerarse a todas las ideas con la misma jerarquía. Si así no ocurre, el poder de quien lidera puede someter a presiones a los miembros del grupo y generar en ellos el temor a perder el puesto o la posición de poder al ver debilitada su jerarquía.

Esto suele provocar en quienes sientan miedo la aparición de resistencias al desarrollo de las ideas que se van presentando, las descarten como tales, o sea como posibles caminos a considerar, y no las evalúen con profundidad o las dejen de lado, presionados por el temor.

Miedo a ser descubierto
Se trata de un miedo que en el fondo solemos tener todos los seres humanos en algún momento de nuestras vidas. Es el temor a que descubran que no somos lo suficientemente inteligentes, lo bastante cultos o que no estamos a la altura de los desafíos que se nos presentan.

Aparece como una resistencia a las nuevas propuestas debido a que alguien podría darse cuenta de que no nos sentimos capacitados para enfrentar esas circunstancias; esta es la razón por la que evadimos y resistimos toda alternativa nueva que se nos pueda plantear.

Finalmente este sentimiento juega en contra de todo trabajo que se realice en equipo, y produce el efecto contrario: aumenta el riesgo a ser descubiertos.

Miedo a equivocarnos
Los seres humanos, como tales, por lo general no nos damos cuenta con anterioridad cuando vamos a equivocarnos; por lo tanto, este miedo es el que menos puede fundamentarse, pero aun así es en el que más nos apoyamos para resistir cualquier propuesta o idea.

En función de esta resistencia, podremos argumentar la oposición a las nuevas ideas basándonos en todos los problemas y desventajas que implicará la puesta en marcha de los cambios propuestos.

Dentro de los grupos que integramos, la necesidad de controlar los resultados futuros nos invita a resistir con fundamentos que puedan protegernos ante un eventual fracaso.

Si queremos obtener resultados más eficaces para los equipos que formemos en las distintas áreas de nuestras vidas necesitaremos distinguir los miedos que hemos analizado para desafiarlos y abrirnos a las distintas propuestas que nos realicen o que nosotros mismos presentemos. El valor lo encontraremos cuando dejemos de lado las resistencias y podamos convertir las amenazas en oportunidades para fluir con mayor confianza en lo que queramos coordinar y alcanzar los objetivos propios y los del equipo.

6. Introyectos. El regalo no deseado

Antes hemos tenido la oportunidad de recorrer el camino que nos muestra la manera en que influyen en nosotros la caja de confort, los paradigmas y quiénes estamos siendo con respecto a nuestro hacer y tener. Si a esto le sumamos la posibilidad de observar cómo acostumbramos a reaccionar ante los sucesos adversos y las resistencias que oponemos por causa de los miedos, estaremos en condiciones de entender si estamos impregnados de creencias que no definen nuestra habitual forma de ser y que llevan el nombre de introyectos.

A los introyectos los asimila nuestro ser en su núcleo más duro, aquel que cada vez que logramos modificar suele trasformar de forma cualitativa y cuantitativa la manera en que pensamos y actuamos.

Son creencias ajenas que asimilamos sin resistir ni desafiar y que, a diferencia de nuestros modelos mentales, aun habiéndolos distinguido los mantenemos como propios.

Estas creencias profundas permanecen invisibles; o sea, que no tendremos la oportunidad de distinguirlas hasta que algo nos suceda. A lo largo de nuestras vidas incorporamos conocimientos y formas de ser ajenos y provenientes de distintas personas, como maestros, familiares o amigos, sin resistir ni desafiar.

Al haber asimilado formas de actuar que no nos representan, cuando nos desenvolvemos en los distintos ámbitos de la vida no logramos discernir de este bagaje interior qué es lo que nos abre posibilidades y qué no.

Esos introyectos no son propios, y sin embargo suelen acompañarnos a lo largo del camino impidiéndonos en ciertas oportunidades ser felices y sentirnos plenos. El hecho de desafiarlos puede abrirnos una brecha para salir de ciertas angustias y malos ratos.

Estas introyecciones suelen ser fuente inagotable de sufrimiento. No se sabe quién las generó, pero han sido adoptadas durante generaciones y de esta forma se han convertido en material y sustento para el dolor de muchos seres humanos que no se dieron cuenta de que constituyen mandatos ajenos y que, como mínimo, merecen ser revisados para poder liberar sus vidas.

> *La introyección es un mecanismo neurótico mediante el cual incorporamos dentro de nosotros mismos patrones, actitudes, modos de actuar y pensar que no son verdaderamente nuestros.*
> **Fritz Perls**

6.1. Los introyectos en nuestras vidas. Identificar los síntomas

Que tengamos introyecciones no es bueno ni malo, dependerá de si abren o nos cierran posibilidades concretas y de lo que hagamos con ellas, en el caso que logremos distinguirlas.

Para que haya introyección o incorporación de patrones de vida no es necesario sufrir un trastorno neurótico, sino que el mismo mecanismo que nos produce angustia o ansiedad, como la ansiedad por aprender, a veces hace que incorporemos creencias y actitudes ajenas a nuestra particular forma de estar siendo, y afecten lo que solemos llamar nuestra esencia.

Identificar los introyectos requiere un trabajo de mayor profundidad con nosotros y con el entorno, donde podremos desafiar actitudes y pensamientos que hasta ahora eran invisibles y no podíamos ver.

La psicología de la Gestalt hace referencia al introyecto para hablar del mecanismo interno que nos permite soportar lo que nos dicen sin criticarlo, sin pensar si se ajusta a nuestra necesidad personal, llenándonos de mandatos, ideas, normas y valores que creemos incuestionables y que asumimos como propios. Los introyectos suelen impedir el libre flujo de la satisfacción de nuestras necesidades.

Cada uno de nosotros va por la vida con sus introyectos, los que pueden estar representados bajo la forma de estereotipos y modelos profundamente arraigados, sin haberlos sometido a ningún tipo de análisis.

Es así como incorporamos lo que nos dicen, quizás por la cantidad de veces que lo escuchamos o porque se trate de datos nuevos. Son formas de ser que ni siquiera alcanzamos a cuestionar porque no nos sentimos con autoridad como para desafiar a quienes sí se la damos.

Tal vez otorguemos autoridad para que nos indiquen el camino, pero no olvidemos que ese camino es una de las diferentes posibilidades que existen, y en ese sentido dependerá de quién nos guíe y cómo lo proyecte, dado que probablemente su observador dejará su huella sobre todo lo que nos transmita, ayudado por la falta de cuestionamientos por parte de nosotros.

El mecanismo de la introyección suele ser una forma de tomar conocimientos y actitudes que no nos son propios y que no nos caracterizan. A quienes nos observan y escuchan esto les resultará difícil de discernir y, posiblemente, tenderán a adjudicárnoslos como propios cuando en realidad los hemos incorporado de otros. Puede pasar un tiempo en nuestras vidas hasta el momento en que estas cuestiones empiecen a aparecer y comiencen a ser confrontadas, dado que el tiempo se va encargando de confirmar o negar nuestras introyecciones en el plano personal y profesional, espacio durante el cual ponemos en práctica aquello que hemos asimilado.

A veces, comenzamos en la escuela con las cosas que hemos aprendido, luego de pruebas y errores desarrollamos nuestra propia manera de estar haciendo y pensando (siendo), lo que se llama nuestro propio Yo. Lo hacemos bajo la creencia de que primero deben incorporarse normas, reglas y pormenores "acerca de", para después poder aplicarlos con una impronta propia que nos haga sentir más auténticos y, a partir de allí, desafiar a lo que antes habíamos incorporado, sin haberlo puesto en duda ni objetarlo por diferentes circunstancias.

6.2. Normas que no son nuestras. Cómo nos limitan

Como vimos, utilizamos el mecanismo de introyección para adquirir formas de estar siendo mediante conocimientos y normas que no son nuestras pero que adoptamos como si lo fueran, sin ningún tipo de resistencia o análisis previo. Al igual que toda creencia o convencimiento, los introyectos pueden limitar y acotar nuestros espacios de acción y pensamiento. Por un lado, pueden darnos la llave de la puerta que nos permita encontrar determinada solución, pero por otro nos ocultarán otras posibles puertas y llaves.

Si el problema no está detrás de la puerta cuya llave se nos ha dado no nos servirá de mucha ayuda, con el agravante de que no hemos elegido ni confrontado las normas o creencias aplicadas, simplemente las hemos adoptado, y eso puede hacernos sentir frustrados porque ni siquiera son nuestras las maneras en que hemos estado pensando y actuando.

Los introyectos consisten en maneras de pensar y de actuar ajenas que hemos asimilado y que aunque no se ajustan a nuestras necesidades se encuentran tan arraigadas en nosotros que nos generan insatisfacción y, a veces, falta de autenticidad.

6.3. Comprobar desde la propia experiencia. Desafiarnos

Cuando los juicios y afirmaciones constituyen introyecciones firmemente arraigadas en nuestro ser puede resultar difícil desafiarlos. En principio, dependerá de quién nos las haya inculcado, enseñado o simplemente servido de ejemplo, así como de la autoridad y poder que le hayamos otorgado, ya que nadie, por sí solo, puede ostentar tal supremacía o autoridad si no se la concedimos previamente.

Los introyectos comienzan a perder peso cuando frenamos el libre flujo de satisfacción de nuestras necesidades o cuando empezamos a sentir que podemos aplicar pinceladas propias en la forma de pensar o de hacer las cosas, cuando en el pasado habíamos aprendido a realizarlas de manera diferente.

Es entonces cuando las desafiamos, dando paso a nuestra verdadera forma de estar siendo. En ciertas circunstancias, las introyecciones suelen resultar difíciles de sostener, ya que lo nuevo suele basarse en lo que queremos, mientras que las introyecciones lo hacen en lo que consideramos un deber hacer, de acuerdo con el mandato que las sostiene.

La madurez y la llegada del discernimiento y la indagación a nuestras vidas son indicadores de que estamos desafiando a aquellas cosas que en el pasado habíamos adoptado sin darnos cuenta.

Para esto habrá pasado un tiempo en el cual, con otros conocimientos y la posibilidad de nuevos análisis, empezamos a desafiar con preguntas para llegar al verdadero Yo, aquel que construimos no solamente con los estímulos externos que fuimos recibiendo sino con nuestro aporte personal y nuevas experiencias.

El desafío, para poder ser nosotros mismos, es aprender a dudar, a cuestionar y a atrevernos a comprobar las cosas por nuestros propios medios, por más eficaces que nos hayan parecido en el pasado.

No olvidemos que una creencia puede ser válida en un determinado momento y no serlo en otro, de la misma manera que lo que es bueno para unos puede no ser tan bueno para otros.

6.4. Gestionar los introyectos. Preservar las ideas

El problema puede comenzar cuando sentimos la necesidad de actuar o pensar de una forma diferente (por ejemplo, distinta de la forma en que fuimos educados), y surge el conflicto entre lo que "se debe" y lo que "se quiere".

La obtención de mejores resultados suele empujarnos a actuar y pensar distinto de la manera como manejamos nuestros introyectos. Los mismos nos marcan inquietudes e intenciones que en ciertas circunstancias nos dificultan conseguir los resultados esperados.

Todo el andamiaje de lo adquirido durante nuestra educación sin haberlo confrontado, puede hacernos sufrir y generarnos desconcierto en los casos en que no podemos distinguir estos profundos mandatos que hemos asimilado en el pasado.

Cuando lo que queremos hacer (nuestro compromiso) se enfrenta con lo que debemos hacer (nuestra obligación) se produce una tensión interna cuya magnitud va a depender de cuán intensamente esté arraigada en nosotros esta imposición. Una introyección desafiada y dejada de lado rara vez vuelve a gravitar sobre nuestra manera de pensar, al contrario de lo que ocurre con una simple creencia, que luego de ser revisada puede llegar a resurgir en algún otro momento de nuestras vidas.

6.5. Explorar los contextos donde los introyectos aparecen. Articular con creatividad

Si distinguimos que nuestro actuar no refleja el particular estilo de hacer las cosas que nos identifica, o que un resultado no es lo suficientemente efectivo y no nos representa en cuerpo y alma, no estaremos lidiando solo con una creencia, sino que alguna introyección se está interponiendo entre la autenticidad que solemos tener y nuestra manera de hacer las cosas influenciados por los introyectos.

Para cambiar, también nos ayuda la experiencia amarga de no sentirnos auténticos, o que lo que pensamos y hacemos no tiene la impronta propia que nos caracteriza.

Recién cuando abandonemos algunos introyectos podremos estar hablando de cambios, de cierto grado de maduración, de encontrar nuestra legítima manera de estar en el mundo y de elegir nuevas creencias más acordes con nuestras ideas y actitudes.

Si analizamos los resultados que nos generan emociones tales como vergüenza, culpa o reacciones que no se condicen con nuestro habitual estar siendo, tendremos la oportunidad de desafiar a los introyectos que nos influyen y cambiarlos por nuevas creencias más acordes con nuestra forma de ser.

Diferenciar las emociones y los estados de ánimo que aparecen como indicadores de que algo no nos representa, nos permite empezar a superarlos y elegir actuar con nuestro habitual estilo.

6.6. Gestionar los introyectos. Equilibrarnos

El equilibrio de gestionar nuestros introyectos, cuando los detectamos, consiste en poder diferenciar si abren o si cierran nuestras posibilidades de alcanzar lo que deseamos. Entonces, podremos conservar los que nos convienen y desechar los que nos perjudican.

Los juicios emitidos por quienes nos rodean, cuando actuamos según nuestros introyectos, pueden producirnos mucho dolor y sufrimiento en determinadas circunstancias si no podemos distinguirlos y filtrarlos antes de asimilarlos. A modo de buscar el equilibrio y manejar los introyectos propios y ajenos, podemos emprender un camino personal en el cual nos sea posible cuestionar los introyectos, rechazar lo que no nos identifica, para luego cambiar lo que quizás habíamos adoptado para satisfacer a los demás con el objetivo de poder ser más fieles a nosotros mismos.

Es fundamental dejar de colocar nuestro poder fuera para empezar a asumir nuestra responsabilidad y convertirnos en protagonistas de nuestras vidas, decidiendo y eligiendo lo que nos gusta.

Para poder persistir y alcanzar lo que realmente queremos, necesitaremos darnos cuenta de que aún podemos estar conservando algún introyecto que creíamos haber abandonado y decidir lo que más nos abre posibilidades.

Capítulo II

Nuestra comunicación. Observar qué decimos

> *Werner von Braun soñaba con el viaje espacial. Conquistar las estrellas. ¿Sabes qué dijo cuando su primer V2 golpeó en Londres? Que el cohete funcionó a la perfección. Solo que cayó en el planeta equivocado.*
>
> Tony Stark en *Iron Man*.

En este capítulo transitaremos los cuatro estados del aprendizaje que nos permitirán aprender a tomar decisiones más oportunas para que funcionen a nuestro favor.

Recorreremos el camino hacia una comunicación más efectiva. Analizaremos los compromisos comunicacionales, como las quejas y los reclamos, de manera que nos faciliten la forma de acceder al universo del lenguaje responsable que pueda darnos una respuesta funcional a posibles problemas o conflictos.

Al gestionar los reclamos y optimizar nuestros pedidos podremos convertirnos en la mejor oferta para quienes reciben nuestras peticiones. Nos permitirá observar la manera en que nos quejamos y si estamos o no siendo responsables cuando las cosas no salen como deseamos.

Este lenguaje responsable puede abrirnos la posibilidad de obtener lo que queremos de forma más rápida y sencilla y, gracias a él, obtener un mejor acuerdo con quienes coordinamos acciones.

El capítulo no pretende ser una receta exclusiva para salir de nuestra caja de confort, pero sí una oportunidad de recorrer algunos de los posibles caminos que existen para comenzar a desafiarla.

Por último, al entender y sumar los beneficios de contar con un "plan B "estaremos en condiciones, a nivel personal y profesional, de incluir un aliado estratégico tanto cuando negociemos normalmente como cuando nos encontremos en situaciones conflictivas. La Figura 3 ilustra la relación del lenguaje con el mundo de las relaciones y las aperturas de posibilidades.

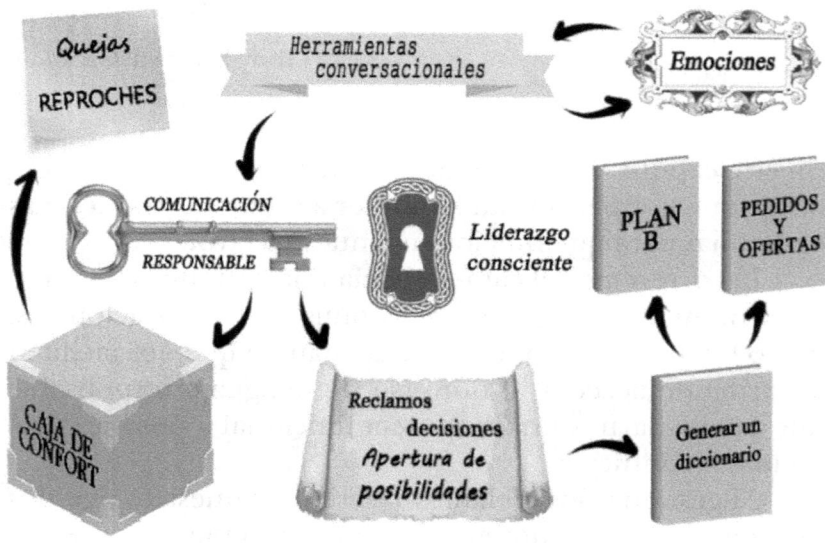

Figura 3.

1. Aprender a aprender. Los cuatro estados

El modelo de aprendizaje de los cuatro estados nos muestra las etapas en las que podemos reflejarnos cuando enfrentamos la necesidad de entender nuestra particular forma de aprender. Nos permite comprender por qué a veces los seres humanos elegimos determinadas circunstancias para comenzar a cambiar y adquirir conocimientos, y a veces no. Cada etapa nos da la oportunidad de quedarnos en ella y comportarnos de maneras muy diferentes, o seguir hacia el próximo nivel según el compromiso que tengamos con el aprendizaje.

    El sendero que va desde la propia ceguera cognitiva hasta llegar a ser experto en un cierto ámbito de nuestra vida está planteado por este esquema que revela cómo podemos transitar el camino hasta el saber hacer. Pasar de la ceguera a la comprensión de que no sabemos es un paso decisivo para reflexionar sobre nuestro aprendizaje y lo que necesitamos conocer. Convertirnos en aprendices es vivir en un estado que, lejos de catalogarnos como inexpertos, puede darnos la posibilidad de arribar con serena sabiduría al saber hacer.

1.1. Ceguera cognitiva. Empezar a ver

Como seres humanos, conocemos formas de ser de nosotros mismos que compartimos con algunas personas y que ocultamos a otras. También existen aspectos propios que no conocemos, pero que sí pueden observar los demás, y otros que tanto nosotros como los demás desconocemos. Al espacio que no conocemos de nosotros, percibido o no por los demás, lo llamaremos "espacio de ceguera cognitiva". Nada tiene que ver con la no videncia biológica, pero en cierto sentido opera de la misma forma, no permitiéndonos ver y, por lo tanto, saber que no sabemos.

Un primer paso para salir de la ceguera cognitiva es identificar nuestros límites. Es el caso de quien, aplicando los mismos conceptos o métodos, obtiene similares resultados. Los resultados que no son efectivos son un indicio de que, de no mediar un cambio, el desenlace será siempre el mismo o parecido.

A veces nuestras creencias ayudan a resolver los obstáculos que se presentan, pero en otras oportunidades suelen constituir los límites que impiden ver más allá; por eso es importante distinguir esta circunstancia, para poder detectar dichos límites. Una consulta a otra persona o pedir una opinión puede facilitarnos el resultado dado que "La salida está en el otro".

Cuando nos sentimos abrazados por un estado de ceguera cognitiva, es extraño que se nos ocurra realizar cambios, esto nos impide distinguir lo que pasa, disminuye la posibilidad de transformarlo y suele incrementar el sufrimiento de quienes nos rodean.

Para distinguir la ceguera necesitaremos evaluar los logros que no están siendo efectivos y a partir de allí plantearnos el compromiso de innovar declarando "basta" para desafiar nuestra caja de confort y lo que hay dentro.

1.2. Declarar ignorancia. La incompetencia nos libera

Cuando distinguimos nuestra incapacidad para resolver algún problema, esta ignorancia, a diferencia de la ceguera, simplemente nos indica que no sabemos cómo abordarla y hacerla desaparecer. Entonces estaremos en condiciones de iniciar el camino para despertar nuestra conciencia a partir de la adquisición de nuevos conocimientos. Estos distintos saberes pueden permitirnos avanzar y reinterpretar los temas que no estamos consiguiendo resolver. Los problemas son juicios, son interpretaciones de circunstancias del devenir de la vida. Las complicaciones que son problemas para nosotros puede que no lo sean para los demás; por lo tanto, al adquirir nuevas competencias podremos cambiar su observación, y si aun así persisten como obstáculos, estos nuevos conocimientos nos facilitarán su resolución.

El primer paso para aceptar la ignorancia es declarar "no sé". Esta declaración no tiene buena prensa porque solemos ser valorados por lo que sabemos y no por lo que desconocemos. Por lo general no se ve con buenos ojos a quien no sabe.

Para obtener acceso al conocimiento a veces, como si fuera una inversión, necesitaremos sacrificar un poco nuestra imagen y convertirnos en aprendices.

No olvidemos que si bien se premia a quien tiene conocimientos sobre determinada área, o es todo un experto, no podemos ser sabios sin haber pasado por un aprendizaje.

La declaración de ignorancia nos acerca a nuestro compromiso con el aprendizaje para emprender un camino nuevo. Pedir ayuda a un amigo, consultar un coach o buscar información en libros, videos, etc., puede permitirnos encontrar la salida de nuestros problemas de manera más amplia y sencilla.

Las emociones que aparecen cuando deseamos aprender son las de ansiedad, incomodidad y preocupación, que luego, a medida que aprendamos, probablemente se convertirán en confianza y satisfacción personal.

El desafío nos invita, primero, a buscar y sumar herramientas que nos permitan liderarnos a nosotros mismos, y luego, con esta incorporación, podremos transformar nuestro ser y, de esta forma, posibilitar el cambio de nuestro conjunto de creencias, ese conjunto que no nos está abriendo posibilidades.

Hay dos actitudes, claramente opuestas, que toman las personas que se reconocen ignorantes en determinada área: una es delegar en alguien que supuestamente domina el tema, y otra es aparentar saber cuando realmente no tiene ni idea. Con la primera pueden sortearse los problemas provenientes de la falta de competencia, pero en el segundo caso, la ineptitud de quien se maneja como si supiera puede provocar daños o pérdidas de tiempo a sí mismo y a quienes lo rodean.

1.3. Aprender a sumar conocimientos. El aprendizaje

Aprender formas de incorporar habilidades para empezar a salir de nuestra zona de confort es desafiar creencias, cambiar paradigmas y también comprometernos a adquirir conocimientos sin desestimar los que ya tenemos. Esta constituye una manera amigable de comenzar el aprendizaje.

Para la mayoría de los seres humanos la suma de conocimientos no es algo lineal; o sea, que no es posible acumular permanentemente saberes y experiencias. Lo que sí podemos hacer es desarrollar una manera de aprender a aprender que nos permita acceder con el tiempo a nuevos conocimientos para ponerlos a prueba, y que realmente podamos llevarlos a la práctica para obtener resultados efectivos.

El principiante sabe que no lo sabe todo, pero entiende que sabe lo suficiente como para ir convirtiéndose en experto, y esto hace que se dirija a un estado de mayor conciencia y experiencia. Es común que muchas veces al principiante se lo confunda con inexperto, lo que no necesariamente es así, dado que ser principiante es el estado de gracia por el que pasa mucha gente sabia y con experiencia que sencillamente desea adquirir nuevos saberes.

Como se mencionó anteriormente, este estado puede alcanzarse a través del apoyo de un amigo, un coach, un libro o un video, etc., y dependerá del grado de complejidad que requiera el aprendizaje. Para poder seguir los pasos necesarios del proceso de adquirir tales conocimientos, necesitaremos darle autoridad suficiente a quien esté facilitándonos el camino hacia esos logros más efectivos que estamos buscando.

1.4. Compromiso con el aprendizaje. Nuestra responsabilidad

Si somos los responsables de los resultados y estos provienen de nuestros compromisos, dependerá entonces solamente de nosotros la decisión y la voluntad de salir de la zona de confort, pudiendo ser apoyados por alguien o algo, pero siempre tendremos la última palabra para dar el primer paso. Nada ni nadie podrá tener la capacidad de decidir por nosotros si salimos de la caja y desafiar nuestros paradigmas y creencias.

Al chequear nuestro compromiso con el resultado que deseamos, podremos ver y sentir si están realmente alineados o hay algo que se interpone. Si bien esta interferencia puede ser alguna emoción, como por ejemplo el miedo o la angustia, necesitaremos interpretar qué nos quieren decir, ya que a pesar de que creamos que estas son emociones negativas suelen ser, si son interpretadas en tiempo y forma, indicadores y aliadas en nuestra toma de decisiones.

Estamos comprometidos con nuestros resultados. ¿Cuántas veces escuchamos decir a algún conocido: "Podría tener un auto deportivo pero no me interesa", mientras anda en un auto que le complica la vida todo el tiempo, o en alguna empresa: "Podríamos tener la certificación de las Normas ISO pero no tenemos tiempo"?

Esto nos indica que podemos estar queriendo algún resultado o cosa material, pero como no estamos realmente comprometidos con ello, no lo conseguimos; o sea, que lo que nos permite alcanzar los objetivos son los compromisos y no solo lo que queremos.

Si estamos comprometidos estaríamos queriendo, pero no necesariamente estaríamos comprometidos aunque estemos queriendo. Podría decirse que el compromiso es un querer de verdad. A modo de ejemplo: si quisiéramos de verdad tener una Ferrari, seguramente la tendríamos en el estacionamiento, por supuesto, pero no pregunten cómo.

1.5. Alcanzar la experiencia. Saber hacer

Convertirnos en expertos es una señal de que temporalmente hemos salido de nuestra zona de confort. Esto suele hacerse por temas o a lo sumo por dominios; para ello, la aplicación de nuestras nuevas competencias, ligadas a resultados efectivos, nos indican que hemos incorporado el saber para manejarnos como expertos. Sabio es aquel que sabe aplicar sus conocimientos y obtiene sus resultados de manera efectiva, por haber aplicado sus habilidades de modo casi automático.

Es como conducir un automóvil: al principio manejamos controlando lo que hacemos con el vehículo y no tanto con el camino, pero a medida que adquirimos práctica y conocimientos recorremos toda la ciudad, y si nos preguntan cuántas veces y de qué manera condujimos el auto nos es imposible identificar qué hicimos. Sin embargo, conducimos con cierta maestría, lo que podemos hacer gracias a nuestra experiencia. Existen personas que en diversos ámbitos se han convertido en referentes y han aportado nuevos conceptos y saberes en dichos campos. La película *Un milagro para Lorenzo* muestra cómo los padres de Lorenzo, un chico al que se le declara una enfermedad neurológica compleja, se comprometen a encontrar la cura para su enfermedad y, lejos de ejercer la bioquímica, finalmente encuentran lo que era un aceite para la curación. Para lograr la fórmula fue necesario que ellos se convirtieran en expertos, a partir de un aprendizaje que los llevó a salvar a miles de personas.

Entonces, para afrontar los peligros de la zona de confort, necesitaremos aprender a aprender y hacernos responsables, comprometernos a salir de nuestro espacio de ceguera, reconocer nuestra ignorancia, convertirnos en principiantes, para finalmente llegar a ser expertos.

Cada vez que adquiramos cierta maestría sobre un dominio, es probable que nos instalemos en una nueva zona de confort, más grande tal vez, pero zona de confort al fin. El desafío es que lo distingamos para que la nueva no nos mantenga secuestrados y así podamos observar y alcanzar nuevos horizontes.

2. Las decisiones. Elegir cómo y cuándo tomarlas

Todas nuestras decisiones siempre estarán atadas a una emoción y dependerán de lo que tomemos del contenido de nuestra caja de conocimientos; por lo tanto, cuanto mejor cuidemos de nuestras emociones y cuanto más distingamos que tenemos un único y particular punto de vista de las cosas, más probabilidades tendremos de abrir posibilidades con ellas.

Nuestras decisiones determinan nuestro destino

Vigila tus pensamientos, porque se convierten en palabras.
Vigila tus palabras, porque se convierten en actos.
Vigila tus actos, porque se convierten en hábitos.
Vigila tus hábitos, porque se convierten en carácter.
Vigila tu carácter, porque se convertirá en tu destino.
Mahatma Gandhi

Vigila tus decisiones, porque se convierten
en tus resultados.
Vigila tus resultados, porque se convertirán
en tu calidad de vida.
JJA

2.1. Las emociones juegan su papel. Distinguir nuestro compromiso

Las claves que determinan la calidad de las decisiones que tomamos suelen ser: el cuidado que brindemos a las emociones, las distinciones de nuestros estados de ánimo y el compromiso que tengamos de responder a los problemas que se presentan en los distintos momentos de nuestras vidas.

Ante un mismo problema, podremos tomar decisiones totalmente opuestas a otras cuando nos encontrábamos bajo un estado de ánimo distinto. Lo mismo sucede con los compromisos que asumimos. Con diferentes compromisos tomaremos decisiones distintas y tal vez opuestas.

Las emociones y los estados de ánimo son determinantes. Pueden hacer brillar o palidecer cualquier decisión que asumamos. Sería conveniente que distingamos tanto nuestra emocionalidad como preguntarnos cuál es el compromiso que nos movió a optar por tal o cual cosa, para luego entender qué nos pasaba cuando tomamos una decisión determinada.

Poder diferenciar tanto la emocionalidad como nuestro compromiso nos permitirá no solo desafiar a las posibles decisiones que adoptemos, sino que también podrá abrirnos un espacio de reflexión y darnos tiempo para considerar diversas opciones e impedir que actuemos de forma automática o como resistencia.

Si bien los seres humanos nos encontramos permanentemente ante la posibilidad de tomar decisiones, no significa que todos las tomemos, pero de ellas dependerá la calidad de vida que tengamos. A veces con pensamiento crítico, a veces con pensamiento sistémico, pero aun cuando no tomemos decisión alguna, estaremos respondiendo; por lo tanto, decidiéndonos o no, responderemos siempre. Es importante recordar que no es conveniente dar la espalda a los problemas constantemente. También se vuelve inadecuado tomar decisiones definitivas con estados emocionales momentáneos.

2.2. Empezar a tomar decisiones. Víctima vs. responsable

En las primeras etapas de nuestras vidas, sobre todo en la infancia, estamos exentos de decidir por nosotros mismos y son nuestros mayores quienes suelen tener la responsabilidad de hacerlo. A temprana edad solemos depender del afecto y el compromiso con el futuro que ellos proyecten sobre nosotros. Más tarde, ya adultos, probablemente haremos lo mismo con nuestros hijos.

Al principio y a medida que crecemos solemos tomar decisiones de corto plazo, para luego, de a poco, tener la posibilidad de decidir por nosotros mismos. Al ir creciendo aparecen las decisiones que afectan más a largo plazo a nuestras vidas.

Como vimos antes, todas las creencias, conocimientos, religión y experiencias pesarán sobre cada evaluación que hagamos en la toma de decisiones y esto, con el tiempo, marcará nuestro estilo. Podremos tener tendencia a pensar en el corto plazo o a comprometernos más con el futuro, pero lo que puede resultar importante es distinguir qué nos mueve internamente; o sea, la emocionalidad y nuestro compromiso con lo que sucede.

Cuando tenemos el poder de elegir nuestro destino, las decisiones que tomamos pueden abrirnos o cerrarnos posibilidades. En cambio, si alguien o algo lo hace por nosotros, podremos ser víctimas de un resultado que nos limite, y de esta forma exponernos a circunstancias adversas en distintos aspectos futuros de nuestras vidas, convirtiéndonos, en estos casos, en meros observadores de lo que pasa.

También cabe destacar que, si tomamos decisiones sintiéndonos víctimas, poniendo nuestro poder en el afuera, corremos el mismo riesgo que cuando eligen por nosotros:

no obtengamos los resultados que necesitamos y por lo tanto no entendamos qué nos sucede.

O sea: no es suficiente que decidamos desde lo físico solamente, o que la respuesta salga de nuestros labios, sino que es necesario que tanto la emocionalidad que poseamos en ese momento como nuestro compromiso estén siendo distinguidos por nosotros, de manera que nos hagamos responsables por la elección.

2.3. Aprender a tomar decisiones. Confiar en el futuro

La toma de decisiones suele estar conectada con la confianza interior que sentimos. Si bien esto último no nos asegura el éxito, nos pone en un lugar de responsabilidad (responshabilidad, es decir habilidad de responder) por el resultado que se obtenga al elegir o decidir.

Esta seguridad también se recuesta sobre la confianza en el futuro; de esta manera, el diseño del futuro podría estar en nuestras manos.

Nuestra naturaleza no nos permite predecir cuándo vamos a equivocarnos, lo que constituye fuente de sufrimiento y a veces de parálisis al elegir una respuesta y decidir.

Aunque pueda parecer contradictorio, la llamada experiencia vivida no es garantía de una mejor toma de decisiones, y mucho menos de obtener la solución de problemas nuevos; en cambio, la experiencia previa es bienvenida para generar estrategias en las resoluciones programadas o tácticas, ya que habían sido probadas antes. Aparte de que podrían haber sido mejoradas, desafiándolas y apoyándonos en el concepto de funcionalidad, las experiencias vividas son beneficiosas porque nos aportan cierta tranquilidad de que van a funcionar. Las decisiones no programadas suelen incrementar el riesgo, agregando angustia si es que no funcionó en el pasado, o una falsa seguridad, si es que antes tuvo éxito.

Para tomar decisiones y resolver nuestros problemas,

el saber que toda resolución que adoptemos puede abrir o cerrarnos posibilidades y colocarnos en un lugar de conciencia plena.

No siempre que apostemos vamos a ganar. Por otro lado, todo resultado, además de dejarnos un aprendizaje, estará sujeto a nuestra interpretación. Lo que observemos e interpretemos disparará una emoción, y con ella nos prepararemos para la acción. Si logramos distinguir este mecanismo podremos actuar en vez de reaccionar. En muchas ocasiones, reaccionamos sin poder elegir lo que hacemos, esto provoca que a veces obtengamos resultados que ni remotamente queríamos generar.

Los resultados se pueden proyectar, gestionar o reinterpretar, pero son imposibles de controlar. No hay manera de saber de antemano cuáles pueden ser los beneficios o las dificultades provocados por una decisión. Esta ilusión de controlar el resultado antes de que ocurra en muchas personas suele ser una de las causas de lentitud o parálisis en la toma de decisiones.

El saber distinguir que querer controlar los resultados de las decisiones que tomamos es una fantasía puede aliviar el peso de nuestras desilusiones y desaciertos.

Diferenciar las emociones de nuestro compromiso nos pone en ventaja y, a pesar de que no garantice los resultados de las decisiones que hayamos elegido, nos permite responder por ellos, y de esta manera podremos ser fieles a nuestros valores y empeño.

2.4. La suerte y la intuición. Cómo ser asertivos

El azar y sus resultados, como todas las interpretaciones, están condicionados por quien los observa. Así, cuando juzguemos los resultados según nuestros paradigmas, podremos atribuir la importancia de la buena o mala suerte en nuestras decisiones. Si le adjudicamos toda la importancia a la suerte estaremos poniendo los resultados fuera del alcance de nuestro poder. Si atribuimos al azar el resultado bueno o malo de nuestras decisiones será imposible saber o reconocer si estamos siendo asertivos en nuestra toma de decisiones.

En este escenario no podremos hacernos responsables de las decisiones que tomemos, solo nos queda esperar a que la suerte cambie para tener posibilidades de alcanzar los resultados que deseamos en nuestras vidas.

Las elecciones que tomamos pueden volverse erráticas porque no habremos aplicado nuestra particular forma de decidir con los resultados que obtenemos, y por este camino tampoco lograremos acumular experiencia. Si no hacemos responsable al azar, lo que experimentaremos y la capacidad de evaluar lo que nos pasa será un patrimonio que nos abrirá posibilidades de elegir cuál de las decisiones a tomar puede ser la más conveniente.

La suerte suele ser amiga de la acción; por lo tanto, si actuamos desde emociones que abren posibilidades, como por ejemplo la confianza, y distinguimos cuál es el compromiso que tenemos al elegir, tendremos más probabilidades de alcanzar lo que estamos buscando.

Otro factor a tener en cuenta cuando decidimos es la intuición. Existen personas que se consideran intuitivas y desarrollan una conexión que les permite tener en cuenta lo que la intuición les dicta y confían en que eso será lo mejor. La intuición ocupará un lugar en nuestra toma de decisiones de acuerdo con la autoridad que le otorguemos, y a partir de allí también podrá jugar un papel importante.

Existen personas que prefieren dejar de lado a la intuición y tampoco permiten que las emociones intervengan en el proceso de elegir la decisión más adecuada.

Está comprobado que en la mayoría de las tomas de decisiones de los seres humanos se encuentran involucradas las emociones y las intuiciones, nos demos cuenta o no, y por eso estará relacionado con ambas todo proceso que involucre las decisiones. Aun en las resoluciones más profesionales se verán las pinceladas de nuestro ser emotivo, por más que queramos disimularlo con todas nuestras fuerzas.

Esto sucede porque todo movimiento dentro del mundo profesional está incluido en el contexto personal. Son las fibras personales las que se mueven cuando profesionalmente nos castigan o premian; según el caso disparan distintas emociones. Debe tenerse en cuenta este tema en el momento de considerar la intuición y las emociones en la toma de decisiones.

2.5. Tipos de decisiones. Clasificación y procesos

Tanto en lo personal como en lo profesional, y según cómo se presenten, podemos clasificar las decisiones de la siguiente manera:

Decisiones programadas
Son las que responden a un modelo de decisiones que ha sido establecido de antemano y que modela la forma operacional de nuestras actividades domésticas o laborales. Es nuestro espacio de comodidad, por lo tanto, suelen proporcionarnos cierta tranquilidad, algunas veces anteceden a las no programadas y otras son su resultado.

Decisiones tácticas
Tienen que ver más con aquellas decisiones que van a planificar, con alguna estrategia, la manera de manejar determinados problemas. Desde el punto de vista de cómo las tomamos no tienen demasiada sorpresa, pero de ellas dependerá que no aparezcan amenazas que nos obliguen a tomar decisiones no programadas

Decisiones no programadas
Son aquellas que deben tomarse y que no estaban en los planes. En el ámbito profesional aparecen con más fre-

cuencia en los mandos altos o gerenciales. Suelen ser de total importancia ya que influencian e impactan en mucha gente, como suele decirse: "aguas abajo". En lo personal, tienen elevada relevancia porque impactan directamente en nuestra calidad de vida y en la de quienes nos rodean.

El tiempo que le dedicamos a las decisiones
También podemos clasificar las decisiones según el tiempo que utilizamos en tomarlas:

- **Decisiones lentas**

Si bien la lentitud y la rapidez son juicios que varían según cada persona, las decisiones que se toman con tiempo tienen fama de ser las más asertivas. Sucede que en algunas ocasiones no siempre disponemos de tiempo, mientras que otras veces las mismas conversaciones internas nos precipitan a elegir rápidamente.

El paradigma del problema nos dice que todo problema hay que resolverlo lo antes posible. Esto produce estragos en ciertas oportunidades en las que no estamos tan preparados como para tomar la decisión rápidamente. A veces tenemos tiempo para resolver ciertos temas, pero al no distinguirlo, no acertamos como podríamos hacerlo si tomáramos decisiones con más tiempo.

- **Decisiones rápidas**

> *Las decisiones rápidas son decisiones inseguras.*
> **Sófocles**

Más allá del juicio de Sófocles (450 a.C.), las decisiones rápidas que tomamos ante circunstancias no programadas suelen traernos inconvenientes porque las soluciones que tomamos hoy pueden convertirse en el problema de mañana: el famoso manotazo de ahogado que hoy nos salva pero mañana nos hunde.

Por eso, para la toma de decisiones a nivel de las organizaciones se recurre al modelo sistémico que, como su nombre lo indica, no contempla solo al problema en sí, sino que se estudia como un fenómeno sistémico de muchas variables. Esto, si bien aumenta el grado de complejidad, disminuye el riesgo de elegir una solución que empeore la situación en el futuro.

- **La gestión en el proceso de la toma de decisiones**

La toma de decisiones puede ser estudiada y enfocada desde distintos puntos de vista. Consiste en un proceso donde podremos recorrer determinadas etapas cognitivas y que puede desarrollarse mediante los siguientes pasos:

1. **Observación**. Identificar el problema y distinguir qué está ocurriendo. Estar presente y hacerse responsable: si algo me afecta y soy parte del problema puedo ser parte de la solución si comprendo los riesgos. Obtener toda la información posible.
2. **Comparación**. Todo proceso que hayamos vivido y tenga similitud con la situación actual puede aportarnos datos de sumo valor para decidir.
3. **Valoración**. Saber quiénes somos y tener claros los valores. La integridad que nos dan nuestros valores pueden ser los únicos límites que aporten una salida para tomar decisiones que abran posibilidades.
4. **Organización**. Analizar los factores intervinientes de manera cuidadosa y responsable. Organizar todas las variables y decisiones nos permitirá conocer por qué las cosas pueden mejorar o empeorar, de lo contrario no podremos determinar cuál será la decisión que provocará tal o cual resultado.
5. **Clasificación**. Categorizar mediante un ordenamiento sistemático todo aquello que nos impulsa a tomar una decisión nos permite dividir en partes la

amenaza. De este modo, podremos aplicar decisiones de menores dimensiones en pos de una mayor que resulte más beneficiosa que una solución única y general.
6. **Evaluación**. Analizar lo estudiado anteriormente para arribar a las conclusiones nos permitirá tomar mejores decisiones y elegir la mejor alternativa, definiendo el objetivo o propósito buscado después de evaluar todas las alternativas posibles.
7. **Resolución**. Una vez analizados los anteriores procesos estaremos en mejores condiciones de aplicar la decisión y esperar los resultados.
8. **Feedback**. A nivel personal, pedirlo para evaluar los resultados obtenidos y compartir las observaciones, preocupaciones y sugerencias. En lo organizacional, servirá para mejorar el funcionamiento de cualquier grupo que integremos. Para que una mejora continua sea posible, la realimentación tiene que ser fundamentada y debería funcionar, en cuanto a lo jerárquico, en ambos sentidos: de arriba hacia abajo y de abajo hacia arriba.

2.6. Obstáculos en la toma de decisiones. Empezar a delegar

Muchas veces no solo aparecen obstáculos en la toma de decisiones, sino también en la delegación y en la responsabilidad de aquellos en quienes delegamos.

En la toma de decisiones las conversaciones internas como "no voy a poder" o "esto me supera" nos impiden ver que la salida está en el otro y que el pedir ayuda no nos convierte en personas débiles o incapaces.

Más allá de nuestras propias limitaciones ante ciertas circunstancias, los juicios que tenemos de nosotros mismos suelen pertenecer al mundo de nuestras creencias y no aportan demasiado a la posibilidad de resolver los problemas que estamos atravesando, como tampoco los juicios de quienes nos rodean. Si nos apegamos a estas creencias, la tendencia será la de no recurrir al otro para que pueda facilitarnos el camino.

Lo mismo sucede con la dificultad de delegar decisiones. La falta de delegación y la ilusión de controlar todos los resultados suele limitar el desarrollo de las personas que coordinan acciones con nosotros. De esta forma anulamos la posibilidad de que ellas puedan facilitarnos los procesos para la toma de decisiones. Esto puede desembocar en falta de compromiso e interés por parte de quienes coordinan actividades con nosotros. Al no permitirles a los demás que se adueñen de sus tareas, no podrán decidir sobre ellas.

Si queremos delegar, debemos ver lo valioso que es que quienes trabajan con nosotros decidan por sí mismos; así, no solo delegaremos tareas, sino que también podremos delegar poder.

El compromiso de delegar poder es un primer paso hacia la obtención de una mejor calidad de vida para nosotros y para quienes nos rodean.

2.7. Decisiones personales y profesionales. Decidir para liderar

> *En mi casa mando yo, pero mi mujer toma las decisiones.*
> **Woody Allen**

Más allá de la contradicción y el humor de la frase de Woody Allen, las decisiones suelen ser todas personales, ya que primero somos personas y después nos formamos en alguna competencia, profesión u oficio. Como seres humanos estamos vinculados no solo a otros individuos, sino también a creencias y paradigmas que nos hacen sentir de distintas maneras frente a emociones tales como temor, sorpresa, ira, esperanza, alegría o aceptación, y podemos decir que tales circunstancias nos predisponen de diferentes maneras. Este aspecto nos condiciona en la toma de decisiones, tanto en lo profesional como en lo personal.

A veces creemos que si tomamos decisiones es mejor hacerlo con la razón y no con la emoción, como si fuera posible separar esas cosas.

Nosotros, los seres humanos, al ser emocionales no tenemos forma de separar la emoción de la razón, y una de las claves que suele aportarnos mayor efectividad en las decisiones es la de poder distinguir cuáles son las emociones que nos influyen cuando decidimos. Si podemos distinguirlas, estaremos en condiciones de seguir en ese estado o cambiar a otro que nos abra posibilidades.

Podremos armar todo un desarrollo de tomas de decisión crítico, cognitivo o sistémico, pero siempre lo realizaríamos bajo la influencia de alguna emoción, ya sea previa o posterior a la aparición de la circunstancia que observamos que merece nuestra decisión.

La evidencia que deja al descubierto que –en el fondo– todas las tomas de decisiones son personales se pone de manifiesto cuando alguien decide dejarnos fuera de algún proyecto, trabajo o acontecimiento, y ante lo cual, lejos de sentirlo desde nuestra profesionalidad, reaccionamos desde lo personal, o sea con nuestros sentimientos.

Otro aspecto de la toma de decisiones, consiste en saber decir no y poder hacerlo. Existe la creencia de que si decimos a todo que sí nos reconocerán y mejorará nuestra imagen; pero a veces, lejos de obtener este beneficio, al decir a todo que sí nos exponemos a situaciones que pueden perjudicarnos. Decir automáticamente sí nos puede llevar a situaciones sin vuelta atrás; en cambio, el no bien argumentado nos preservará de estas complicaciones en el futuro.

Si le damos autoridad a la creencia de que los problemas deben ser resueltos cuanto antes, en el corto plazo será más difícil evaluar las opciones necesarias para resolverlos y casi siempre nos sentiremos obligados a tomar una decisión no del todo acertada. De esta manera quedamos con poco margen para que, de una manera más adecuada, nos tomemos el tiempo para generar y que se produzcan las mejores condiciones para ser más efectivos. Si a esto le agregamos el impacto de nuestras emociones, tendremos un caldo de cultivo propicio para que se nos cierren las posibilidades de obtener los resultados deseados.

Aunque elijamos no decidir como respuesta a una eventualidad o como parte de una solución, siempre estaremos decidiendo; la diferencia consiste en dónde pondremos el poder, pero siempre estaremos tomando decisiones.

Si decidimos no decidir y dejamos al azar la resolución de las cosas, estaremos actuando como víctimas que ponen el poder en el afuera, para después contar que las cosas no suceden como queremos porque no ha habido un cambio en el exterior; por ejemplo, contaremos: "hasta que la suerte no cambie no se modificarán mis resultados".

Si en cambio decidimos no decidir como parte de un plan o como resultado de un análisis del cual estamos convencidos, más allá de los resultados que obtengamos, podremos responsabilizarnos y fundamentar nuestro análisis previo como respuesta al resultado que obtengamos.

Constantemente suelen aparecer circunstancias o problemas que, según nuestra interpretación, nos invitan u obligan, según el caso, a la toma de decisiones; sin embargo, esto no significa que debamos tomarlas. De estas decisiones suele depender la calidad de vida que obtengamos, algunas veces con pensamiento crítico, otras con pensamiento sistémico, pero aun cuando no las tomemos, estaremos respondiendo a esta obligación de decidir; por lo tanto, decidiéndonos o no, responderemos siempre.

Los líderes suelen tomar decisiones con el propósito de provocar resultados que les permitirán ser más efectivos en las distintas actividades en las cuales participan.

Existen personas y empresas cuyos logros aparentan ser buenos, y aun así recurren al liderazgo para tomar decisiones que puedan aumentar de forma positiva los objetivos que están alcanzando.

Más allá de que estos resultados puedan ser aceptablemente buenos, se impulsan decisiones para incrementar la eficacia y la ganancia en las actividades que coordinan. Esto se debe al concepto que nos indica que siempre habrá una mejor manera de hacer las cosas.

Aun ganando, se puede determinar una brecha para mejorar el resultado. Los límites estarán establecidos por la practicidad y el tiempo. Finalmente la exigencia viene a cambiar el paradigma que proponía que los resultados solo se analizaban cuando eran adversos. La frase "De la derrota se aprende" podríamos reemplazarla por "A pesar del éxito, dejamos de ganar".

Las soluciones que se toman para resolver problemas son decisiones que pueden surgir bajo la influencia de distintas emocionalidades, como el miedo, el rencor, la angustia, pero si estamos siendo líderes podremos distinguir entre ellas las que nos abren posibilidades. La toma de decisiones podremos hacerlas desde las denominadas emociones positivas, como por ejemplo el optimismo, la confianza, la paz, para hacer que las cosas sucedan y de esta manera apostar a obtener los mejores resultados posibles.

Si bien no existe la posibilidad de ser efectivos en un cien por ciento en la toma de decisiones, podemos aumentar la efectividad si decidimos bajo emociones como la confianza, la alegría o la aceptación.

Estas emociones nos predisponen para mejores resultados, la clave está en distinguir nuestras propias emocionalidades para resolver cuándo decidir, ya que contextos como el miedo o la angustia no nos aportan una buena plataforma para generar soluciones.

Un líder contempla sistémicamente el hecho de que las

decisiones que toma hoy pueden repercutir más adelante en el tiempo y, por lo tanto, concreta sus decisiones para que la solución de hoy no se convierta en un futuro problemático.

3. Mejorar la comunicación. Hacer que nos entiendan

Si partimos de la base de que una de las características del éxito es conseguir lo que deseamos, existe una manera de comunicar que puede facilitarnos el trayecto. Esta manera de comunicar no estará basada en la manipulación de las palabras, sino en nuestra nueva manera de ver el mundo y lo que nos pasa con lo que observamos. Los cambios que necesitamos incorporar para diseñar un lenguaje que nos abra la posibilidad de alcanzar una mejor efectividad, por lo general, son graduales y se alimentan de los resultados que vamos obteniendo. Esto nos suele generar valor y así se vuelve un camino más elegible y cómodo para transitar.

Cuando hablamos y hablamos con la gente y no obtenemos los resultados esperados, cuando decimos una cosa y entienden otra, es probable que para que cambie lo que nos sucede necesitemos comprender que el lenguaje que utilizamos es generador de todo el particular mundo que nos rodea. Aprender la manera de hablar responsablemente es la tarea que mejorará nuestra comunicación. Esta habilidad de responder por lo que pasa puede devolver a nuestras manos todo el poder necesario para hacer que las cosas sucedan. Constituirnos en protagonistas de nuestras propias vidas tal vez demande un mayor esfuerzo que cuando contábamos que el poder estaba en algo o alguien fuera de nuestro alcance, pero a cambio podremos obtener resultados más exitosos. Como un mecanismo de reacción, tanto en lo personal como en lo profesional, cuando el deseo de ser efectivos se ve afectado por logros que no llegan, eso puede producirnos la suficiente tensión como para que declaremos la necesidad de transformarnos y desarrollar un lenguaje que nos permita alcanzar nuestros objetivos. Esta tensión reactiva se produce por la brecha entre los resultados obtenidos y los deseados. Tal vez en el corto plazo no podamos cambiar lo que nos sucede, pero, en el mediano y largo plazo podremos cambiar lo que nos está pasando. Como no somos lo que nos pasa sino lo que hacemos con lo que nos pasa, cuando logremos ver el valor del cambio, la diferencia que podemos hacer con nuestra vida y la posibilidad que somos, estaremos en condiciones de iniciar un camino de transformación del lenguaje y luego de nuestro ser, comprometidos con mejorar los resultados.

Como vimos antes, cuando hablamos de paradigmas nos referimos a creencias con las que hemos crecido y vivido. Estas interpretaciones y conocimientos adquiridos constituyen nuestra caja de confort. Si cada persona posee su caja, podremos entender que cuando nos escuchan lo hacen desde su propia caja de conocimientos y no desde la nuestra. Por eso es que decimos lo que decimos y escuchan lo que escuchan. Desde este análisis, es importante chequear qué han entendido cuando nos comunicamos y completar, a través de preguntas, lo que nos falta. De este modo nos responsabilizaremos de nuestra comunicación y podremos aceptar que un alto porcentaje de lo que decimos son malentendidos.

La interpretación de lo que comúnmente comunicamos para coordinar acciones va a depender del paradigma en donde se haya formado quien nos escucha. Si no queremos ser víctimas de controversias, necesitaremos un lenguaje responsable y complementarlo con una indagación comprometida que achique la brecha entre lo que decimos y lo que se nos interpreta.

Una señal que indica que nos están escuchando comprometidamente es que nos formulen preguntas sobre lo que hablamos, dado que, si las hacen, estarán completando la información necesaria para disminuir la zona de incertidumbre comunicacional. De esta manera se demuestra el compromiso con una escucha comprometida.

Todos tenemos distintos aspectos internos que conforman nuestra forma de estar siendo; esto marca el estilo de conversación que mantenemos. El miedo, la exigencia, el querer tener razón son algunos de ellos. Para dialogar responsablemente necesitamos distinguir qué aspecto interno va a marcar nuestras conversaciones y estar atentos al mismo.

La comunicación con los demás suele depender en gran medida de nuestras conversaciones internas y de las de quien nos está escuchando, así como nuestros aspectos y los de quien nos escucha son los responsables de interpretar las conversaciones que mantenemos a diario.

Existe una sola posibilidad para que quien me escucha entienda en un ciento por ciento, y es que esa persona y yo seamos la misma.

3.1. Reordenar el diccionario. El lenguaje que genera

En el transcurso de la vida suele ocurrirnos que algunos de los resultados obtenidos no son los que esperamos. La brecha entre la realidad y lo deseado, lo que pasa y lo que queremos que pase, puede ser una oportunidad para desafiar y cambiar la forma de comunicarnos lingüística y corporalmente. Distinguir la manera en la que nos manifestamos permitirá, con el transcurso del tiempo, tener mejor llegada con quienes interactuamos, de tal forma que podamos establecer de manera clara y sencilla la confianza necesaria en nuestra vida personal y profesional para alcanzar los resultados que mencionábamos antes. Esta confianza, que puede reforzar los compromisos con quienes nos relacionamos, es un pilar importante en el desarrollo de acciones que posibiliten llegar a los logros que deseemos obtener. Es fundamental que el compromiso con la confianza y con nuestra visión estén enfocados en la forma de expresarnos y que nos vinculemos en pos de conseguir nuestros resultados involucrando a quienes sean necesarios para tal fin. Muchas de las palabras y distinciones genéricas que pueden ayudarnos con este nuevo enfoque se encuentran dentro de nuestro diccionario. Reordenarlo de manera tal que dejemos de lado palabras que traigan dudas y malentendidos, así como sumar nuevas que faciliten la comprensión de lo que decimos, puede abrir un sinnúmero de puertas que antes nos habían sido cerradas. Es nuestra responsabilidad desarrollar un lenguaje que permita cambiar lo que nos rodea. Si lo conseguimos podremos transformar nuestro mundo y el de los demás.

3.2. La comunicación construye y destruye.
Construir confianza

Cuando un proyecto o compromiso con algún resultado no terminan bien, lo más probable es que haya faltado una conversación. La mayoría de los problemas entre los seres humanos suelen surgir a partir de algo que no se haya dicho o un malentendido. Las comunicaciones, tanto personales como las de las grandes corporaciones suelen sufrir este común denominador. Esto último resiente la posibilidad inmediata de coordinar acciones y a mediano plazo puede dañar la confianza tanto personal como profesional entre las partes. Uno de los principales valores que permiten una fluida coordinación de acciones es la confianza que existe entre quienes se comunican.

Esta confianza nos ayuda a establecer puentes que serán la base de todas las relaciones y negocios que encontremos en nuestro futuro. Si buscamos las razones por las cuales se diluyó el último intento de llegar a nuestro objetivo con una conversación, podremos revisar muchos factores, pero por lo general la brecha se produce debido a la falta de confianza que generamos al hablar.

Otro componente que nos abre oportunidades para comunicarnos con eficacia es la coherencia. Esta se define como la igualdad entre nuestras conversaciones públicas y privadas, como también el equilibrio entre lo que decimos, hacemos y sentimos. Este comportamiento coherente suele generar y establecer la confianza y tranquilidad necesaria para que coordinemos acciones de forma clara y precisa.

Toda diferencia entre lo que decimos en privado y lo que decimos en público incide sobre el mensaje. Tendemos a creer que no se conocerá, pero en la mayoría de los casos sale a la luz en nuestra propia comunicación. Esto entorpece y afecta la confianza, no solo con quien nos escucha en público, sino también con quien lo hace en privado.

Si existe coherencia entre lo que decimos, hacemos y sentimos y esto se evidencia entre la confianza que solemos inspirar y la cuota de seguridad que necesitamos para coordinar acciones efectivas, construiremos empatía y podremos lograr finalmente los objetivos deseados al conectar responsabilidad y valores.

3.3. Comunicación responsable. El lenguaje exitoso

La comunicación efectiva y responsable es una condición necesaria pero no suficiente para llegar a ser exitosos con lo que nos proponemos, y si bien no hay una única fórmula para lograrlo, podemos decir que tanto la comunicación efectiva, la gestión de las emociones, así como también la corporalidad, son componentes que facilitan llegar a resultados efectivos y, en el caso que lo deseemos, alcanzar el liderazgo en las áreas donde queramos liderar.

Existen libros especializados en el habla responsable que pueden guiarnos en la construcción de un diccionario que facilite nuestra comunicación para ser más efectivos.

En ellos, palabras y frases que no aporten claridad o tiendan a dispersar la habilidad de responder ante lo que pasa, se señalan para que sean reemplazadas por otras que nos permitan coordinar acciones eficazmente. Palabras como "todos" y "ninguno", "tal vez" o "trataré" son algunos de los ejemplos que hacen que al utilizarlas perdamos efectividad en cualquier proceso de liderazgo interno o externo.

Veremos cómo distinguir cuáles son las características que pueden permitirnos alcanzar y mantener ese liderazgo.

Existen líderes naturales que son muy exitosos en determinados ámbitos de su vida, por ejemplo, en los deportes o en sus carreras profesionales, pero en otros dominios no pueden llegar a la efectividad media normal de cualquier ser humano. Los problemas familiares, de drogas, con la ley de estas personas indican que, por alguna razón, pudieron liderar en un ámbito, pero lo hicieron de forma intuitiva.

Para alcanzar el liderazgo hay que diferenciar nuestras distinciones genéricas, que son las que nos permitirán elegir la forma de comunicarnos y estar siendo para adquirir ese liderazgo.

Vivimos en un mundo donde parece que no se puede ser exitoso y al mismo tiempo tener una ética de vida. Esta es una fragmentación muy recurrente, o por lo menos es el paradigma que parecería gobernar el mundo de los negocios. Se trata de algo que ha sido, y es, una creencia muy negativa o como mínimo frustrante, que lleva a resultados y éxitos de corto plazo, los que a su vez van totalmente en contra de nuestra transformación como nuevos líderes y de las buenas prácticas personales y profesionales.

Cuando buscamos en los demás coherencia, compromiso y valores, primero necesitamos indagarnos sobre cómo reflejamos nosotros mismos esos temas cuando nos comunicamos. Debemos plantearnos qué nos falta, y a partir de allí empezar el camino de sanación de nuestras conversaciones internas.

Norberto Levy, en su libro *El asistente interior*, nos conduce por un viaje al mundo de aspectos interiores como son el miedo, la inseguridad, el enojo, etc., y revela la posibilidad de apagar y sanar las conversaciones que nos cierran posibilidades con nosotros y con los demás.

De allí la importancia que un líder distinga sus conversaciones internas y se comprometa con sanarlas, dado que los demás se dan cuenta de cómo se encuentra y si se le puede tener más o menos confianza.

3.4. El lenguaje del líder. Comunicarnos para coordinar acciones

Cuando no estemos conformes con los resultados obtenidos y nos comprometamos a cambiarlos, dependerá de nosotros emprender el camino del aprendizaje y pedir que nos ayuden en el desarrollo de un nuevo diccionario. De esta forma podremos ampliar el que ya tenemos y crear una nueva coherencia que nos lleve a mantener una comunicación y una corporalidad efectivas.

Esto puede abrirnos un camino hacia la mejor autoestima para que logremos transmitir la confianza suficiente en quienes coordinen acciones con nosotros. Como hemos visto anteriormente la salida está en el otro, pero es nuestro compromiso y la constancia lo que nos dará la llave para conquistar nuestros deseos, dado que la persistencia suele ser una de las bases de la conquista.

Trabajar en una comunicación efectiva y una corporalidad coherente podrá ser el camino que nos lleve a un mundo nuevo de posibilidades para mejorar la forma en que nos comunicamos. De igual manera, como veremos más adelante, la gestión de las emociones y los estados de ánimo también brindarán apoyo a una comunicación que refleje mejor nuestras inquietudes e intenciones.

Hasta aquí toda la cuestión podría reducirse a pura

utilización del lenguaje, la corporalidad y manejo de las emociones, pero nuestro liderazgo tendrá posibilidades de convertirse en metaliderazgo si a nuestro compromiso y valores los asociamos para el bien común. Dicho de esta forma puede parecer inocente, sin embargo con el tiempo el líder permanecerá como tal si sus valores y compromisos son fieles a una determinada coherencia verbal, corporal y emocional con su ética.

Dado que nuestra calidad de vida dependerá del tipo de conversaciones internas que tengamos, la capacidad de liderar también se verá influenciada por ellas. Si sanamos y detenemos las conversaciones que nos mantienen atados al pasado y nos cierran posibilidades, no transmitiremos estos pensamientos a las personas con las que nos comunicamos o a las que queremos liderar.

3.5. Aprender a escuchar. La escucha que posibilita

Todos tenemos una particular forma de observar el mundo que nos rodea, lo que determina nuestra manera de hablar, escuchar y hacer las cosas.

Por eso, por más que manipulemos lo que decimos, si no cambiamos nuestra manera de observar, seguiremos obteniendo los mismos resultados, aun hablando diferente.

Esto es así porque mientras crecemos y aprendemos acumulamos saberes y experiencias que nos ayudan a resolver los obstáculos que se nos presentan, pero a su vez limitan nuestras posibilidades de actuar con mejores herramientas.

Según el biólogo chileno Humberto Maturana: "Soy totalmente responsable de lo que digo y totalmente irresponsable de lo que el otro escucha". A lo que se refiere Maturana es que cada uno de nosotros tenemos una particular forma de interpretar lo que escuchamos.

Si comprendemos lo que sucede en la mayoría de las comunicaciones, sería importante comenzar a chequear qué han entendido quienes nos escuchan cuando hablamos y viceversa, completando a través de preguntas lo que nos falte y, de este modo, responsabilizarnos de nuestra comunicación a fin de achicar la brecha entre lo que decimos y lo que interpretan los demás. Humberto Maturana completa su frase diciendo: "Me hago responsable de lo que mi decir genera en el otro". De esta forma podremos cuidar, no solo lo que hablamos, sino lo que decimos con nuestros gestos, e inclusive distinguir las corporalidades propias y ajenas para que quienes nos escuchan puedan empatizar y entender lo que queremos transmitir. No podremos despegarnos del hecho de que cuando hablamos hay componentes que suelen estar invisibles pero incorporados en nosotros de tal forma que son imperceptibles y que no nos dejan distinguir si juegan a favor o en contra, hasta que analizamos los resultados que obtenemos.

3.6. Maestría al escuchar. Aprender a escuchar

Aprender a escuchar requiere de un esfuerzo y compromiso que nos insume mucho tiempo. Se dice que tardamos aproximadamente dos años en aprender a hablar y toda la vida para escuchar, eso siempre y cuando podamos observarlo y no se encuentre en nuestra zona de ceguera. Los conocimientos que hemos adquirido los hemos sumado gracias a la escucha.

Cuando hablamos, cerramos la posibilidad de agregar conocimientos, tal vez afirmemos los que tengamos, pero no será fácil asimilar algo nuevo.

Existen varios tipos de escucha que están directamente conectados con el compromiso que tengamos con quienes nos comuniquemos. Si queremos liderarnos o ser líderes, necesitaremos poner mayor énfasis en saber escuchar que en hablar. Este nuevo paradigma se basa en que el mundo que nos rodea necesita más ser interpretado que avasallado solo por palabras. La escucha es una llave hacia nuevas posibilidades que nos sirven para desafiar a lo que damos por sentado. Necesitaremos salir del espacio de ceguera que nos impide visualizar lo que nos pasa con las suposiciones. Creemos que interpretamos porque tenemos creencias, pero es posible que estas nos tengan a nosotros. Por lo tanto, somos víctimas de ellas y de las suposiciones que se apoyan en nuestras creencias, ya que delegamos en estas conjeturas nuestros resultados. Una forma de desafiar a nuestras creencias es escuchar, pero debemos estar atentos a si escuchamos para reafirmar lo mismo y fundamentar nuestras conjeturas, o si lo hacemos para desafiar a lo que sostenemos. No va a servir de mucho si solo escuchamos para seguir en línea con lo que suponemos. Podremos enriquecernos si nos abrimos a un espectro más grande que incluya nuevas miradas sobre los temas que nos inquietan. Para eso, posiblemente nuestra escucha necesitará estar enfocada desde una actitud de apertura a la novedad; es aquí donde nuestro observador necesitará ver el valor de la respuesta del otro.

La escucha puede ser la clave para abrir la posibilidad de elegir qué camino tomar en el terreno de las suposiciones; una mirada amiga, una consulta o simplemente una conversación puede aportarnos una observación distinta de la nuestra y así la posibilidad de poder desafiar las creencias limitantes que podríamos tener al armar nuestra escalera de inferencias. Dar la posibilidad de que nos respondan sobre lo que estábamos por suponer respecto de alguien legitima al otro y nos despeja dudas que de otra manera aparecerían y serían contestadas por nuestras conjeturas, con el riesgo que eso conlleva.

4. Quejas y reproches. Elegir el reclamo

En este punto veremos que las acciones de quejarse y reclamar no son equivalentes y que, sin embargo, existe la tendencia a considerar que son lo mismo. La primera indica una cierta victimización al quejarnos para encontrar aliados; en cambio, reclamar a quien aparentemente nos ha dañado o no ha cumplido con su compromiso, nos vincula con un compromiso conversacional que sugiere atribuir una responsabilidad a otro por lo que nos pasa.

Solemos quejarnos, entre otras cosas, cuando consideramos que alguien no ha cumplido con lo pactado o algo no sale como esperábamos. Detrás de la queja se encuentra nuestro compromiso con tener la razón. Podemos quejarnos ante quien no ha cumplido nuestro supuesto pedido y hacerlo de modo que experimente al menos la misma molestia o enojo que estamos sintiendo. Posiblemente esta queja sea improductiva, dado que lo que pretendemos es tener razón y estaremos alejándonos de la posibilidad de reparar los daños producidos, los vínculos y la integridad de ambas partes. Muchas veces recurrimos a otras personas para quejarnos con el fin de recibir aceptación, afecto, etc., pero eso no reparará lo que disparó la queja. Diferenciar estos aspectos conversacionales también forman parte del hablar responsablemente, así como también de nuestra calidad para relacionarnos con el mundo que nos rodea.

4.1. Quejarnos y sufrir. Estar inactivos

Si no expresamos la queja a quien supuestamente nos ha fallado sino a terceras personas, como un amigo o un conocido, solo podrán escuchar nuestro relato en pos de tranquilizarnos, entender lo que nos pasa o tal vez defender al culpable. Si a esto le agregamos un posible deseo de venganza o de maltratar la imagen de quien nos ha perjudicado la queja será igualmente improductiva, ya que quien para nosotros cometió la falta posiblemente nunca se entere en tiempo y forma de nuestro reproche.

Si no lo exteriorizamos y nuestro compromiso es con la queja, y no con la reparación del vínculo con quien no ha cumplido con nuestro pedido, podemos convertirnos en quejosos inactivos que, al igual que la queja improductiva, no producirá reparaciones ni posibilidades de cambio que faciliten un nuevo compromiso en el futuro, si es que este fuera posible.

Un pensamiento de queja continua, puede expresar incompletud, generarnos una emoción de resentimiento y así convertirnos en esclavos de nuestras conversaciones internas. Si alimentamos una queja que no expresamos a quien creemos que nos ha fallado, este ciclo puede volverse recurrente, terminar en enojo y generar todo tipo de juicios negativos.

Al quedarnos inactivos ante lo que nos sucede, solemos repetir la queja ante cualquier oportunidad.

El "para qué" exteriorizar todo el tiempo la queja, a veces proviene de querer provocar en el otro las molestias que nos causó la falta de algún cumplimiento. Y, al pensar que no atiende nuestro reclamo, repetimos la queja. Es como la fábula del jinete exigente con el caballo: "el jinete cree que el caballo es haragán y por lo tanto redobla la cantidad de azotes para que recorra el camino en menos tiempo".

4.2. El reclamo. La queja que construye

Al camino que va desde la interpretación del compromiso para la comunicación a la queja positiva se lo llama reclamo productivo. Este se apoya en el compromiso de restablecer el vínculo con quien no ha cumplido, recuperar su integridad y, si fuera posible, cambiar el resultado adverso por uno efectivo. Si esto no fuera factible, podría hacerse un compromiso nuevo, hablando con quien se ha tenido la diferencia, pues es la única persona que puede hacer algo para resolver la situación. Si podemos convertir la queja en un reclamo productivo, habremos abierto un espacio para el aprendizaje y mejora para el futuro, la que puede ser también aprovechada para el trabajo grupal.

Como decíamos anteriormente, una queja que no se expresa a quien creemos que nos ha fallado, por lo general, provoca la emoción del esclavo: el resentimiento. Sin posibilidad de exteriorizar la queja, aumenta el riesgo de que sintamos cada vez más esta emoción, y puede mostrarnos un compromiso con el enojo, el tener razón, el sufrimiento, etc.

Un diálogo interno de esta naturaleza podrá convertirnos en esclavos de esas conversaciones y de quien no ha cumplido lo pactado. Pasaríamos a ser esclavos de un amo que ni se entera de lo que nos pasa. O sea, la persona que no ha cumplido nunca sabrá que le pertenecemos.

La emoción de resentimiento muchas veces nos secuestra y nos tiene atados a las conversaciones internas que giran permanentemente en nuestras cabezas, sin permitirnos plantear las diferencias y así correr el riesgo de que el otro tampoco sepa que no ha cumplido con nosotros.

Una queja mal realizada y que predispone mal nos complica la posibilidad de mejorar el vínculo con la persona a la cual vamos a reclamarle. Las quejas no son buenas ni malas, sino que, como los juicios, nos abren o cierran posibilidades. Para que las quejas abran posibilidades de cambio, necesitaremos distinguir dos cosas: nuestro compromiso para abrirlas y nuestro deseo de mantener una conversación para reparar los vínculos.

Las conversaciones internas, o sea las que tenemos con nosotros mismos y que se expresan como queja, se realizarán de acuerdo con lo que queremos que pase con el vínculo que se ha visto dañado a partir de ella; en otras palabras: si queremos mantener la relación y recomponerla, las conversaciones internas tendrán la función de mediar y reparar el vínculo en el futuro. Lo mismo sucede en las conversaciones con el otro; dependerá de nuestro compromiso.

4.3. Quejas vs. reclamos. Producir el cambio

Las quejas de hombres y mujeres son similares, pueden esperarse reacciones parecidas desde ambos géneros. En la actualidad este es el resultado de los roles de las personas, que se van mezclando, unificando y mutando a medida que avanzamos en el tiempo.

Desde la total indiferencia, a veces destructiva, a la disculpa productiva que reconstruye vínculos, tanto mujeres como hombres eligen responder en toda la gama. Dependerá esta respuesta a la queja del compromiso que tengamos con la persona que reclama. La disculpa productiva abre la puerta a la posibilidad de recomponer los vínculos y lograr un nuevo compromiso en el futuro.

Si reconocemos el incumplimiento, damos explicaciones y nos volvemos a comprometer, tendremos la clave de una disculpa productiva que pueda reconstruir las relaciones de confianza.

La cantidad de veces que queramos volver a comprometernos va a depender de lo que queremos hacer con quienes nos relacionamos, dado que: "Dime la cantidad de veces que vuelves a comprometerte y te diré la calidad de vida que tienes". En el supuesto que recibamos una queja y no seamos quienes hayamos provocado el reclamo, tal vez no tengamos la posibilidad de disculpar a la persona que realmente la provocó, pero podremos indicarle a quien se queja que para que el reclamo sea productivo deberá hacerlo ante quien no cumplió con lo pactado.

Para cambiar los reclamos de disfuncionales a funcionales necesitaremos transformar la queja en un reclamo productivo y reconfigurar nuestros pedidos. Para ello puede atravesarse el siguiente proceso:

ORDEN O PEDIDO - COMPROMISO - CUMPLIMIENTO - GRACIAS O RECLAMO

Como primer paso necesitamos hacer pedidos completos, ya que muchos de los malentendidos y problemas en la coordinación de acciones tienen su origen en órdenes o pedidos incompletos. Un pedido u orden, como veremos más adelante, tienen una cantidad de pasos que a veces damos por supuestos, y es allí por donde surge la posibilidad de que quien nos escucha pueda cumplir con lo pactado.

En las empresas sucede algo similar a lo que analizábamos anteriormente con las personas. Toda empresa que quiera mantener su identidad e integridad necesita volcarse a los reclamos productivos para poder desarrollarse en el futuro y mantener su mejora continua. Entonces es necesario distinguir previamente cuándo damos una orden y cuándo hacemos un pedido. No tener en claro estas diferencias es una de las fuentes principales de quejas, reclamos y confusiones.

Hoy en día la falta de dedicación, comunicación y escucha son los pilares en donde se apoyan las quejas de empleados y jefes. Los empleados suelen reclamar que todo el potencial que poseen no son requeridos por la empresa que los tiene contratados; de esta forma pierden oportunidades de ascenso, mejores sueldos, etc. En cambio, los jefes se quejan de que cuando mantienen conversaciones no son entendidos por el personal. Estas quejas muchas veces provienen de la falta de confianza que se genera día a día entre ellos.

Los cambios de estos contextos vienen de la mano de la capacitación interna o externa en la comunicación efectiva, las distinciones entre pedidos, órdenes, y muchas otras que nos allanan el camino para la construcción de la confianza, que es la base de todas las relaciones, compromisos y acciones que nos facilitan generar resultados efectivos.

La mayoría de las quejas o reclamos son generados por esta falta de distinciones genéricas donde están involucrados el lenguaje, las emociones y la corporalidad.

4.4. Resolver la queja. Aprender a negociar

Se puede negociar una queja desde un nuevo compromiso con quien no ha cumplido y luego obtener una nueva promesa de cumplimiento que permita continuar con un buen vínculo y mantenernos íntegros en pos del resultado que no se había podido alcanzar en principio.

Podemos convertir las quejas improductivas, y por lo tanto disfuncionales, en reclamos productivos desde el compromiso de mejorar los resultados, preservar los vínculos con quienes interactuamos y conservar nuestra integridad como personas.

Existen cinco modificaciones concretas que podemos hacer para dejar de quejarnos y empezar a cambiar la realidad que no nos gusta:

1. Abandonar la queja que nos pone en lugar de víctima.
2. Realizar un reclamo productivo que nos posicione como protagonistas.
3. Chequear lo que queremos que pase con el recompromiso.
4. Distinguir cuál es la relación y el vínculo que queremos mantener.
5. Sostener una conversación para el nuevo compromiso.

Cuando nos quejamos con quienes nada pueden hacer para reparar lo que nos pasa, la queja, desde la comunicación efectiva, revela un reclamo improductivo y un posible compromiso con el tener razón. Al reclamo directo a quien creemos que es responsable de lo que estamos planteando, podremos conectarlo con nuestra promesa de reparar los vínculos, el respeto, la legitimidad del otro y, desde allí, convertirlo en productivo. Como vemos, está más relacionado con el compromiso que existe detrás del reclamo, que con el planteo en sí.

5. Pedidos vs. órdenes. Comunicar lo que nos falta

En este punto continuaremos con el análisis de los compromisos conversacionales que constituyen los pilares de la comunicación responsable. Para ello abordaremos la diferencia entre pedidos y órdenes. Si bien la distinción entre pedir y ordenar es uno de los ejes de toda relación personal o profesional, suele ser la fuente generadora de los malentendidos que se producen tanto en familias como en organizaciones de todo tipo y nivel.

Vivimos en un mundo donde todo el tiempo recibimos información. Esta nos llega desde varios medios de comunicación: Internet, televisión, gráfica, etc. Entre estas informaciones hay juicios y declaraciones de quienes recopilan, juzgan y transmiten todo el caudal de noticias que forman parte de la gran catarata de datos que recibimos día a día.

Con solo este caudal de información no podremos coordinar acciones con el otro, nos hará falta saltar del mundo de los juicios y las informaciones al mundo de los pedidos y ofertas.

La forma en que los realicemos, junto con las características necesarias y suficientes para completarlos, disminuirán la cantidad de malentendidos y nos posibilitarán alcanzar los resultados que queremos lograr coordinando acciones con quienes interactuamos.

5.1. Pedidos, ofertas y órdenes. Las diferencias que existen

En empresas, organizaciones e inclusive familias existe la creencia generalizada de que la diferencia entre un pedido y una orden se basa en el modo en que se realizan. En otras palabras, si quien coordina acciones se dirige de forma relativamente amable, hará un pedido, y si lo hace de manera imperativa, dará una orden.

Esto también parece suceder en ambas direcciones del

poder; o sea, si proviene de un superior, de un nivel igual o de una persona de inferior cargo todo se reduciría a las formas en que se realiza el pedido o la orden, sin distinción de su importancia en la organización. Imaginemos a personas, corporaciones y empresas coordinado acciones, que mezclan o confunden pedidos con órdenes o viceversa y podremos entender el porqué del elevado porcentaje de malentendidos, reproches y despidos.

Cabe aclarar que existen empresas y organizaciones que coordinan acciones mediante pedidos, ofertas y órdenes de manera efectiva. Eso no garantiza el éxito total en sus comunicaciones, pero sí una mayor eficacia en la coordinación de acciones, lo que suele traducirse en mejores resultados y mayor productividad.

Empezaremos por distinguir que la gran diferencia entre un pedido y una orden radica en que el pedido admite un "no" como respuesta, y eso, a su vez, no tendría que dispararnos ninguna respuesta emocionalmente disfuncional, como por ejemplo enojo, miedo, rencor, etc.

En cambio, una orden no contempla una respuesta negativa por parte de quien la recibe. En este caso la persona o grupo que recibe la orden suele depender de quien ordena, y una respuesta negativa traería posteriormente una consecuencia adversa.

Por lo general, no suele consultarse a quien se le ordena por la aceptación de una orden, esta suele estar implícita. Aunque si lo que ordenamos según nuestro juicio es de elevada importancia, podríamos chequear si la orden va a ser cumplida o no, más allá de lo que pueda pasar después con quien la recibe.

Cuando pedimos, consultamos a nuestro oyente por algo que nos falta, pero este simple acto no alcanza para que sea un pedido de por sí, necesitaremos completar una secuencia y declarar las condiciones de satisfacción.

Dependerá de nuestro compromiso que brindemos

detalles tales como qué, cuánto, dónde, cuándo, cómo para evitar y no entrar en el terreno de la manipulación, u ocultar cualquier condición que llevaría a nuestro oyente a negarse.

Luego, chequeando lo que escuchó nuestro oyente, podremos comprometernos, no sin antes ofertar algo que esté a la altura de nuestro pedido. Esto es de vital importancia para enrolar a quien escucha nuestro pedido dado que, en ciertas circunstancias, solo ofrecemos amistad o bien nuestra mayor consideración sobre la persona y eso, a veces, no alcanza.

Si somos nosotros quienes recibimos un pedido podremos completar esta secuencia, y si quien nos lo pide, un amigo, un jefe o un familiar, no posee esta distinción, podremos hacer las consultas necesarias para no dar una respuesta que genere confusión con el compromiso acordado, indagando las condiciones de satisfacción que pueden ser necesarias para poder cumplir con el pedido.

5.2. Condiciones de satisfacción. Cuándo plantearlas

Las condiciones de satisfacción tienen vital importancia cuando hablamos de pedidos, ofertas y órdenes, ya que contienen los requisitos necesarios para poder cumplirlas.

Las preguntas ¿qué?, ¿cuándo?, ¿dónde?, ¿cómo?, ¿cuánto?, más todas aquellas que indaguen las condiciones para cumplir con los compromisos derivados de los pedidos y las órdenes, pueden ser calificadas como condiciones de satisfacción.

Puede decirse que del chequeo de estas condiciones dependerá que el compromiso asumido entre las partes pueda ser cumplido de la manera requerida en tiempo y forma. La mayoría de los incumplimientos, malentendidos y reclamos surgen de no prestar atención a estos "detalles" que pueden surgir de ambas partes.

Cuando hacemos un pedido y nos dicen que no, como primera alternativa para obtener un sí podríamos consultar a nuestro oyente qué condición de satisfacción necesitamos cambiar para que acceda al pedido. De esta manera, al cambiar esa condición, facilitaremos el proceso de pedidos y ofertas al plantear un ganar-ganar para ambas partes.

5.3. El valor de las ofertas. Su para qué

Las ofertas funcionan como mediadoras y facilitadoras de los pedidos que formulamos. Pueden permitir el sí de quien es consultado para comprometerse con nuestra petición. En la medida en que lo que ofertamos equilibre lo que pedimos, o inclusive lo supere, aumentaremos las posibilidades de lograr un compromiso efectivo. Cuando esta diferencia nos resulta invisible, solemos ofrecer nuestra amistad o bien nuestra mayor consideración a la persona a quien le estamos pidiendo. Aquí puede abrirse un mundo de posibilidades relacionadas con los recursos y habilidades que poseemos o podemos desarrollar.

Si queremos que una negativa a nuestro pedido no nos cause una reacción emocional, como por ejemplo enojo, miedo o rencor, necesitaremos elaborar y contar con un plan B o, lo que es mejor, planes B, C, D, etc., si fuera posible, asegurándonos otras vías para poder alcanzar lo que nos falta.

Como vemos, los pedidos conllevan la posibilidad de negarnos, y las formas agradables o empáticas con que nos hablan, a veces, no son sinónimos de pedido. En muchas oportunidades se disfraza la orden más dura con palabras que suenan suaves o amistosas, pero que no dan lugar a una negativa. A veces pedimos algo y no aceptamos la negativa a nuestros pedidos, tal vez lo toleremos y disimulemos delante de la persona, pero en privado nos quejamos o nos ponemos mal emocionalmente. Esto desequilibra y nos hace perder la coherencia necesaria para seguir legitimando el vínculo y coordinar acciones en el futuro.

Para finalizar, la secuencia es: pedido, condiciones de satisfacción, oferta, compromiso, chequeo, y nos queda cerrar con la declaración de gracias, lo que dará por cumplida la promesa de lo pactado y pondrá en evidencia su cumplimiento.

5.4. Emitir órdenes. Completar la secuencia

Se imparten órdenes en todos los dominios. En el ámbito personal solemos ordenarles a nuestros hijos y familiares a cargo; lo ideal es hacerlo dentro de un respeto mutuo.

Si analizamos las órdenes en el ámbito profesional, sería conveniente hacerlo en un contexto donde se respeten las leyes, las reglamentaciones vigentes, más los valores y principios morales que legitiman al ser humano.

Por lo general, no se le consulta a quien se le ordena por la aceptación de tal orden, ya que esto suele estar implícito.

Una orden no precisaría de la aprobación de quien debe cumplirla; quien la recibe depende de alguna forma de quien ordena, y una respuesta negativa, como vimos anteriormente, podría derivar en consecuencias posteriores adversas. A veces quien ordena necesita una respuesta positiva como manera de coordinar acciones y a su vez chequear si se ha comprendido la orden recibida, pero no como forma de aceptación de quien la recibe.

Cuando damos una orden lo hacemos por necesidad, pero, como ocurre con los pedidos, esto no alcanza para que sea una orden por sí sola, se necesita completar la secuencia con las condiciones de satisfacción. Si somos nosotros quienes recibimos una orden, al conocer estas distinciones, podremos completar la secuencia y de esta forma será más fácil su cumplimiento.

Como en los pedidos, si estamos comprometidos a dar una orden y que sea cumplida, necesitaremos comprobar que la persona o grupo que la recibe la haya escuchado e interpretado, y de esta forma podremos reducir los malentendidos.

5.5. Evitar la mentira. Reducir el margen de error

Existe un hábito al que solemos recurrir cuando nos sentimos presionados por algo. Esta costumbre hace que en los distintos ámbitos donde se nos presente esta situación expresemos nuestra preocupación con comentarios del tipo: "Hagamos esto para que no ocurra aquello". Estas declaraciones crean la ilusión de que quienes escuchan van a reaccionar con mayor eficacia y rapidez a nuestros pedidos u órdenes. Más allá de que esto ocurra o no, a medida que lo repetimos nuestros interlocutores pueden juzgarnos de mentirosos como consecuencia de haber preanunciado algo que nunca podrá verificarse a través del tiempo.

Para dar una orden que permita poco margen de error y disminuya los malentendidos, puede ser útil ordenar estas tres directivas: declarar lo que queremos que pase, luego explicar lo que no queremos que pase y, finalmente, aclarar lo que va a pasar si pasa lo que no queremos que pase.

En el ámbito laboral, ante una orden dada puede ser más efectivo pactar una conversación tal vez áspera con quien la incumplió que un despido, si es que sabemos de antemano que por distintas razones no vamos a poder llevar adelante tal sanción. Nuestra imagen se preserva cuando honramos el verdadero compromiso, que en este caso es el de no despedir a la persona. Necesitamos cumplir con lo que decimos en pos de conservar el respeto mutuo. La capacidad de respetar las promesas nos permite coordinar acciones en un marco de verdadera confianza.

Al finalizar la secuencia de orden, condiciones de satisfacción y chequeo, una vez cumplido lo que ordenamos, nos queda cerrarla con la declaración de gracias, que será la evidencia de su cumplimiento.

A medida que los equipos y las personas se conocen y se afianzan en sus roles, estas secuencias, tanto en el caso de los pedidos como en el de las órdenes, se van reduciendo y otorgan la posibilidad de que, así como nos podemos relajar y dar por entendidas ciertas cosas, se logren mejores ambientes de trabajo y contextos que permitan disfrutar de las actividades. Sin embargo, necesitamos observar que son estas suposiciones y los contextos de obviedad los que anualmente hacen perder miles de puestos de trabajo. Tanto si somos quienes damos las órdenes como si las recibimos, la responsabilidad es mutua, ya que su cumplimiento o no tendrá consecuencias para ambas partes; por lo tanto, al estar todos involucrados, seremos responsables de ser parte del problema y parte de la solución.

5.6. Los estilos para dar órdenes. Manipular vs. aprender

Como ya hemos visto, si queremos reducir el margen de error cuando damos una orden necesitaremos declarar lo que queremos que suceda, explicar lo que no queremos que pase y aclarar lo que pasará si pasa lo que no queremos que pase.

Según el énfasis y el tono con el cual manejemos estas tres directivas resultará más o menos empática la forma en la que nos estemos comunicando, pero podremos asegurarnos de que no queden dudas con respecto a las órdenes que damos. También tendrá que ver la importancia del cumplimiento de las órdenes sobre el resultado.

Uno de los secretos para que funcione la parte que dice "lo que va a pasar si pasa lo que no queremos que pase" es que no declaremos una penalización superior a la que sabemos que no podemos aplicar.

El contexto en el cual se realiza una orden tiene vital importancia e incide directamente en el cuidado responsable al dar la directiva. Un ejemplo es el del cuerpo de bomberos: cuando los bomberos se entrenan, todo tipo de preguntas son admitidas durante el curso, incluso se escuchan y analizan propuestas respecto de algunas medidas a tomar en los procedimientos de apagar fuegos, lo que en management se llama "aprendizaje mutuo", pero durante un voraz incendio de un edificio en altura, tal vez no estén dadas las condiciones para analizar nuevas propuestas. En ese momento, si existen dudas se recurre a la manipulación individual o grupal, porque quien manda dice cómo deben hacerse las cosas y así será aceptado durante la emergencia del caso.

En las empresas sigue ocurriendo que la mayoría de las coordinaciones de acciones se realizan sobre la base de la manipulación individual y grupal. Este mecanismo es ayudado en ciertas ocasiones por la creencia de la falta de tiempo. Esto hace que deba explicársele a la gente cómo deben hacerse las cosas y no se dé lugar al aporte de alguna opinión o mejora.

Entre la manipulación y el aprendizaje coexiste y navega el mundo empresario, de la aplicación y alternativas que deriven de tales modalidades surgirá el estilo de liderazgo propio de las personas que componen las empresas y las organizaciones.

Finalmente, como ocurre con los pedidos, si estamos comprometidos a dar una orden y que sea cumplida podemos chequear que la persona o grupo que la recibe la haya escuchado e interpretado correctamente, de forma tal que se minimizarán los malentendidos.

6. Armar un plan B. Nuestro aliado estratégico

En las negociaciones y pedidos es donde podemos armar el famoso plan B, que no es más que un sustituto del plan principal cuando este no resulta exitoso. O sea este plan B toma protagonismo cuando distinguimos que el anterior no funciona o no funcionó como esperábamos.

Cuidar nuestras emociones forma parte de la estrategia para negociar en las mejores condiciones. Para ello, cuando nos encontramos con la necesidad de realizar un pedido, armar un plan B puede garantizarnos gran parte del mejoramiento de tales condiciones para negociar una petición.

Esta alternativa, constituida en un plan, no garantiza el éxito, pero establece un posible resguardo ante un eventual fracaso del plan inicial. Es importante observar los contextos donde se pueda aplicar un plan B para que nos permita alcanzar lo que deseamos. El liderazgo muchas veces nos induce al diseño de este tipo de recursos como una herramienta para abrir posibilidades de éxito en los pedidos y negociaciones. En el ámbito personal y profesional, es vital entender cuándo debemos recurrir a planes alternativos, así como también tener en claro en qué momento hacemos los pedidos y en cuál damos las órdenes. Esta coherencia con el contexto permite establecer la confianza necesaria para lograr respuestas positivas a nuestros pedidos. Si aun teniendo un plan B, ante la negativa de un supuesto pedido nos sentimos mal o defraudados, puede ser que en realidad hayamos dado una orden disfrazada de pedido.

6.1. Tener o no tener un plan B. Negociar con respaldo

Como vimos antes, en los momentos en que realizamos un pedido o negociamos, el plan B funciona como respaldo si el proyecto principal no resulta; o sea, finalmente sirve para obtener un resultado efectivo que no había podido lograrse en el intento anterior.

Puede estar diseñado antes o después de la caída del plan A. Si el tiempo lo permite, puede armarse con características que prevean un funcionamiento más eficaz a partir de la experiencia adquirida tras haber fallado en el primer intento. Desde este punto de vista puede convertírselo en un plan A con mejoras.

Si tener un plan B es necesario o no, depende del juicio que se tenga del futuro y de la confianza depositada en él.

Esto habla de construir una cierta previsibilidad a medida que avanzamos. Las personas que posean la característica de diseñar y armar un plan alternativo estarán siendo previsoras, si no no estarán desposeídos de esta carta de resguardo. Para los pedidos y las ofertas, el plan B puede ser un aliado estratégico que colaborará con la resolución de lo que nos falta y debemos pedir.

6.2. La necesidad de un plan alternativo. Compromiso con el resultado

Si diferenciamos entre un pedido y una orden, cuando nos disponemos a realizar una petición podremos saber de antemano si vamos a pedir u ordenar, y de esta manera plantearnos cuál será nuestra emoción ante un no como respuesta.

Si sentimos que una negativa va a dispararnos emociones positivas como tranquilidad o serenidad, estaremos ante un legítimo pedido. En cambio, si pueden aparecer emociones como enojo, rabia o resentimiento contra quien podría responder negativamente a nuestro requerimiento, lo que queremos es imponer una orden disfrazada de pedido.

Si tenemos que pedir y estamos comprometidos con nuestra tranquilidad, lo más probable es que diseñemos el plan B antes de efectuar el pedido. En el caso que tengamos la suficiente confianza en nosotros y en el futuro, su desarrollo será posterior; entonces adoptaremos mejoras a partir de la experiencia adquirida con el plan principal fallido.

La prioridad del plan B aumenta cuanto mayor sea la importancia de llegar a buen término con nuestros logros. La necesidad del plan alternativo surge si el plan principal falla o por si algún motivo no puede aplicarse sin que su aplicación afecte demasiado a nuestros resultados.

6.3. Diseñar el plan. Distinguir el contexto

No es lo mismo coordinar acciones en un cierto ámbito de nuestras vidas que en otros. Si del resultado depende nuestra vida, tendremos una necesidad mucho mayor de un plan B que si utilizamos uno para alcanzar algo de menor importancia. Estos son los motivos por los cuales la sociedad o las organizaciones nos proponen diseñar planes de resguardo para comprometernos a asegurar resultados efectivos.

En aquellos momentos en que resulta imprescindible obtener logros acordes con nuestras buenas expectativas, se torna necesario tener un plan alternativo. Algunas veces el plan B solo es el plan A con determinado maquillaje, y otras el plan alternativo requiere de un rediseño total y que además cuente con los anticuerpos suficientes para no sufrir las fallas del plan inicial. Si confiamos en nuestra capacidad de respuesta a la adversidad, y el contexto lo permite, podremos vivir sin plan B. Todo puede depender de la confianza en nosotros mismos o del equipo del que formemos parte.

6.4. Seguridad vs. ilusión. Asegurar el objetivo

Cuando el plan A falla, tener un plan alternativo puede darnos cierta ilusión de tranquilidad, seguridad y control. Decimos ilusión ya que no puede garantizarse que el plan B cumpla el objetivo propuesto con el resultado esperado. Nadie sabe que algo fallará hasta que eso ocurre, si no aplicaríamos directamente el plan B o, lo que es lo mismo, no armaríamos ni diseñaríamos un plan sustituto.

El armado de un plan alternativo va de la mano de la importancia que le asignemos a nuestros resultados y del tipo de persona que estemos siendo. Las distintas personalidades de quienes pueden armar y tener un plan B son muchas; podríamos hablar de personas que están siendo inseguras, previsoras, responsables, líderes o una combinación de todas ellas. De las conversaciones internas que tengan, articuladas con los compromisos con la responsabilidad, los resultados, la efectividad y la imagen, se desprenderán los diferentes planes alternativos necesarios para tranquilizar sus pensamientos.

Podemos concluir que es mejor estar preparados, tener un plan B y que el plan A no falle, a que este falle y no contemos con un plan B.

6.5. Liderazgo y plan B. La herramienta que facilita fluir

Para pedir y negociar, la gente exitosa suele tener planes alternativos, pero esta no es una condición necesaria para el éxito, ni garantiza el triunfo. El éxito tiene que ver con la habilidad personal de generar nuevas alternativas luego de haber fallado un resultado, más que tener previsibilidad ante circunstancias adversas.

La característica que diferencia el pedido de una orden es que contempla un "No" como respuesta. Por eso el liderazgo considera el plan B como una herramienta que abre posibilidades en el mundo de los pedidos y las negociaciones. Es aquí donde toma una magnitud importantísima como herramienta para abrir posibilidades de respuestas positivas ante nuestros pedidos y ofertas.

Si creemos que las amenazas, que pueden atentar contra nuestro plan principal, son más grandes que nuestros recursos o no nos sentimos del todo seguros, podremos armar un plan B que pueda garantizarnos seguir buscando resultados efectivos. Si bien, como dijimos antes, esta no es más que una ilusión, ya que nadie nos puede asegurar que el plan B realmente cumpla el objetivo, muchas veces funciona como una fantasía tranquilizadora que facilita la negociación.

6.6. Plan B en lo personal y en lo laboral. Prepararse para ganar

Hemos visto que los aspectos laborales y profesionales siempre están incluidos en el aspecto personal. Desde esta interpretación podremos entender que los motivos que nos llevan a tener un plan B en nuestras actividades son los mismos que tenemos en los aspectos personales, como la responsabilidad, previsibilidad, inseguridad, etc.

Tener un plan B en lo laboral y profesional suele mostrar el compromiso con la obtención de resultados que pueden abrir posibilidades a una determinada empresa u organización. Desde el management, muchas negociaciones se apalancan en un plan llamado MAAN (Mejor Alternativa a un Acuerdo Negociado) que tiene como punto de partida un plan alternativo que, de salir mal la negociación, podremos utilizar. Los negociadores afirman que es la mejor condición con la que podemos contar para ir a una negociación. Saber de antemano que contamos con una mejor opción a un convenio consensuado entre las partes nos permitiría transitar y articular una negociación más fluida.

Algunas personas, al negociar, suelen manipular las condiciones de satisfacción para cumplir los compromisos asumidos. Por ejemplo, alguien no aclara que nos devolverá el auto que nos ha pedido limpio y con el tanque lleno, algo que descubriremos después de haberlo prestado, lo que tal vez no habría ocurrido si al principio se hubiera aclarado que lo devolvería sucio y sin combustible. Con esa actitud, no expresar estas condiciones de satisfacción que hubiesen operado en contra de su pedido, le permitió manipular la respuesta a su favor.

Al analizar este caso, cuando pedimos nos arriesgamos a que si exponemos todas las condiciones nos den un no como respuesta. Entonces podríamos preguntar:

¿qué condición de satisfacción deberíamos cambiar para obtener un sí a mi pedido? Esta pregunta podría constituir nuestro primer plan B.

Como ya se ha planteado, el plan B constituye un aliado a tener en cuenta a la hora de comprometernos con nuestros resultados.

CAPÍTULO III

Nuestras emociones. Cuidar lo que nos pasa

> *Mi armadura no era un pasatiempo o una distracción.*
> *Era un capullo. Y ahora soy un hombre nuevo.*
> *Podrán arrebatarme mi casa, mis trucos y juguetes, pero no*
> *me quitarán lo que soy. Yo soy Iron Man.*
>
> Tony Stark en *Iron Man*.

En los capítulos anteriores pudimos ver cómo lo que hacemos y las decisiones que tomamos se encuentran bajo el efecto de nuestras emociones. Es muy difícil abstraerse de sus influencias y, en muchas ocasiones, son las emociones las que nos tienen a nosotros. En este capítulo analizaremos la posibilidad de atenderlas de manera tal que podamos dar respuesta a los estados de ánimo que nos dejan y así distinguir la mejor manera de hacerlas funcionales para que jueguen a nuestro favor.

Al recorrer el laberinto de los sentimientos, como dijimos antes, podremos observar que siempre nos encontramos bajo la influencia de las emociones. Con un lenguaje responsable podremos deshacernos de la ilusión de manejar o manipular las emociones propias o ajenas.

Tras la comprensión de nuestros sentimientos, podremos articular con creatividad las posibilidades que la emoción propia nos ofrece. Si además comprendemos los sentimientos ajenos y actuamos con una coherencia integral será más fácil vivir con una visión y misión propias.

A través de un análisis sistémico, veremos cómo las emociones nos predisponen para la acción. Como un mecanismo recurrente determinan nuestros estados de ánimo, que cuando se mezclan con las expectativas suelen involucrarnos en conflictos que por lo general nos invitan a enfrentarlos con corazas emocionales.

Formará parte del camino reconocer nuestras armaduras y desprendernos de ellas, así como también elegir o diseñar la manera de transformar en oportunidades las dificultades que aparecen como amenazas.

Se trata de una invitación a tomar conciencia de nuestras emociones, reconocerlas como propias y aceptarlas en otras personas de manera incondicional. Si al final del capítulo logramos entender el contexto donde aparecen y transcurren las emociones, finalmente podremos acceder al equilibrio profundo y restablecerlo.

1. Las emociones y los estados de ánimo. Diferenciarlos para actuar

Se torna importante poder distinguir que todo el tiempo somos artífices de la creación de contextos a partir de nuestros estados de ánimo, de los cuales somos responsables. No sucede lo mismo con nuestras emociones, que cuando se disparan, producen en nuestro ser aperturas y cierres de posibilidades que nos predisponen para distintas acciones. Las emociones no se manipulan, se distinguen. De esta forma, podremos tratarlas de manera tal que sean funcionales para nuestras vidas.

Las diferentes circunstancias nos llegan y producen emociones que después de cierto tiempo nos generan estados de ánimo que influencian nuestras acciones y decisiones.

Por eso las emociones, desde el punto de vista temporal, llegan y se van, pero nuestros estados de ánimo tienden a perdurar y pueden provocar en nosotros y en quienes nos rodean una huella más profunda. La manera en que recibamos las emociones dependerá de nuestro estar siendo y del estado de ánimo que poseamos en ese momento. Cuando las emociones ejercen su predominio, culparnos por nuestras reacciones no tiene demasiado sentido. Sin embargo, es importante distinguir la influencia que ejercen los estados de ánimo que nos dejan, ya que ellos pueden perjudicarnos o favorecernos. Los resultados que obtenemos casi siempre derivan de sus influencias.

Así como la alegría, el optimismo, etc., predisponen y abren caminos para la coordinación de acciones y para generar motivación, sucede todo lo contrario con emociones como el enojo, la rabia, el miedo etc., que generan contextos que no facilitarán un acuerdo. Sin embargo, en contextos más complejos estas últimas pueden abrir posibilidades para provocar reacciones ante rivales, ya sean deportivos o de un conflicto bélico. Las arengas y discursos motivadores pueden apoyarse sobre cualquier emoción.

Se suele tener la creencia de que existen emociones negativas y positivas. Nuestro análisis sobre las emociones no pretende ser terapéutico, como lo es el de la psicología, sino que el enfoque se dirige a vincular el lenguaje, la corporalidad y las emociones como coherencias para relacionarnos y dirigirnos hacia los logros y resultados de manera efectiva. Este análisis nos permitirá desafiar a muchas creencias que no facilitan relacionarnos con lo que sentimos, sin olvidar que en muchos casos se nos educaba inculcándonos que no debíamos llorar, mostrar emociones o vulnerabilidad. El intento de manipular las emociones, en muchos casos ha redundado en enfermedades crónicas, corporales y mentales.

1.1. El liderazgo y las emociones. Cómo tratarlas

Una de las claves del liderazgo personal y profesional es transformar las emociones que suelen ser disfuncionales, como el enojo, miedo o angustia, en funcionales, para que a partir de allí faciliten nuestra calidad de vida personal y profesional ante las distintas alternativas a las que nos encontramos expuestos. Esto comúnmente nos puede permitir transformar un problema en una oportunidad.

Muchos líderes no pueden obtener los resultados para sí y para sus equipos cuando se ven secuestrados por emociones que les cierran posibilidades y les hacen perder la visión. Esto sucede simplemente porque no pueden distinguir los estados de ánimo que estas le generan.

Trabajar y desarrollarse en estas distinciones es la tarea del líder para generar los contextos y contenidos necesarios para hacer que las cosas sucedan, chequeando si lo que se dice corporal, lingüística y emocionalmente está alineado con la visión y el compromiso declarados.

Para poder producir contextos de liderazgo necesitamos darnos cuenta de cuál es la emoción en la que nos encontramos cuando hablamos y en qué estado emocional se encuentran nuestros interlocutores. Debemos ser conscientes de que nuestras emociones generan estados de ánimo en los demás. Los contextos y los estados de ánimo se transmiten y se comunican como en un camino de ida y vuelta; en términos médicos podríamos decir que se contagian.

1.2. Escuchar, aceptar, adaptar. Emocionar

Un posible camino para tratar y cuidar nuestras emociones es el autoconocimiento. El tratamiento de las emociones que nos llegan y los estados de ánimo que nos dejan es más efectivo si contamos con competencias genéricas claras y tenemos un conocimiento más profundo de nosotros mismos.

A veces, cuando nos encontramos con nuestras propias carencias y las confundimos con inferioridad nos disparan una profunda decepción. En este punto estaremos ante la posibilidad de sentir frustración o comenzar un camino de aprendizaje. Escuchando, aceptando y adaptando las fallas y nuestro dolor podremos encontrar ideas que nos otorguen la oportunidad de improvisar un futuro nuevo.

Si observamos la emoción en que nos encontramos, y sabemos diferenciar si puede o no cerrarnos posibilidades, podremos darle la funcionalidad que necesitamos para restablecer el equilibrio de nuestra corporalidad y lenguaje, y así lograr mantener por más tiempo el liderazgo deseado en nosotros y en los demás.

1.3. El juego del observador. Algunos temas de observación

Nuestro observador tiene que ver con el tema de la mirada, de cómo registramos lo que sucede en nuestro entorno y en nosotros mismos. Esta mirada suele determinar la satisfacción que logramos experimentar y también, en parte, la felicidad que proporcionamos a los demás.

El observador que estamos siendo es el responsable de nuestra calidad de vida, el que define nuestras conversaciones internas y externas; junto con la emocionalidad y la corporalidad son los tres dominios donde se desenvuelve el ser humano.

> *Dime lo que piensas y te diré la calidad de vida que tienes.*

Vemos al mundo como somos y somos como vemos al mundo. La percepción del mundo a través de nuestra observación es la suma de ver más interpretar, al igual que escuchar es igual a oír más interpretar.

Ver y oír como un hecho biológico, e interpretar como el hecho de juzgar, desde nuestro conjunto de creencias y paradigmas, lo que observamos y escuchamos.

Desde ya que en nuestra naturaleza física tenemos un acotado rango de posibilidades con respecto a la visión y la escucha biológica. Por ejemplo, no podemos ver en la oscuridad, ni tampoco determinados espectros de luz; tampoco podemos escuchar algunas frecuencias de sonido y con el tiempo también perdemos audición.

Asimismo, nuestras creencias suelen limitar la posibilidad de interpretar lo que estamos observando y escuchando. Esto puede determinar que de alguna manera se distorsione lo que captamos en el preciso momento en el que lo estamos interpretando. Como vimos en el Capítulo I, lo que contenga nuestra caja de conocimientos es determinante para las interpretaciones que permanentemente hacemos de lo que sucede. De allí se desprenderán la posibilidad de crecimiento personal y el desarrollo de nuestra calidad de vida.

Si chequeamos en nuestras interpretaciones cuál es el compromiso con el que estamos observando y escuchando, podremos darnos cuenta de si estamos haciéndolo para abrir posibilidades o no.

Nuestros paradigmas suelen ser tan fuertes que en algunas oportunidades todo aquello que no responde a alguna de nuestras creencias sencillamente es descartado, sin permitir que nos abramos o desafiemos a nuestro observador, y nos conduce a repetir en el tiempo los mismos resultados insatisfactorios.

Son estos logros poco satisfactorios los que invitan a salir de nuestra ceguera cognitiva (no sé que no sé) y declarar un basta. Esta declaración nos pone en el lugar de saber que no sabemos, y emprender un cambio de observador para abrir posibilidades y obtener resultados más efectivos.

1.4. El arte de sufrir. Personas o pensamientos infelices

El compromiso con la infelicidad suele ser una fuente inagotable de sufrimiento. Quien está comprometido a esto difícilmente conozca la alegría o la tranquilidad de fluir con la vida misma. Del dolor no somos responsables. Este nos llega y nos atraviesa, pero del sufrimiento sí.

Aunque la naturaleza humana no sea la de sufrir, si no distinguimos o no nos damos cuenta de que el dolor nos cierra posibilidades con nuestros vínculos, los debilitaremos y correremos el riesgo de quedarnos solos y aumentar nuestra infelicidad.

Si nos responsabilizamos por nuestro sufrimiento elegiremos darle una respuesta, y de esta forma empezaremos a salir de ese estado de ánimo que en algunas oportunidades, si no en muchas, nos llega a enfermar y paralizar. Todos tenemos derecho a padecer una pena ya que el dolor de la pérdida nos desarma en un primer momento que suele resultar eterno. Luego el tiempo nos deja acompañados por el sufrimiento y es entonces cuando podemos elegir un destino de reparación o uno de padecimiento. Existen personas que a través de su propio sufrimiento logran manipular a quienes las rodean, a veces lo distinguen y a veces no. La que lo distingue suele utilizar ese poder sin importarle las otras personas. Las que no, se encuentran atrapadas en su sufrimiento como si estuviesen sumergidas en una pesadilla interminable. Hasta que la vida no devuelva a la persona el bien perdido no habrá posibilidad de continuar la vida sin manipular a quienes se relacionan con ellas. Es allí donde se puede estar comprometido con el dolor o, por el contrario, con el desafío de reinterpretar los acontecimientos del pasado, no para cambiarlo, sino para sentirnos liberados y cambiar nuestra emocionalidad de manera serena y paulatina.

1.5. Estilos de comportamiento. La infelicidad como elección

La infelicidad es un estado de ánimo que nos predispone para reacciones tales como enojo, violencia, falta de compromiso, etc. Todos comportamientos que no abren posibilidades para nosotros ni para los demás; por el contrario, suelen atraer más infelicidad, convirtiéndose en un verdadero círculo vicioso.

Si nuestras observaciones suelen dirigirse hacia las cosas que generan insatisfacción es posible que estemos comprometidos con la infelicidad. Entonces, nuestro observador se comportará como el cristal a través del cual miramos lo que ocurre y deforma lo que vemos.

Si ante un mismo evento doloroso le pedimos a un grupo de personas que describan por separado lo que observaron, no todas contarán lo mismo, y habrá gente a la que se le disparará más dolor o pena que a otras como producto de su compromiso; o sea, su apego a no ser felices.

El cambio de observador es el que nos facilitará pararnos en otro lugar cuando nos atraviesen las emociones que no nos aporten posibilidades en función de nuestro compromiso. De él dependerá que podamos articular nuestras distinciones para convertir nuestros estados de ánimo de disfuncionales a funcionales.

1.6. Consecuencias de la insatisfacción. Evitar el control

Existen muchos grados de insatisfacción, todos derivados de los juicios y expectativas que vamos generando con respecto a los resultados obtenidos o que generan los demás ante nuestra observación.

Cuanto más grandes son las expectativas, mayor será el riesgo de sentirnos insatisfechos con lo que pasa. Como dice el refrán: "es preferible sorprenderse, que decepcionarse".

La insatisfacción puede deprimirnos o puede volvernos

más controladores, dependerá de si estamos interiorizando o exteriorizando lo que nos pasa.

Como veremos en el tercer punto de este capítulo, las expectativas no son ni buenas ni malas, solo se trata de que las distingamos, y comprendamos que tienen su parte positiva, que a veces se comportan como motores, y otras negativas, que a veces se nos vuelven en contra convirtiéndonos en personas sumamente insatisfechas sin posibilidad alguna de conformarnos.

La ilusión de controlar lo que pasa con nosotros y con los demás suele sumirnos en un estado de permanente incomodidad. Esta constante disconformidad comúnmente se expresa en forma de enojo, lo que disminuye las probabilidades de coordinar acciones de manera fluida y confiable. Controlar es necesario para poder medir y mejorar lo que hacemos, pero cuando estamos en modo control tenemos la ilusión de que al controlar permanentemente y correr la valla todo el tiempo obtendremos nuestros resultados de manera más efectiva. De esta forma, nuestra insatisfacción y la falta de instrucciones o pedidos claros hace que las personas se desalienten y desmotiven.

Necesitaremos comprometernos con la confianza en el futuro y con quienes nos rodean para abandonar el modo control. Como la confiabilidad es un juicio veremos en el último capítulo cómo podemos construirla y articular nuestras relaciones comprometidos con ella.

2. Cuando siempre nos falta algo. Elegir la puerta apropiada

En este punto tendremos la oportunidad de comprender cuáles pueden ser nuestros comportamientos cuando nos encontramos ante un desafío, ya sea impuesto por otros o por nosotros mismos. También podremos analizar cómo juega la insatisfacción que nos produce el hecho de no alcanzar una meta y la que suele aparecer después en el caso de lograrla. Al revisar el balance entre el exigente y el exigido que todos llevamos dentro, podremos encontrar distintos perfiles que definen la insatisfacción y el déficit que sentimos aun al haber alcanzado un logro. Esta mirada deficitaria también llega al ámbito de las relaciones y a veces puede volvernos insaciables de afecto. Analizaremos los posibles pasos que nos permitan cambiar de observador y salir de la disconformidad. Finalmente, si estudiamos las características del escenario, podremos conocer cómo participa la voluntad ante emociones como la resignación, el conformismo y la aceptación.

Cuando perseguimos recurrentemente lo que nos falta, solemos hacerlo de manera inconsciente, o sea que no logramos detectar qué nos pasa, ni por qué. Impulsados por este mecanismo corremos el riesgo de transformarnos en buscadores permanentes de nuevos horizontes, en los cuales solo podremos experimentar por poco tiempo el entusiasmo y la alegría producidos por haber alcanzado el objetivo deseado.

Si en esta búsqueda observamos en los demás ciertas elecciones o logros y esto nos lleva a elegir lo mismo, correremos el riesgo de que nos tilden de envidiosos o copiones, pero en realidad es muy difícil que en esa situación seamos lo suficientemente imaginativos como para elegir otra cosa, y buscaremos todo el tiempo lo que nos falta para gratificarnos.

En este estado deficitario y de exigencia, nos suele ocurrir que cuando obtenemos algo el tiempo de gratificación se ve muy reducido a pesar de la importancia que antes le hayamos asignado. Por ejemplo, cuando adquirimos una casa, nuestra alegría dura días en vez de durar meses, mientras que un helado que puede gratificarnos por un par de horas lo hace durante unos minutos; después de ese tiempo es probable que nuestra atención se oriente hacia otros objetivos.

2.1. Metas y motivaciones. La insatisfacción permanente

A lo largo de la vida y ante determinadas circunstancias solemos pensar más en lo que aún no pudimos conseguir, que en todo lo bueno que tenemos para agradecer.

> *Nada es suficiente para quien lo suficiente es poco.*
> **Epicuro**

Los seres humanos solemos sentirnos poderosos cuando nos guiamos por nuestros propios anhelos, y si estos se convierten en motivación, nuestras metas tienden a comportarse como motores que nos empujan a conseguir resultados efectivos. Por eso muchas veces presionados por la obligación y el deber de realizar determinada tarea, nos resulta más pesado o directamente imposible alcanzar los objetivos que nos imponemos.

Cuando sufrimos de insatisfacción permanente y conseguimos algún objetivo, ya sea obligado o deseado, y se termina el efecto de la gratificación obtenida, el vacío que se genera suele catapultarnos hacia una nueva conquista, una nueva pareja, un nuevo auto, joyas, etc. Más allá de que un deseo tras otro se concreten, no suelen completar el vacío que sentimos cuando se va el efecto de la conquista. Esto nos devuelve a nuestro antiguo estado de ánimo, a veces de tristeza y angustia e inclusive depresión leve o crónica.

En estos casos conviene distinguir cuándo obtener una nueva meta es una motivación y cuándo se convierte en algo "recurrente". Si conseguimos un resultado efectivo y disfrutamos realmente de lo que logramos, estamos ante una motivación; en cambio, si lo conseguimos, pero queremos más y más, sin disfrutar lo que obtuvimos, viviremos insatisfechos independientemente de lo que alcancemos.

2.2. El exigente y el exigido. La metáfora del jinete

En ciertas ocasiones nos cuesta disfrutar o no nos damos el permiso para saborear lo que logramos y alcanzamos con mucho esfuerzo. Dicho comportamiento, que suele funcionar dentro de nosotros, es el resultado de un mecanismo llamado exigente-exigido.

Este aspecto personal e intrínseco, como explica el doctor Norberto Levy, en *El asistente interior* genera conversaciones internas que en ocasiones nos impulsan a conseguir varios logros, pero al prevalecer nuestro aspecto exigente hace que no nos consultemos a nosotros mismos cuánto costará obtenerlos con respecto a tiempo, salud o recursos. Así emprendemos la tarea y cuando obtenemos lo que buscamos no nos permitimos disfrutar del triunfo.

Es entonces cuando quien recibe el resultado de lo obtenido es el mismo aspecto exigente (léase mente), al cual no le da importancia; es más, ya está encarando otra misión para alcanzar, mientras que el exigido (léase cuerpo), lejos de sentirse reconocido se encuentra como mínimo agotado, o en el peor de los casos enfermo.

Si en cambio fuese nuestro aspecto exigido quien recibiera la noticia del logro, se dispondría a festejar o a descansar, dado el esfuerzo impuesto por el exigente para alcanzar la meta. Sin embargo, el exigente interno se maneja como si pudiera alcanzarse la meta sin necesidad del exigido, que es quien, en definitiva, pone el cuerpo y también hace el esfuerzo.

Sobre este proceso interno que se produce y que nos causa sentimientos encontrados, nos habla el psicólogo Norberto Levy en la metáfora del jinete, el caballo y la meta. El jinete es el exigente que todos llevamos dentro de nuestra mente con el deseo de alcanzar los sueños, y el caballo es el exigido, nuestro cuerpo, las preocupaciones, la salud, que es el que consigue llevar al jinete a la meta. El maestro describe que cuando no estamos conscientes de esta situación, al jinete no suele importarle el caballo, sino la meta. Cuando estamos tomados por el exigente, a la pregunta: ¿existe la meta sin caballo?, nosotros respondemos que sí. Esto suele acarrearnos una fuente inagotable de sufrimientos, ya que no existirá ningún objetivo si alguno de los dos falta. Somos exigentes cuando no contemplamos al exigido que habita en nosotros. Dependerá de la relación que el jinete tenga con el caballo que ambos puedan hacer del camino hacia la meta un recorrido de disfrute o de sufrimiento.

El equilibrio consiste en enfocarnos en los logros que nos faltan desde una serena ambición y distinguir nuestras carencias en los distintos ámbitos de nuestras vidas a medida que avanzamos. Si la carencia siempre viene por el lado afectivo, material, espiritual, o como ocurre con los bienes materiales, existe la posibilidad de que se deba a la ilusión de creer que el próximo bien que adquiramos, como una casa o un auto, va a llenar el vacío existencial que nos invade en ciertos momentos de nuestras vidas.

La creencia de que el hacer, tener y luego ser se convierte en una carrera sin sentido, que finalmente hace que trabajemos para comprar los remedios que necesitamos para curarnos de las enfermedades que nos provocan las horas de estrés que pasamos en el trabajo, y así sucesivamente.

Para encontrar un equilibrio necesitaremos enfocarnos en nosotros, en nuestro ser; lo que realmente necesitamos para ser felices está dentro de nosotros, nada cambiará si no cambiamos o modificamos el ser.

Cambiar el hacer solo hace que los demás se den cuenta de que el verdadero cambio no llega, y esto puede complicar nuestro devenir. Nada de lo que generó el problema generará la solución.

Cuando nosotros nos transformamos el mundo de alrededor se transforma, y de esta manera nos sentiremos más completos. Para empezar a ver y resolver nuestras carencias podemos observar nuestros resultados; ellos son un indicio para empezar a abrir posibilidades.

Dado que nuestra naturaleza y la de la sociedad de consumo nos dicta que siempre nos va a faltar algo en algún aspecto, podemos analizar cuáles son las claves para sentirnos plenos con lo que ya tenemos, y no sufrir permanentemente por lo que nos falta.

Como vimos en el Capítulo I, la completud puede llegarnos con el ser. Está comprobado que ningún bien material o logro de por sí nos hará sentir plenos permanentemente, ni tampoco garantizará la felicidad duradera. Sentirse agradecido con la vida por lo que se tiene requiere de un trabajo interior y un compromiso con el entendimiento de que nada nos pertenece y que todo nos es dado para hacer uso, en un mundo donde se suele amar a las cosas y usar a las personas.

El apego a los logros y a las cosas no constituye de por sí algo malo, sino que lo es la manera como las conseguimos, algunas veces compulsivamente y otras sin disfrutar del camino que nos ha llevado hacia ellas. En ese aspecto, observar nuestros logros permite darnos el tiempo para distinguir lo que ya poseemos y sentirnos más plenos ante lo que alcanzamos.

Compararnos con los otros para perseguirnos con lo que no logramos, nos hace sentir que siempre falta algo. El desafío consiste en evitar estas comparaciones, enfocarnos en nosotros mismos y confiar en el futuro. Cuando nos comparamos con los otros nos ponemos automáticamente en segundo lugar. Necesitamos entender que a veces lo bueno para otras personas tal vez no sea tan beneficioso para nosotros.

Ya sea por comparación o porque algo nos interesa, si nos comprometemos a elegir lo que nos gusta con sereno apego será más fácil enfocarnos en nosotros mismos. A partir del autoconocimiento, que en definitiva es el estar comprometidos con la propia identidad, podremos elegir desde una total libertad y coherencia con nuestros propios gustos.

2.3. Perfil de las personas insatisfechas. Personas deficitarias

Por distintas razones, todas las personas estamos expuestas a sentirnos deficitarias emocionalmente, ya sea por circunstancias adversas, por victimizarnos con algún tema o por alguna pérdida.

Las personas que están siendo deficitarias emocionalmente suelen mostrar características tales como angustia, nerviosismo, desconfianza, etc. Esto puede deberse a que tienen la sensación de no poder alcanzar lo que siempre desean y suelen terminar envidiando a quienes lo logran, porque llegan a pensar que jamás se les cumplirá a ellos lo que se les dio a los demás.

Si bien esto resulta falso en la mayoría de los casos, el déficit de logros o cosas materiales es solo un juicio de quien no se ve a sí mismo como posibilidad. Esto puede cerrar posibilidades para él y su entorno, que suele recibir hasta maltrato y así complicar aún más las cosas.

Las personas que están siendo insatisfechas suelen sentirse víctimas, porque observan que por razones externas a ellas los resultados deseados no llegaron. Inclusive tienden a pensar que estas razones, circunstancias o como quieran llamarlas, no van a cambiar, como tampoco cambiará su destino. Suelen creer en el azar, pero claro, casualmente tienden a enfocarse solo en la mala suerte, esto hace que se rodeen de un halo de pesimismo, dándole carácter de permanente y no de transitorio a lo que les pasa, lo que les daría una luz de esperanza para poder salir de tales situaciones de aparente estancamiento.

2.4. Cinco pasos posibles para salir de la inconformidad y de la mirada de "déficit"

- **Evitar compararnos con los demás**
  Siempre habrá alguien que supere nuestros resultados; por lo tanto, si solo observamos los logros ajenos aumentaremos las chances de sentirnos más insatisfechos al compararnos todo el tiempo con los de los demás.

- **Darnos tiempo**
  Concedernos más tiempo para alcanzar nuestras metas forma parte de la propia legitimación. Distinguir que llegar es cuestión de tiempo facilita no ser atrapados recurrentemente por emociones como la angustia, ansiedad o miedo al fracaso.

- **Revisar nuestros logros pasados**
  Recordar los éxitos del pasado y contar con la memoria de viejos objetivos y apoyarnos en ellos puede facilitarnos el camino. Si hemos alcanzado logros en el pasado y reconocemos que podremos hacerlo nuevamente en el futuro, abriremos la posibilidad de llegar a nuevos resultados efectivos con serena ambición.

- **Comprometernos con nuestros resultados**
  Chequear dentro de nosotros qué es realmente a lo que estamos comprometidos nos permitirá encontrar la llave para alcanzar lo que queremos. Si, por el contrario, nos damos cuenta de que no hay nada, analizar si podemos hacer un cambio o no y de esta forma comprometernos a buscar lo que queremos.

- **Entender que somos parte de la solución**
  En la mayoría de los casos solemos ser parte del problema, dado que, si el problema nos involucra, aunque no lo hayamos generado, nos incluye como parte de él. La buena noticia es que también nos convierte en parte de la solución. Si podemos reconocer que somos parte del

problema, podremos distinguir que somos parte de la solución.

2.5. Insaciables de afecto. Sus características

La falta de confianza en el amor que se les brinda o en la calidad del cariño que se les da es una de las características de las personas consideradas como insaciables de afecto. Esto dificulta que alguien pueda contenerlos o brindarles la posibilidad de transitar las emociones necesarias para que se sientan satisfechos.

Resulta difícil, si no imposible, captar el afecto ajeno si no sentimos afecto por nosotros mismos. Así como no podemos dar lo que no tenemos, tampoco podremos recibir lo que no reconocemos. Otra característica que suelen tener los insaciables de afecto es la creencia de que el amor que se les brinda no es merecido por ellos, lo que suele causarles mucho dolor. El no sentirse merecedores o no estar a la altura para recibir amor provoca un sentido de carencia que puede alimentar aún más su necesidad de afecto.

En la medida en que podamos levantar la autoestima, trabajar con nosotros mismos y empezar a reconocernos y a querernos un poco más, podremos calmar nuestras ansias de afecto y cariño.

Necesitados de atención y de permanentes muestras de afecto, las personas insaciables de afecto suelen responder con demandas, enojándose cuando estas expectativas resultan frustradas.

Existen muchas razones por las cuales, en determinadas ocasiones, cuando nos sentimos con baja autoestima reclamamos todo el tiempo muestras de amor y atención. Sumado esto a nuestras expectativas, suele convertirse en un cóctel perfecto para terminar enojados con nuestros vínculos; como nunca lo demandado estará a la altura de lo esperado, se convierte en un motivo más para complicar las relaciones y de esta manera quedar atrapados sin salida.

De esta forma se genera exactamente lo opuesto a lo que querríamos que pasara debido a que nuestro compromiso suele estar con nuestras expectativas y no con nuestros vínculos, ni siquiera con el llevarnos bien con nosotros mismos.

Es aquí donde podemos ver la diferencia entre querer y estar comprometidos. El querer es algo que queremos que pase en el afuera, mientras que el compromiso es lo que sucede dentro de nosotros, lo que dándonos cuenta o no es nuestro deseo más íntimo.

Cuando nos sentimos frustrados solemos demandar a los demás acciones o resultados que en realidad tendrían que partir de nosotros; esto puede hacer que nuestras relaciones se vayan reduciendo en vínculos y posibilidades.

Las personas insaciables de afecto suelen tratar de ocultar las carencias afectivas y se protegen de la frustración. Esta característica con frecuencia es perjudicial para quien intenta sostenerla. Es como una gran armadura brillante que solo quien la lleva cree que está seguro dentro de ella y es inadvertida por los demás.

Ocultar las carencias es casi imposible. Tarde o temprano pueden surgir en forma de conversación, frustración o enojo, haciendo difícil la convivencia con quienes nos rodean. Quienes tratan con personas que están sintiéndose privadas afectivamente suelen detectarlo y se alejan, agravando el problema. Por eso, ocultar esta carencia deriva en llamar la atención, enojarnos por nada, y al delatar la insatisfacción que sentimos generamos lo contrario de lo que podría aliviarnos la carga, espanta toda posibilidad de apoyo o ayuda para salir de estas trampas emocionales.

Las personas insaciables de afecto suelen buscar de manera indiscriminada la aprobación y el afecto de los demás, llamando la atención y mostrándose complacientes.

Buscar constantemente la aprobación y el cariño de los demás suele delatar cierta incapacidad para valorarnos por lo que somos y no tanto por lo que hacemos o tenemos.

Una vez distinguido este aspecto, estaremos ante una oportunidad para comenzar a reconocernos por todo lo que hemos logrado con mayor o menor esfuerzo. Quien busca permanentemente la aprobación de los demás, luciendo bien, siendo complaciente, muchas veces lo logra pagando el alto precio de no poder estar siendo quien es en realidad o quien quiere ser, y esto en el largo o corto plazo puede derivar en frustración, ya que la verdadera aprobación surge de nosotros mismos.

Legitimarnos es el primer paso para el equilibrio interior, luego si podemos receptar el reconocimiento interior podremos recibir el afecto ajeno. Es posible vivir con la ilusión de que los demás no se dan cuenta de nuestra falta de afecto, de aprobación, de reconocimiento, etc., pero quienes nos rodean detectan rápidamente estas cuestiones, tal como nosotros lo hacemos normalmente con otras personas.

Aun siendo bastante efectivos, de la mano de las expectativas solemos desilusionarnos ante los resultados que obtenemos; ayudados por las comparaciones con los demás lo nuestro siempre parece poco, pero siempre parecerá poco si lo comparamos con quienes obtuvieron más que nosotros.

Nuestro exigente interno suele nutrirse de expectativas y comparaciones para inducirnos a observar este faltante y predisponernos a la angustia, el miedo y el enojo, que por supuesto no nos abrirán las posibilidades de estar satisfechos con una serena ambición.

La falta de disfrute de los logros alcanzados reduce nuestras posibilidades de desarrollar la capacidad de valorarnos y valorar lo que nos va sucediendo en la vida para entender que no somos lo que nos pasa, somos lo que hacemos con lo que nos pasa.

2.6. Resignación, conformismo y aceptación. Cómo juega la voluntad

Cuando nos resignamos a algo, siempre queda por detrás una frustración, un enojo por lo que no pudimos lograr, y en este estado de ánimo explicamos por qué no pudimos hacer que algo se transforme.

La resignación tiene matices que van desde la serena resignación hasta la resignación más profunda.

El sentirse derrotado, frustrado o agotado suele ser signo de un estado de resignación, que no deja de ser parte de los juicios disparados por cómo observamos las situaciones que afrontamos y derivan de una renuncia. Siempre suele resignarse algo, en algún ámbito, en pos de otra cosa. Resignamos horas de estar en familia por horas de trabajo en pos de una situación económica mejor, a cambiar el auto por una refacción en nuestro hogar, o a un trabajo mal remunerado por estar cerca de casa, etc. En el fondo, siempre elegimos; nuestra calidad de vida dependerá de estas elecciones y de cómo nos sintamos.

En un extremo tenemos una actitud de aceptación sobre lo que creemos que no puede cambiarse, como puede ser una pérdida física o económica por algún negocio que no funcionó, y en el otro puede ocurrir que aun resignados sostengamos un estado de angustia o victimización para seguir adelante sin desafiar a esos estados de ánimo.

Cuando estamos resignados solemos tener la percepción de que nada de lo que hagamos podrá cambiar la situación. Tendemos a creer que en el futuro no podremos cambiar las cosas, o lo que es peor, que el mismo futuro nos lo va a impedir y así nos victimizamos.

Con este estado de ánimo solemos juzgar que la interpretación que estamos haciendo de nuestro pasado no puede ser cambiada, y que probablemente los juicios que tendremos cuando pensemos en el futuro ayudarán a pensar que no podremos realizar acción alguna que facilite cambiar nuestro presente, lo que colabora con esta resignación.

Resignados soportamos la tensión entre la oportunidad y la no posibilidad de cambio, y solemos dar por hecho que lo que hagamos en el futuro no nos aportará nada para alcanzar una posibilidad de cambiar algo.

Desde el lenguaje, una de las características que suele acompañar este estado de ánimo es el de explicar y explicarnos fundamentando nuestros juicios como una realidad, para que nada cambie.

Si queremos desafiar nuestra resignación podemos argumentar por el contrario todos los juicios que emitimos como si fueran la única realidad. Esta circunstancia suele venir de la mano de quienes nos rodean, que al vernos como posibilidad pueden observar de manera diferente nuestra situación.

A diferencia del conformismo, la resignación puede dejarnos con un sentimiento de no aceptación, autoimponiéndonos una realidad que, si bien no queremos, transitaremos sin desafiar, dada nuestra interpretación de que ya está todo determinado y que solo cabe observar el presente tal como está. En el conformismo afrontamos la realidad aceptándola momentáneamente, tiene como tendencia en común con la resignación la justificación, que es una característica de ambas.

Quienes se resignan suelen pensar que esto es lo que hay, es inevitable y toman estos juicios como realidades fundamentadas y en muy pocas oportunidades desafían al contexto; explican y juzgan el presente para revocar toda posibilidad de cambio.

Dada la autoridad que le proporcionamos a nuestros propios juicios y creencias, se torna difícil comprender que el futuro es una posibilidad para generar las acciones que nos lleven a salir de nuestra resignación y nuestra ceguera cognitiva.

Cuando desde afuera juzgamos que alguien está resignado, solemos decir que tiró la toalla y no afronta la realidad, pero es probable que quien esté siendo juzgado no perciba lo que nosotros vemos: que existe la posibilidad de cambiar su presente. Puede ser porque no lo vea, porque se encuentre en serena resignación o porque se percate y vea la posibilidad de cambio, pero no su factibilidad; como no lo distingue o siente que no cuenta con los recursos para dar vuelta sus resultados, sumado a que posiblemente su salud no lo acompañe, entonces adopta la resignación como un estar siendo. La falta de fuerza para cambiar a veces depende del estado físico, cansancio crónico, falta de vitaminas, etc.

Esta tensión entre la posibilidad de generar acciones para el cambio y seguir fundamentando la resignación genera una serie de estados de ánimo que cierran posibilidades, como frustración, angustia o victimización; es decir, tenemos la puerta abierta para rendirnos y tirar la toalla o afrontar nuestros resultados y comprometernos a cambiarlos y comprender el valor de obtener lo que queremos.

La esperanza de cambio surge de nuestra condición de seres humanos, que es la que nos permite transformar el estar siendo cuando encontramos y vemos el valor de hacerlo. De esta manera, nos convertimos en posibilidad para el otro, y el otro para nosotros, ya que desde esta visión no somos de determinada manera, sino que estamos siendo de determinada manera. Parece lo mismo, pero si lo analizamos veremos que la primera declaración, que somos de una manera determinada, no nos permite abrir el camino para tener a los otros ni a nosotros como posibilidad de cambio; sin embargo, la segunda abre la posibilidad y habilita la posibilidad para cambiar nuestro estar siendo.

Esto no garantiza en sí que los seres humanos salgamos de nuestra resignación todo el tiempo con un simple acto de voluntarismo, pero sí nos abre una puerta: que a través de acciones y compromisos podamos cambiar el presente para mejorar nuestro futuro.

Este camino puede comenzar a recorrerse a partir de una conversación, de leer un libro para desafiar las conversaciones que determinan que "nada de lo que hagamos va a cambiar esto". Podremos aprender que se puede, mediante acciones, cambiar la factibilidad por la posibilidad dado que el aprendizaje es un aliado importante que suele abrir un camino para encontrar los compromisos y las herramientas que nos facilitarán la salida de un estado de resignación.

Al manejarnos en nuestras vidas entre una serena y una completa aceptación, podremos dejar atrás los juicios que nos tienen atados en conversaciones internas, e inclusive públicas, que nos mantienen prisioneros del pasado y que suelen cerrar posibilidades para ir hacia adelante efectivamente.

Aceptarlo todo como estrategia tampoco nos ofrece la garantía de poder ser felices, sin embargo, la relación con la aceptación, tanto cuando nos rebelamos como cuando decidimos aceptar lo que se nos presenta, nos da una oportunidad para cambiar el resultado que juzguemos como poco efectivo y así alcanzar nuestros objetivos soñados.

La falta de aceptación de los seres humanos ha sido y sigue siendo una fuente interminable de padecimientos, pero si cambiamos el punto de vista, puede generarnos una usina de oportunidades para relacionarnos con los resultados, ya que de esta relación va a depender en gran parte nuestra calidad de vida.

Dado que solemos rechazar en los otros aspectos de nosotros mismos que no logramos aceptar, es importante para empezar a admitir a los demás, sanar estos aspectos y cambiar nuestras relaciones internas con los distintos aspectos que no toleramos, pero el desafío no consiste en destruirlos o hacerlos desaparecer, ya que convivirán con nosotros hasta el fin de nuestros días, sino en que los desarrollemos como posibles asistentes que nos ayuden y acompañen a lo largo de nuestra existencia.

Este trabajo se realiza una vez que podamos distinguir qué nos pasa y entendamos el valor de llevar una vida de aceptación con la salud física y mental con que esto nos retribuye.

Ya se ha comprobado que muchas enfermedades que padecemos se deben a la falta de aceptación de lo que pasa o de algo que nos aqueja, entonces somatizamos dolencias o agravamos síntomas que, con nuestras actuales interpretaciones, no son muy fáciles de remediar.

Como no podemos dar lo que no tenemos, necesitamos empezar a aceptarnos a nosotros mismos para poder aceptar a los demás y a nuestros resultados.

La voluntad propia parecería ser la única condición humana que cada uno de nosotros puede controlar; esto es algo que por lo general no tenemos en cuenta a la hora de relacionarnos con las personas y las cosas. A partir de allí mantenemos la ilusión de que podemos controlar casi todo: parejas, hijos, hermanos, padres, salud, dinero y la lista es casi interminable. De esta forma, no logramos distinguir el posible daño que ejercemos sobre los demás y sobre nosotros mismos al negar que muchas de las cosas que pasan suceden por algo, y como dijimos anteriormente: nada de lo que pasa nos define, sino que lo que nos constituye es lo que hacemos con lo que nos pasa.

3. Las expectativas. Nuestras compañeras condicionales

Según como hayan operado en la vida de las personas, las expectativas son juzgadas de diferentes formas. Algunas son calificadas como motores que nos impulsan hacia los logros y otras como malvadas traicioneras capaces de dejar insatisfecho a cualquiera por más que haya alcanzado algo verdaderamente importante. Veremos en este punto cómo podemos soltar el control para esperar el futuro con confianza y así reducir las expectativas. Ellas son las causantes del desbalance entre lo que queremos que pase y lo que ocurre para asegurarnos el enojo o la angustia según el caso. Detrás de cada expectativa solemos esconder emociones recurrentes como el miedo, la ansiedad y un sinnúmero de temores que surgen para cerrar toda posibilidad de alegrarnos con los resultados que nos llegan. Dejar de ser rehenes y esclavos de lo que puede suceder nos puede abrir la posibilidad de que recibamos lo que esperamos con una actitud más abierta y positiva. Para finalizar, recorreremos un análisis de nuestro protagonismo y nuestro comportamiento sobre las expectativas que solemos generar en una época especial de nuestras vidas que parece repetirse siempre: el fin de año.

Debido a nuestras expectativas los deseos que se diluyen y los que se vuelven inalcanzables son los que nos hacen sufrir. También a veces padecemos los que se cumplen por la ansiedad que soportamos y las angustias que sentimos en el camino hasta alcanzarlos. Las expectativas son como compañeras que nos condicionan todo el tiempo que dura el trayecto hasta lograr lo que queremos.

3.1. Las expectativas como motores. El combustible de la ilusión

En la vida nos aparecen objetivos que queremos alcanzar. A veces lo logramos, a veces se diluyen y en ciertas oportunidades sencillamente se tornan inalcanzables.

En este camino, las metas que se hicieron realidad pueden ser el resultado de la perseverancia, el manejo de las prioridades y nuestra fuerza de voluntad. Todos estos aspectos no suelen dispararnos frustraciones; en cambio, las expectativas y la preocupación que nos pueden generar producen todo tipo de incomodidades e insatisfacciones.

Aunque parezca que las expectativas funcionan como impulsores, cuando vamos en busca de nuestros objetivos el camino se torna más angustiante. El trayecto hacia lo que queremos lograr se allana y se facilita si no nos cargamos con ellas.

Las expectativas no son ni buenas ni malas, solo necesitamos diferenciar si nos abren o cierran posibilidades en el camino hacia nuestros deseos y qué aportan a nuestra calidad de vida. Sin embargo, no resultan ser buenas compañeras de viaje si se transforman en fuente de angustias.

Podremos amortiguar el sufrimiento disminuyéndolas o eliminándolas según el caso.

Si tenemos la creencia de que las expectativas son motores que nos ayudan a alcanzar nuestras metas o confiar en la gente, probablemente las generaremos y depositaremos en todo proyecto o plan que iniciemos.

Sin embargo, muchas veces tenemos la ilusión de tener expectativas, pero en realidad son ellas las que nos tienen a nosotros. De esta manera, estas harán con nosotros lo que les permitamos que hagan, como causarnos pena, desánimo o cualquier cosa que nos haga sentir angustia y sufrimiento.

Necesitamos distinguir que una expectativa es el fruto de nuestro propio juicio interior, que está apoyado en las creencias y experiencias que poseemos en nuestra caja de confort.

Por eso toda esta arquitectura que solemos armar, cuando no llegamos a lograr lo que queremos se nos cae encima en forma de dolor y decepción, produciéndonos frustración, enojo y toda clase de emociones que dificultan nuestras posibilidades.

Como vimos en el cuarto punto del Capítulo I sobre el chivo expiatorio, a veces culpamos a los demás de nuestros malos resultados; por eso las expectativas suelen victimizar a todos, a quienes elegimos para adjudicarles el fracaso y a nosotros mismos.

Probablemente descargaremos sentimientos de angustia, enojo o bronca, sobre aquellos que hayamos elegido como destinatarios de nuestra decepción.

Es así como vamos por la vida esperando que padres, madres, hijos, maestros cumplan con expectativas que, en la mayoría de los casos, son secretas para ellos. De esta forma nos predisponemos de mala manera para relacionarnos, porque vamos cada vez más creando resentimientos a medida que las cosas no suceden como queremos que pasen o sí pasan, pero no de la manera que queremos.

Decimos que las expectativas volcadas sobre quienes nos rodean son secretas porque rara vez las declaramos a los demás. Así, mantenemos oculto lo que desearíamos que pase y cómo nos gustaría que ocurriera.

Cuando nos decepcionamos, si lo que queremos es tener la razón, lo único que haremos es quejarnos para seguir juntando evidencias que justifiquen nuestro enojo. En cambio, si lo que sentimos es que estamos comprometidos con una verdadera amistad, o una buena relación, podremos abrir un diálogo para reparar el vínculo, y reconocer que el otro no es responsable de nuestras inquietudes y mucho menos de nuestras expectativas.

La decepción no la produce un comportamiento inadecuado, sino la falsa expectativa que se tiene del mismo.
Roberto Crobu

3.2. Expectativas vs. Confianza. Soltar el control

Son muchas las emociones que surgen cuando alguna expectativa no se cumple. Hay un entramado en nuestro interior que dispara emociones mezcladas que, en la mayoría de los casos, no nos permiten ver que los responsables de tales expectativas somos nosotros.

Admitir que algo nos ha decepcionado significa aceptar

que de alguna manera esperábamos algo más, algo que no ha ocurrido o que en definitiva ha ocurrido de manera diferente a la que esperábamos.

Puede significar también distinguir que habíamos emitido un juicio personal más o menos positivo, aceptable o correcto de acuerdo con esa situación, pero que es nuestro y que no tuvo la participación de otra persona.

Juzgar que "algo nos ha decepcionado" es fruto de una expectativa arbitraria de una interpretación sobre algo o alguien, alimentada por deseos o necesidades personales.

La realidad allí afuera simplemente ocurre. El punto de vista y nuestro juicio es lo que la disfraza de algo que nos gusta o no nos gusta. Si eliminamos o disminuimos el juicio previo, disminuiremos el malestar o la decepción.

Asimismo, si pensamos que decepcionamos a alguien, podemos pensar también que no habrá sido solo por lo que hayamos hecho o dicho, sino por las expectativas que esa persona tenía sobre lo que iba a pasar.

La brecha entre lo que esperamos y lo que nos pasa suele estar ocupada por nuestra necesidad de que algo ocurra de determinada manera. De nuestros juicios y expectativas dependerá cómo nos sentiremos cuando esto suceda.

El sentimiento de que nuestras expectativas rara vez se cumplen puede ser el resultado de que sean muy altas o muy exigentes.

Muchas veces se confunde expectativa con confianza, pero en realidad la expectativa está más ligada al control que a la confianza, que de por sí suele ser liberadora.

Si confiamos de verdad, el control disminuye, lo que no ocurre con las expectativas donde puede ocurrir que lejos de confiar estaremos chequeando, paso a paso, qué está pasando y de qué manera.

El desafío consiste en tener una serena expectativa que nos movilice lo suficiente como para motivarnos, pero no tanto como para sentirnos frustrados con los resultados.

Este fino balance nace de distinguir que una expectativa alta juega un papel muy nocivo para cualquier resultado y nuestra calidad de vida.

3.3. Desilusión. Cuando sufrimos por las expectativas

Cuanto más grandes y detalladas sean las expectativas que nos tiene secuestrados, más crece la posibilidad de comprar un boleto para un viaje donde el sufrimiento y la angustia nos acompañen durante todo el trayecto.

Pero no siempre es la única causa, dado que más allá de este probable pasaje al enojo, algunas veces por menos expectativas que tengamos por algo o alguien, queremos que los resultados nos acompañen, aunque sea un poco.

Esto también desencadena sufrimiento, y aunque nos digamos "menos mal que no le puse muchas expectativas" de todas formas suele ocasionarnos frustración.

El esperar determinada cosa o situación de los demás actúa como la ilusión de que interactuamos con quienes nos rodean, cuando en realidad lo hacemos con nosotros mismos, sin tener la posibilidad que el otro se entere; por lo tanto, disminuimos las posibilidades de que ocurra lo que queremos que pase.

Si podemos convertir la espera en un pedido, aumentaremos las probabilidades de que suceda lo que queremos que pase y en la manera que queremos que pase.

Si solo miramos hacia dentro de nosotros mismos y esperamos todo de los demás, nos victimizaremos y pondremos fuera el poder de alcanzar lo que deseamos y no en nuestras manos.

Distinguir que no siempre es bueno crearnos expectativas, nos facilitará terminar con los padecimientos que solemos sufrir a lo largo de nuestras vidas. Aprender a confiar en el futuro puede ponernos a salvo de muchos desengaños con personas y situaciones.

También suele pasar que nos damos cuenta de que teníamos expectativas después que algo nos sucede. Por ejemplo, esperamos algo de un amigo al cual hemos ayudado o hecho algún favor y este no responde a la altura de lo que esperábamos, o lo que es peor, nos complica o corta el camino de lo que queremos alcanzar.

Es allí donde no entendemos por qué el dolor, la bronca o la ira nos secuestra y queremos hacer sufrir al otro transmitiéndole una culpa para que, como mínimo, sufra lo que nosotros estamos sufriendo, y de esta forma ilusionarnos con que así disminuiremos nuestra frustración.

3.4. Lo que esperamos vs. lo que ocurre. Asegurarnos la disconformidad

Cuando las expectativas no se cumplen solemos juzgarlas de falsas, pobres o exageradas, pero la culpa no es de ellas si somos nosotros quienes las llevamos de compañeras en el viaje para conseguir nuestros resultados.

Juzgar a las expectativas de verdaderas o falsas no disminuirá nuestra angustia o enojo, solo reforzará la creencia de que no somos responsables de su existencia y esto complica lo que en realidad queremos distinguir o alcanzar.

La medida de nuestros desengaños tiene que ver con el detalle y la magnitud de las expectativas que ponemos.

La brecha entre lo que esperamos y lo que nos pasa está ocupada por la necesidad de que algo ocurra de determinada manera o no, pero que en definitiva suceda, y de nuestra interpretación dependerá cómo vamos a sentirnos.

Si observamos que rara vez se cumplen, podemos inferir que nuestras expectativas nos juegan en contra, pero al mismo tiempo somos nosotros mismos quienes las imponemos sin analizar para qué o por qué. Muchas veces nos constituimos en víctimas y sufrimos, lo que podríamos evitar si acotáramos las expectativas que ponemos en nuestras vidas.

Puede pasarnos de todo, son muchas las emociones que se disparan cuando alguna expectativa no se cumple; existe dentro de nosotros un entramado que provoca emociones mezcladas que en la mayoría de los casos no nos dejan ver de quién es la responsabilidad de tales preocupaciones.

Es como si paráramos un taxi, le dijéramos al conductor por dónde llevarnos pero luego de bajar sintiéramos que donde nos dejó no es el lugar que nosotros esperábamos y nos pusiéramos a llorar sin consuelo como niños.

Distinguir que no siempre es bueno que nos llenemos de expectativas determinará el cese de padecimientos que sufrimos a lo largo de nuestras vidas.

Para aminorar nuestras expectativas de manera responsable, podríamos ver el valor de confiar en el futuro, y así ponernos a salvo de muchas decepciones provenientes de nuestro estar siendo controlador de situaciones y personas.

3.5. El miedo detrás de cada expectativa. Rehenes y esclavos

A continuación trataremos los miedos que habitan en cada expectativa. Podremos ver y analizar qué haríamos si no tuviéramos miedo y no renunciáramos a ciertas cosas por miedo a fracasar o a ser rechazado.

a) **Miedo a ser abandonados**
Las expectativas de querer que nos protejan y cuiden traen aparejado el miedo al abandono. Esto repercute de manera más dura en las personas mayores, es un miedo que puede tener sus raíces en la falta de confianza en el futuro. Puede precipitarse por la amenaza de abandono de quienes hoy las rodean.

b) **Miedo a ser rechazados**
Nuestras expectativas acerca de que nos acepten generan, en ciertos casos, la angustia de ser rechazados o dejados de lado.

Este miedo puede convertirnos en rehenes de quienes pueden juzgarnos como diferentes, y nos obliga a mostrarnos de manera distinta de la que estamos siendo, para no sentirnos fuera del círculo de quienes se relacionan con nosotros.

c) **Miedo a ser invadidos**
La expectativa de cuidar lo que sentimos que es nuestro suele verse amenazada por el miedo a que invadan nuestros espacios, nuestras amistades o emociones, y está alimentada por la inseguridad en nosotros mismos y en la creencia de que todo nos pertenece.
Esta ilusión puede convertirnos en esclavos de lo que tenemos y alimenta el miedo a la pérdida o a que invadan lo que consideramos de nuestra propiedad.

d) **Miedo a no cumplir las expectativas de los demás**

> *Estoy en este mundo para cumplir con mis expectativas,*
> *no para cumplir con las de los demás.*
> Bruce Lee

Esta frase puede pintar perfectamente cómo manejar las expectativas de los demás, cuál es nuestra culpa por no cumplir con las expectativas ajenas, más cuando no son explicitadas.

Las expectativas de los demás son construcciones mentales ajenas que en algunos casos no tienen en cuenta nuestra forma de pensar o de estar siendo; por lo tanto, casi no hay posibilidad de que las podamos cumplir.

Parafraseando al maestro Humberto Maturana, podríamos decir:

> *Soy responsable de mis expectativas.*
> *Totalmente irresponsable de las tuyas.*
> *Pero me hago responsable de lo que mis expectativas*
> *provocan en vos.*

3.6. Expectativas de fin de año. Las expectativas que no se cumplen

Pensar en un nuevo año genera sentimientos y la exacerbación de emociones relacionadas con situaciones personales, nuevas y viejas posibilidades, utopías y esperanzas.

Algunos creen que es mejor formarse expectativas bajas, así no se corre el riesgo de sentirse defraudado.

Suele ocurrir que cuando se avecinan las fiestas y el fin de año empezamos a sentir la necesidad de valorar qué nos pasó, y esto nos invita a hacer un análisis de cuáles han sido los objetivos alcanzados y cuáles no.

Esto nos predispone de diversas maneras; por ejemplo, podemos amargarnos por lo que sentíamos que íbamos a alcanzar con cierta facilidad, o ponernos contentos por logros que creíamos casi imposibles y sin embargo conseguimos, sintiendo una inmensa alegría.

En esos momentos, cuando comenzamos a hacer un repaso de lo que no pudimos hacer o lo que nos faltó realizar, puede surgir el deseo de alcanzarlos el año siguiente generando toda una esperanza y una apuesta renovada para concretar lo no conseguido. O algo nuevo aparece como motivo para crear nuevas expectativas.

Es aquí donde, aunque más no sea mentalmente, tiramos un marcador virtual sobre el que jugaremos nuestras opciones de pasarla más o menos bien en el año que se inicia. Cuanto más altas sean las expectativas, mayor será el riesgo de salir heridos o defraudados.

Si podemos distinguir las expectativas para que se concreten nuestros deseos de tal o cual manera y logramos convertirlas en pedidos con sus respectivas condiciones de satisfacción, aumentaremos las chances de lograr lo que queremos.

Podremos sentir parte del proceso, lo que nos permitirá una manera más positiva de vivirlo, dejando de lado la angustia y otras emociones que acompañan a las expectativas y que a veces suelen herirnos.

Comprometer al otro con nuestros pedidos forma parte de legitimar nuestro entorno, e interactuar con él de una manera más abierta y funcional.

Quejarnos de que la realidad, o los resultados, no estuvieron a la altura de nuestras expectativas no reparará el dolor o la angustia que eso nos ha producido; en cambio, si el resultado es hijo de nuestro protagonismo, sea malo o bueno, entenderemos cómo vivirlo desde otro lugar, no como víctimas, sino como responsables. De este modo, podremos elegir ser más grandes que el resultado que estamos observando.

Preguntas para reflexionar:

- ¿Qué espero alcanzar este nuevo año?
- ¿Es una vieja expectativa o es una renovada?
- ¿Estoy comprometido de verdad a alcanzarla?
- ¿Distingo cuáles son los obstáculos que me frenaron hasta ahora?
- ¿Cómo actúo ante los obstáculos? ¿Me paralizo, me enojo o entro en acción?
- ¿Qué puedo dar de mí para alcanzar mis resultados?
- ¿Estoy siendo responsable en mi vida o sigo expectante?
- ¿Hay algo que pueda cambiar para mi bienestar y felicidad?
- ¿Cuáles son los logros y las cosas que me hacen sentir feliz?

Ojalá algún día aprendamos a disfrutar de la vida confiando en ella.

4. Corazas emocionales. Distinguirlas y avanzar

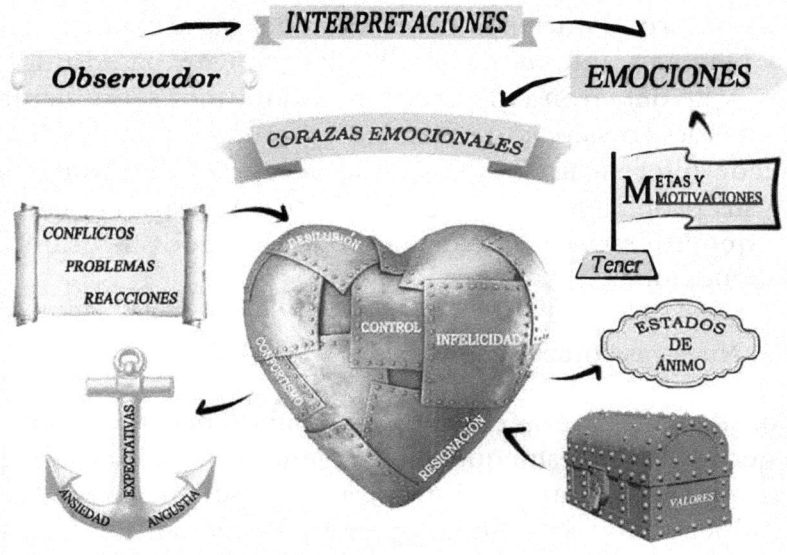

Figura 4.

Analizaremos los escudos que interponemos entre nosotros y los demás en el contexto de las emociones, especialmente con aquellas personas que quieren conectarse a través de sus sentimientos. Podremos observar el balance entre la protección que creemos que nos brindan y el precio que solemos pagar al utilizarla. Estos escudos evitan que nos sintamos temerosos y vulnerables, pero como la mayoría de las veces están en transparencia y no los podemos ver, somos esclavos de nuestras propias armaduras. Existen corazas más utilizadas que otras, según la elección que hagamos en función de lo que deseamos esconder. El desafío que se nos presenta es el de distinguirlas y entender cómo nos limitan a la hora de relacionarnos. Trabajar en afrontarlas para que no nos paralicen y nos jueguen en contra nos ayuda a afrontar lo que nos pasa y a no huir de aquellas circunstancias que pueden generarnos dolor y padecimiento. Las relaciones acorazadas suelen darse de la misma manera en las mujeres que en los hombres. Podremos ver cómo todas las armaduras que las personas anteponen se vinculan con un pasado doloroso que debieron enfrentar ante los mismos sentimientos de miedo y decepción. Finalmente, veremos como un líder puede diferenciarlas aun ante la necesidad de protegerse de sus propios sentimientos. La Figura 4 ilustra la manera en que interactúan las corazas con los estados de ánimo y las emociones.

4.1. Nuestras corazas emocionales

Construimos corazas emocionales cuando necesitamos protegernos del malestar que pueden generarnos los sentimientos que, desde nuestra interpretación, son negativos. Las producimos en determinados ámbitos y momentos. Constituyen un mecanismo apoyado en experiencias pasadas que desde nuestro punto de vista fueron negativas y dolorosas. A partir de allí, el miedo al sufrimiento nos predispone a resguardarnos emocionalmente con estas armaduras.

Cuando algunos contextos permanecen en el tiempo solemos mantener estas corazas, y aunque pueda parecernos que usábamos siempre las mismas, vamos modificándolas gradualmente. Estos escudos son el fruto de nuestra interpretación y de cómo hemos elaborado los eventos que en los algunos momentos de la vida nos han hecho sufrir, enojar y frustrar.

Veremos cómo nos sirven para evitar el dolor y cómo nos restan para alcanzar la conexión que necesitamos para vincularnos y coordinar acciones con los demás.

Las corazas, en la mayoría de los casos, nos generan la ilusión de sostener nuestras creencias y también la de ocultar lo que sentimos.

Se dice que es una ilusión porque, al poco tiempo de

relacionarnos, los demás suelen detectar con relativa facilidad nuestros escudos emocionales.

En la antigüedad, los caballeros que utilizaban las armaduras más imponentes en el campo de batalla eran detectados más fácilmente que los simples soldados. Cuanto más importantes sean nuestras corazas, mayor será el riesgo de que las descubran, y por eso finalmente sirve de poco sostenerlas.

Por lo general adoptamos armaduras luego de algún hecho que nos ha atravesado de manera poco feliz. Las conservamos por creer que nos protegerán del próximo evento o golpe emocional. Como siempre nos pasan cosas, tendemos a ir colocando coraza sobre coraza, generando un efecto cebolla, capa sobre capa.

Esto literalmente hace que las personas que nos tratan y con las cuales interactuamos no puedan reconocer nuestro verdadero estar siendo, entonces les parece que algo nos está pasando, pero no tienen la menor idea de cómo podrían llegar a relacionarse con nuestro auténtico ser.

Con frecuencia nos encontramos con amigos, familiares o conocidos que en la intimidad de un café se muestran adorables y nos hacen sentir que podríamos pasar horas con ellos, pero luego, al encontrarlos en otro ámbito, esas mismas personas nos proporcionan un trato más distante, que nos hace sentir como desconocidos.

Estas armaduras temporales que usan algunas personas están relacionadas con ámbitos donde sus creencias les indican que necesitan tomar distancia para no verse vulnerables, y así tienen la ilusión de volverse más fuertes, cuando en realidad ocurre todo lo contrario: las muestra débiles e introvertidas.

Existe la creencia de que cuanto más corazas tenemos mejor protegidos estamos, lo que sería totalmente cierto si estas corazas nos permitieran alejarnos solamente de quienes sentimos que pueden hacernos daño pero no de quienes nos aprecian y nunca nos perjudicarían.

> *Llevo la coraza de mis cicatrices cada vez más gruesas y ásperas. Si vivo mucho, llegaré a ser invulnerable.*
> **Franz Werfel**

Las corazas emocionales, como toda ilusión, generan la creencia y nos dan la sensación de sentirnos más fuertes, pero si realmente fuera así, no necesitaríamos utilizarlas para establecer un límite o vernos menos vulnerables.

4.2. La coraza emocional como protección. Pagar el precio

Como vimos antes, las corazas emocionales suelen producir la ilusión de protección y blindaje ante un evento externo que puede producirnos sufrimiento. Esta sensación tranquilizadora de defensa las hace muy atractivas. La mayoría de las personas en algún punto de su vida ha sentido miedo a ser vulnerable.

> *Y si yo te muestro mi lado oscuro ¿me abrazarás esta noche todavía?*
> *Y si te abro mi corazón y te enseño mi lado débil ¿qué harías tú?*
> **Pink Floyd**, *The Final Cut*

Esta es una de las razones por las cuales echamos mano a corazas que temporalmente permiten que el otro desconozca lo que nos disgusta de nosotros y lo que hemos sufrido.

Otras razones que pueden explicar la elección de incorporar armaduras es querer ser amado, aceptado, mostrar fortaleza, resistencia, sabiduría, cerrar el corazón, etc.

El proceso de adquirirlas, la mayoría de las veces ocurre sin darnos cuenta. También es así mientras las sostenemos, pero cuando salen de la invisibilidad, o sea cuando las distinguimos, comienza entonces el proceso inverso, donde podemos evaluar si abre o cierra la puerta para vincularnos mejor, comenzar a abandonarlas y seguir adelante.

La coraza no solamente suele ser invisible e indetectable para nosotros, sino que también nos impide ver lo que estamos escondiendo, lo mismo que durante un tiempo tampoco pueden hacer los demás, aunque luego quienes nos rodean suelen detectarla y empiezan a desconfiar de nosotros.

Este es un alto precio que podemos pagar si no empezamos a trabajar en nuestras armaduras. No olvidemos que todo lo que logramos lo alcanzamos gracias a la confianza que los demás depositan en nosotros.

4.3. El terror a sentirnos vulnerables. Prisioneros del escudo

Solemos crecer con el mandato de que cuanto más vulnerables estamos, más sufridos y propensos a los ataques de quienes nos rodean viviremos.

El ejemplo que nos muestra que la vulnerabilidad puede volvernos más fuertes se apoya en la propia naturaleza humana; por ejemplo, cuando ocurre un accidente de tránsito donde esté involucrado un recién nacido ¿quién es el más fuerte?

Las respuestas siempre aparecen señalando a las personas mayores, pero en realidad al primero que se atiende es al pequeño, entonces ¿quién es el más fuerte en esa situación?

Si miramos los resultados, la condición de vulnerabilidad física del bebé lo hará mucho más fuerte que el físicamente más fuerte de los que hayan participado en el accidente automovilístico ya que logrará que lo atiendan primero y nada lo dañe. Lo mismo suele pasar con la vulnerabilidad emocional.

La condición de tener distintas corazas como capas de cebolla, a veces ayuda a aumentar la creencia de que seremos invulnerables. Este paradigma opera de forma negativa, pues hace que nos relajemos y nos deja más propensos a los supuestos ataques del exterior. Esto nos brinda más argumentos para que las reforcemos, convirtiéndonos en prisioneros solitarios de nuestra propia armadura.

Un libro que sabiamente refleja lo que suele ocurrir con estas barreras emocionales es *El caballero de la armadura oxidada,* que cuenta cómo un valiente caballero sale a rescatar doncellas que no quieren ser rescatadas y el paso del tiempo hace que no pueda mostrarse tal cual es, alejándose de los que más lo quieren.

4.4. Las corazas que más utilizamos. Elegir para esconder

- **Corazas rígidas**
  La coraza que nos acompaña durante mucho tiempo, que hemos adquirido gracias a pérdidas o sufrimientos profundos, suele tener características de rigidez, no porque sirva para detener todos los futuros sufrimientos, sino porque no nos permite relajarnos y mostrarnos tal cual somos. Así, corremos el riesgo de llevarla con nosotros durante un largo periodo de nuestras vidas por el miedo que nos produce no contar con ella. Este miedo nos impide distinguir que nuestra actitud nos aleja de los que más queremos. Por ejemplo: el que todo lo puede.

- **Corazas flexibles**
  Son las que tal vez utilizamos según el contexto. Por momentos actúan como las capas más externas de la cebolla, están pero no son las más profundas. Aunque también suelen ser invisibles, las elegimos según la oportunidad. Por ejemplo, quien suele mostrase serio o solemne según la ocasión.

- **Corazas anticipadas**
  Con ayuda de la escucha previa, estas corazas permiten ilusionarnos con que van a protegernos de posibles amenazas que pueden aparecer. Algo que nos ocurrió en el pasado hizo que nos aferráramos a este tipo de armadura y la utilizaremos en el futuro. Por ejemplo, el que ya sabe lo que va a pasar.

- **Corazas negadoras**
  Como una manera de protegerse del dolor, de la pérdida, del cambio, estas son las que se adoptan para negarse a reconocer aspectos dolorosos de la realidad, y lejos de aceptar el sufrimiento se las utiliza para taparlo. Por ejemplo, el que se muestra indolente o incapaz de mostrar dolor.

- **Coraza de conocimiento**
  Para mantenernos aferrados a "lo que sé que sé". Se utiliza esta armadura con el fin de hacer valer nuestras razones y alejarnos de quienes nos rodean; aunque genere la ilusión de ser más reconocido y admirado, suele producir todo lo contrario. Por ejemplo, el que tiene una respuesta para todo.
  A quien se maneja como el que lo sabe todo, en el mundo de los negocios y del management se lo califica de cretino. Es quien disimula que no sabe, pero sigue adelante a expensas de ser descubierto y suele generar cualquier tipo de resultado indeseado. Por ejemplo, el que todo lo sabe.

- **Corazas de retirada**
  Son las que permiten esconder los sentimientos, aunque de forma temporal, pero que en vez de enfrentar lo que se presenta, le sirven para emprender la retirada sin mostrar sus emociones, negándolas todo el tiempo. Por ejemplo, quien se muestra fuerte.

- **Coraza por inseguridad**
  Cuando adoptamos, como manera de repeler nuestras inseguridades, el aislamiento, el saberlo todo, la violencia, etc., habremos elegido la coraza por inseguridad.
  Corazas como el lucir bien, el que todo lo puede, el fuerte, el poderoso, el serio, el que tiene una respuesta para todo, etc., son las que nos permiten sentir la ilusión de un determinado control de nuestras emociones.

En el fondo suelen reflejar el compromiso de cómo nos tratamos y qué queremos controlar en el afuera, ya que solemos poner energía en lo que generalmente complica la calidad de vida que deseamos.

4.5. La armadura que nos protege. Entender la limitación

Las consecuencias de estar "blindados" emocionalmente repercuten en los demás como frontera, pero también actúan como límite para quien está acorazado. Cuando indagamos estas cuestiones, el que tiene la armadura suele contestar que no está satisfecho con su pareja, con su relación, con su trabajo, con sus amigos, etc.

Esto nos lleva a pensar que, si no estamos para arriesgar, estaremos limitados para ganar.

Las corazas podrán ilusionarnos y creer que nos facilitan pasar situaciones muchas veces complejas, pero suelen funcionar como la balsa que nos permite atravesar ciertos ríos embravecidos. Una vez en tierra firme, si no las abandonamos y cargamos con ellas, se convierten en fuente de cansancio y, más aún, de sufrimiento, que casualmente era lo que queríamos evadir al utilizarlas.

Con respecto al control sobre el afuera, las armaduras reflejan la ilusión de que estamos tratando y emocionándonos con el otro cuando en realidad no estamos interactuando más que con nosotros mismos, con la creencia de que podemos guiar las emociones propias y ajenas.

Es el caso de la persona que tras una desilusión amorosa decide que con su eventual nueva pareja no va a ser tan frontal y amorosa como con quien sufrió el desengaño. Su sinceridad y su amor serán otorgados en cuotas y de esta manera se protegerá de algún sufrimiento posible. Podemos preguntarnos ¿qué culpa o responsabilidad tiene su nueva pareja?, o ¿con quién está interactuando?, ¿con su nueva pareja o con la anterior?

Es probable que este tipo de actitud dé como resultado un nuevo fracaso que, de no distinguirlo, alimentará las ganas de colocarse una nueva armadura, que desde su creencia será mucho más efectiva.

Este miedo, lejos de tomarse como una señal, puede provocar la reacción de colocar una nueva coraza emocional sobre alguna ya existente, y de esta manera se siente ilusoriamente más impenetrable al sufrimiento.

> *Sin dudas tu coraza te protege de la persona que quiere destruirte. Pero si no la dejas caer, te aislará también de la única que puede amarte.*
> **Richard Bach**

4.6. Eliminar las corazas que nos inmovilizan. Huir o afrontar

Al consultar a las personas que están realizando un trabajo de transformación para diluir sus corazas emocionales es muy común que la mayoría contesten que les provoca un enorme esfuerzo tanto mantenerlas como desactivarlas, dado el miedo y el sufrimiento que suele provocarle desprenderse de ellas.

Si no detectamos que tenemos corazas que nos inmovilizan, podemos huir, victimizarnos, y de esta forma conservarlas. El otro camino es afrontar y eliminarlas para volvernos responsables de nuestros sentimientos.

Para empezar a deshacernos de las corazas emocionales que nos inmovilizan, primero necesitamos identificarlas.

Un primer paso puede ser evaluar las relaciones y vínculos donde no nos encontramos bien para reconocer el compromiso que nos ha llevado a crear nuestras corazas y distinguir los miedos que nos impiden mostrarnos tal cual estamos siendo. Al desafiarlas, las podremos quitar para poder ser quienes necesitamos ser y así integrarnos con quienes interactuamos y coordinamos acciones.

Si entendemos que los miedos son una señal para distinguir lo que nos está pasando y queremos ser protagonistas de nuestras vidas necesitamos interactuar con el entorno y mostrar quién verdaderamente estamos siendo.

4.7. La coraza emocional de hombres y mujeres. Las relaciones acorazadas

Hoy por hoy las corazas emocionales de unos y otros son similares, si bien las mujeres se protegen con armaduras como la del que lo puede todo o corazas de aislamiento, y los hombres lo hacen con las del que tiene todas las respuestas, la del poderoso, etc.

En general tienen bastante en común, ya que en todos los casos no hay una línea que divida exactamente las armaduras por género. En la actualidad, todos estamos expuestos a los mismos miedos y amenazas, lo que hace que no existan corazas exclusivas para los seres humanos.

Las relaciones de pareja que son acorazadas suelen tener sabor a pasado, algo en el tiempo les provocó daños a alguno de ellos o a ambos, y esto permite que las corazas adquiridas limiten la posibilidad de entregarse por completo al otro, sin poder detectar el porqué del sabor a poco de la relación ni distinguir qué los separa, dado el carácter de invisibilidad que suelen tener esas corazas.

El valor de mostrarnos tal cual somos y establecer relaciones de confianza basadas en la sinceridad y la coherencia nos permitirá comprometernos, actuar y alcanzar lo que deseamos lograr desde nuestros verdaderos sentimientos.

4.8. La coraza emocional del líder. Protegerse para liderar

El liderazgo requiere que quienes interactúan con el líder sientan su coherencia para confiar y poder seguirlo y acompañarlo. Las corazas suelen operar de manera contraria a este propósito, por lo tanto, es trabajo del líder desarticular sus armaduras, en especial las que no le permiten conectarse emocionalmente con quienes coordinan acciones con él.

El liderazgo, la eficiencia y el equilibrio provienen de la capacidad del líder para asociarse a sus emociones, y desde allí volver funcionales las propias y ajenas, haciéndose responsable de poder dar respuesta a los desafíos que aparecen en todo el camino hacia la visión.

El líder que hace que las cosas sucedan suele facilitar el proceso de eliminación de armaduras ajenas al empoderar a quienes lidera, como una forma de apoyo durante dicho proceso, para que los demás consigan ser quienes verdaderamente pueden ser.

Existe la creencia de que los equipos de trabajo operan mejor cuando se dejan de lado las emociones, pero son ellas las que hacen que nos escudemos con las corazas que limitan las relaciones y permiten operar desde una comunicación efectiva y una confianza plena. Somos seres humanos y, como tales, siempre estamos bajo los efectos de alguna emoción. Como la emoción nos prepara para la acción, estas acciones que devienen de emociones limitadas por las corazas, en muchos casos, son la fuente de malentendidos. Sobre esta base, no será fácil construir la confianza necesaria para generar un trabajo en equipo. Es posible que los equipos de trabajo formados por personas que no usen permanentemente corazas emocionales tengan mayores oportunidades de comunicarse y generar ambientes de trabajo más efectivos y contextos que hagan más placenteras las horas de actividad.

5. Conflictos. La diferencia entre enfrentarlos o resolverlos

Una de las fuentes de mayor generación de emociones que nos afectan como seres humanos son los conflictos. Ellos conviven con nosotros como una característica intrínseca de nuestras vidas, ya que se diluyen y vuelven a aparecer todo el tiempo. De la relación entre conflictos y controversias, y los resultados que tengamos de esta convivencia, dependerá nuestra calidad de vida.

Los conflictos interpersonales surgen cuando observamos en el comportamiento de los demás un obstáculo que se interpone en el logro de nuestros objetivos. Tenemos historias personales, deseos, opiniones y necesidades diferentes por lo que es normal que aparezcan algunos choques de opinión con quienes nos rodean.

Suele pasar que luego de un tiempo de lidiar con los conflictos y las personas nos preguntemos: ¿cuándo empezaron los problemas y por qué se volvieron tan grandes?, sin poder darnos cuenta de que tal vez el motivo o disparador fue insignificante en comparación con el tamaño actual del problema, y mucho menos saber cuándo arrancó.

Si analizamos las causas que disparan nuestros conflictos con otras personas, podremos observar que en la mayoría de los casos tenemos la ilusión de que nuestra verdad es la única verdad y que tarde o temprano deberá imponerse ante los otros, cuando en realidad lo que todos los seres humanos poseemos es una "percepción subjetiva y limitada de lo que sucede". Esto siempre va acompañado de emociones que afectan a lo que interpretamos.

Los conflictos llegan por no aceptar a las personas como están siendo y no dejarlos ser, entonces arremetemos con nuestra mirada parcial, como si no existiera otro punto de vista. Esta pulsión, por lo general, sucede en ambos lados del conflicto, por lo tanto si alguien no cede, podremos encontrarnos navegando en aguas turbulentas y generar todo tipo de cierre de oportunidades para llegar a un acuerdo. Esta posibilidad que poseemos los seres humanos de tener distintos puntos de vista, ya sea por formación, etnia, diferencia de edad, etc., suele volverse una enemiga para la resolución de los conflictos. Sumado a que tendemos a rechazar en el otro aspectos que no tenemos resueltos en nosotros mismos, puede conducirnos a un cóctel de prejuicios y animosidades desde lo emocional que nos prepare para la acción de manera disfuncional cuando debamos afrontar y solucionar cualquier problema.

5.1. Con "los cables pelados". Ver el árbol o el bosque

A veces escuchamos que ciertos conflictos no se pueden resolver porque algunos o todos los involucrados parecen estar con "los cables pelados".

Cuando un conflicto llega al punto de tocar intereses delicados y nos dispara emociones tales como enojo, miedo o ira, nos encontraremos ante un problema grave, ya que su resolución puede resultar de por sí muy compleja. Si tomamos este asunto como una crisis y no como una oportunidad para llegar a obtener una solución, el problema puede desencadenar altos niveles de desconfianza o, lo que es peor, violencia verbal o física. Podremos analizar qué ha sido lo que hizo disparar tales emociones y a partir de allí desandar los caminos. Para ello, podemos revisar nuestro compromiso para solucionar el conflicto y, si decidimos escuchar, comprender para qué escuchamos: ¿para tener la razón?, ¿para pelear? o ¿para solucionar el tema, reparar los vínculos y remediar las cosas?

De este tipo de preguntas surgen las respuestas que tienden a componer las relaciones dañadas y a comprometernos con los objetivos propios y ajenos.

Las controversias pueden ser tomadas o no como un desafío. En este punto cabe aclarar que cuando surge un conflicto, el sentirnos obligados a transformarlo en oportunidad no ayudará a resolverlos, sino que probablemente aporte un problema adicional que suele traducirse en frustración. Sin embargo, las personas que estén dispuestas a comprometerse con su calidad de vida, con sus valores y con su propia legitimación estarán en mejores condiciones para afrontar un conflicto y finalmente convertirlo en una oportunidad. Si somos fieles a nuestro compromiso no importa el tamaño del problema, lo que vale es nuestro compromiso, y cabe diferenciar que no hablamos de lo que solo queremos, sino que hacemos referencia al involucramiento sincero, que es aquel que guía nuestros actos.

Es el caso de personas, empresas u organizaciones que al ver amenazada su permanencia en determinados ámbitos han desarrollado sus recursos y posibilidades, no solo para subsistir sino también han conseguido mejorar su posicionamiento, cosa que no hubiesen logrado de no haber observado el desafío de la amenaza como oportunidad para superarse.

Tanto ir al choque o negociar como ver el árbol o el bosque puede abrirnos o cerrarnos oportunidades según el contexto donde actuemos. Como táctica sola, cualquiera de las opciones que se mencionaron resulta poco atractiva, dado que no aporta un enfoque sistémico al conflicto, donde puede ocurrir que la solución de hoy tal vez sea el problema de mañana. Por lo tanto, si no legitimamos al otro y le permitimos un espacio para negociar, puede ocurrir que nos estemos ganando un adversario, que en futuros conflictos no nos permita un nuevo espacio para negociar. Esto puede generar que entremos en territorios de perder-perder que no suelen conducirnos a resultados efectivos para ninguna de las partes. Combatir, luchar o pelear son situaciones tendientes a generar contextos muy poco propicios para llegar a un acuerdo y mucho menos para negociar en un ambiente que pueda conducirnos a un resultado satisfactorio. A veces ceder significa avanzar, y si aplicamos nuestra inteligencia emocional nos daremos cuenta de que si solo miramos el árbol en vez del bosque, podemos quedarnos con la ilusión de haber ganado los frutos de ese árbol y a su vez perdernos los frutos de los demás árboles que componen el bosque.

5.2. La ilusión de cambiar al otro. Mostrar el valor del cambio

Aunque parezca contradictorio, en determinadas circunstancias tenemos la tendencia de juzgar y querer cambiar a quienes interactúan con nosotros, pero resistimos de manera inflexible cualquier observación sobre nuestra forma de estar siendo. Si queremos cambiar a los demás tendremos la excusa perfecta para generar relaciones de baja calidad. Existe el mito de que se le teme al cambio, pero las personas no rechazan el cambio en sí mismo, sino que temen a lo que no pueden entender, a lo que los amenaza o que les es impuesto. O sea, temen ser cambiados. Lo que puede suceder es que las personas simplemente no lo necesiten, no crean necesitarlo debido a su estado de ceguera o lo necesiten pero pongan excusas para no dar el primer paso.

Es así como algunas personas, empresas u organizaciones suelen contratar los servicios de consultoras o asesores de distintas competencias que, luego de realizar trabajos de diagnóstico y aun después de pagar estos estudios, no pueden aplicar los cambios necesarios para lograr los resultados efectivos que buscan. Esto puede deberse al temor al cambio. Hasta aquí, podemos llegar a explicar el porqué de la resistencia y por qué la posibilidad de cambiar genera tantos conflictos.

Una forma de facilitar que el otro acceda a valorar un cambio propuesto, que lo ponga en vías de poder lograrlo, es mostrarle la importancia que significa hacerlo. Cuando podemos mostrar cómo con ciertas modificaciones se revierten los resultados adversos y se convierten en beneficiosos, cobran mucha fuerza las acciones para cambiar y los resultados se vuelven más concretos.

5.3. Las actitudes que provocan conflictos. Dejar de aconsejar

Todas las áreas, ámbitos y también los denominados dominios donde interactuamos son fuentes incalculables de dificultades. Por supuesto que a medida que pasa el tiempo son más frecuentes algunas áreas conflictivas que otras, y muchas veces ciertos conflictos abarcan varias a la vez. Por ejemplo, cuando se producen problemas en el ámbito económico a veces se extienden a la familia, amistades, salud y muchos más.

Los conflictos surgen de las distintas realidades que observamos los seres humanos. La única realidad no existe, lo que existe son diferentes puntos de vista sobre los hechos y, como consecuencia, todos los ámbitos son potenciales generadores de controversias, como por ejemplo la comunicación, el poder, el dinero, la intimidad, la pasión, la sexualidad, la familia y la religión.

No por casualidad mencionamos la comunicación como fuente de probables conflictos. Como vimos en el Capítulo I, hablamos desde nuestra caja de conocimientos y los demás nos escuchan desde la suya. Esto hace que la mayor parte de las comunicaciones sean malentendidos y, por lo tanto, un eje sobre el cual giran gran parte de los conflictos y problemas del ser humano. El poder y llegar a obtenerlo también son generadores de controversia ya que constituyen una fuente de deseo permanente y producen interminables disputas entre las personas, empresas, religiones y, por supuesto, países.

En determinadas situaciones de nuestras vidas puede ocurrir que los conflictos aparezcan por todos lados. Esta circunstancia suele complicar nuestra calidad de vida y en la mayoría de los casos estos problemas son más provocados por actitudes propias que por las ajenas.

Como consecuencia de nuestra ceguera cognitiva, a veces somos incapaces de ver lo que producimos y generamos para el futuro: "no sabemos que no sabemos". Por lo tanto, se produce el efecto "El Rey está desnudo", en donde a veces no necesitamos ser demasiado soberbios para ignorar lo que quieren decirnos y generamos un contexto de falso liderazgo erigiéndonos como seres superiores y, por eso, nadie se anima o se permite avisarnos de nuestra desnudez. Decimos falso liderazgo porque se considera que un auténtico líder genera líderes y no un simple séquito de seguidores, que en ciertos casos solo suman o aportan a nuestra ceguera.

A continuación mencionaremos algunas actitudes que suelen generar conflictos:

1. Mandar e imponer.
2. Amenazar.
3. Sermonear.
4. Aconsejar.
5. Criticar.
6. Ridiculizar.
7. Prejuzgar y diagnosticar.
8. Competir.
9. Negar.
10. Malinterpretar.

Estas conductas y muchas otras constituyen una fuente inagotable de malentendidos y problemas, ya que no facilitan que legitimemos al otro como un verdadero otro. Asimismo son campo fértil para interpretaciones que no nos permiten llegar a un acuerdo. Si hacemos una breve recorrida por las actitudes que antes enumeramos, encontraremos muy poco lugar para la escucha comprometida, pero sí un gran espacio ocupado por la escucha previa que alienta, como la leña al fuego, los conflictos, dado que nos induce a prejuzgar sobre temas que a veces ni conocemos.

Otro generador de problemas son los consejos y aunque algunas veces caigamos en el lugar común de dar consejos y diagnósticos a nuestros conocidos y amigos en situaciones complejas, no debemos desconocer el posible daño que podemos causar en el otro. Cuando desde nuestro observador aconsejamos realizar determinadas acciones que en nuestra vida pudieron haber resultado ventajosas, necesitamos comprender que en el mundo del otro puede producir problemas, agravando la situación en vez de solucionarla.

Existen varias formas de manejarnos en los conflictos, pero ninguna puede de antemano garantizarnos el éxito. Aunque nos preparemos, siempre existe la posibilidad de salir mal parado de tales situaciones. Para alcanzar cierto grado de acierto, lo que se propone es transitar los conflictos desde el ganar-ganar, saliendo del paradigma que determina que si alguien gana, inexorablemente otro deberá perder. Si a esto le sumamos no jugar con expectativas de éxito ante un conflicto, estaremos evitando enojarnos mucho más cuando no estemos logrando lo que queremos conseguir. Escuchar comprometidamente, indagando y entendiendo el otro punto de vista planteado nos dará la posibilidad de tener acceso a alternativas válidas para ambas partes. Ya vimos en el Capítulo II cómo un buen plan B puede ofrecernos otra salida tras una respuesta adversa, y de esta forma reducir el enojo, la desilusión o el miedo provocados por un resultado que no esperábamos. Actitudes como aceptar, colaborar, comprometerse, evitar y adaptarse son aportes a la resolución de los conflictos de la mano de la escucha comprometida y la indagación para generar un contexto de apertura tendiente a solucionar los temas.

También analizamos cómo un MAAN (Mejor Alternativa a un Acuerdo Negociado) puede posicionarnos en un lugar privilegiado con respecto a nuestras emociones y capacidad de acción. Si con un MAAN llegamos a resolver un conflicto, podríamos decir que estamos en el mejor de los mundos, dado que desde allí nos podremos despegar, si fuera necesario, de cómo termina la negociación y contar con una posibilidad, como mínimo igual de efectiva o tal vez mejor, aunque no logremos un buen resultado. De esta manera, finalmente saldremos fortalecidos en la resolución del conflicto.

5.4. Personas conflictivas. El grado de apertura

Si analizamos el estar siendo de una persona, y en ese estar siendo podemos observar e interpretar aspectos que rechazamos en nosotros mismos, incrementaremos la posibilidad que se presente algún conflicto con ella. Existen infinidad de ejemplos de gente que podríamos juzgar de conflictiva. Esto dependerá de qué tipo de observador estemos siendo. Por ejemplo, si observamos en los demás conductas y formas de ser que rechazamos, estas actitudes nos preparan para un probable conflicto si es que no nos gustan esos mismos aspectos en nosotros. Solemos prejuzgar de forma adversa a las personas que no tienen nuestros mismos estilos, pero como todas estas calificaciones son juicios, dependerá de nuestra experiencia previa y de los resultados que hayamos logrado o perdido a lo largo de nuestras vidas para que quien tengamos enfrente sea un adversario o simplemente alguien con quien debatir ideas y generar un contexto de aprendizaje mutuo o de manipulación de nuestra parte que posiblemente desemboque en un conflicto. Este es solo un ejemplo de lo que puede despertarnos algo que rechazamos primero en nosotros y luego en los demás, ya se trate de puntos de vista, emociones o el estar siendo de otras personas.

    A lo largo de la historia se han desarrollado conflictos que han desembocado en sangrientas disputas entre pueblos solo por rechazar la etnia, la religión o la manera de pensar desde una actitud de soberbia. Considerar lo propio como único y mejor ha llevado a los seres humanos a autodestruirse a través de los siglos.

En cierto tiempo y circunstancia todos podemos estar siendo conflictivos, y esto depende del grado de apertura, de escucha y de conciencia de que nuestra realidad no es la única, que existen distintos observadores y que si no podemos legitimarlos estaremos en problemas, no solo para resolver los conflictos sino también para dejar de generarlos. Cuando los otros o nosotros mismos queremos imponer nuestros puntos de vista como los únicos valederos, es allí donde se genera la controversia. El punto de vista ajeno no es considerado y, automáticamente, esto puede producir en el otro una resistencia que, según cual sea el tema, alcanzará la dimensión de un simple intercambio de palabras o una posible guerra entre países.

A continuación clasificaremos algunos tipos de personas conflictivas. Desde la responsabilidad de juzgar el estar siendo de las personas veremos varios perfiles que pueden provocarnos algún tipo de rechazo y que por lo tanto son probables fuentes de conflictividad, sobre todo cuando se compone de varios tipos, lo que hace que se complique aún más la resolución de los problemas generados.

Los minimizadores

Cuando otorgamos importancia a un tema determinado y encontramos a alguien que por el contrario declara "Bueno…, no es para tanto", que tiene por hábito especializarse en minimizar los problemas, puede producir un choque con nuestros juicios sobre la magnitud del problema. Tal vez una primera instancia consista en ponerse de acuerdo sobre la importancia del conflicto, basándonos en la posible urgencia para fundamentar la gravedad del caso.

Los invisibles

Con la ilusión de "lo que no se ve no existe" suelen eliminar el conflicto declarándolo invisible. Si bien cuando dedicamos tiempo en concentrarnos en un conflicto solemos hacerlo más grande, lo contrario, es decir decretar su inexistencia, no lo hace desaparecer; el tiempo se encargará de que el conflicto vuelva a tocar la puerta, pero probablemente en esa oportunidad con menos margen para su resolución, y con el agravante de que al no verse parte del conflicto tampoco se sienta parte de la solución.

Los evitadores
Al igual que los minimizadores, con frases como "No me voy a hacer problema", los evitadores sienten la ilusión de disminuir la dimensión de los conflictos a partir de trivializarlos. A veces los toman con humor, como parte inevitable de la vida cotidiana, fundamentando con argumentos menores conflictos que revelan una importancia mayor a las que ellos consideran. Por lo general suelen tener la creencia de que "el tiempo se encargará del asunto", y de esta manera se convierten en víctimas crónicas de los conflictos acumulándolos a lo largo del tiempo.

Los analíticos
Son los que todo lo razonan al detalle, se toman su tiempo para hacerlo, y esta dilación de los problemas nos prepara para un probable conflicto con ellos. Si bien las personas analíticas suelen ser calificadas como las más asertivas en sus decisiones, también suelen ser juzgadas como lentas, y va a depender del tiempo que se tenga para resolver el litigio que puedan solucionarlo o no. Como no saben pasar por alto los detalles, debaten en profundidad los problemas pero suelen transformarse en interpretadores crónicos de lo que sucede.

Los peleadores
Cuando el compromiso de la persona es tener razón y hacen de la observación el único punto de vista válido, suelen tomar los problemas como una lucha de poder, en la cual se impondrá quien domine al otro. A través de tanta

confrontación suelen perder de vista el sentido último de lo que están discutiendo. La pelea impide que pueda haber un contexto para la escucha comprometida, que es lo que hace posible encontrar el camino de la solución parcial o total. En los conflictos, los peleadores no suelen tener la percepción de su propia debilidad, ya sea personal o de su circunstancia. Esto hace que las armaduras que sostienen se manifiesten en forma de hostilidad y sea en realidad una cobertura para impedir que se distinga el afán de dominación.

Los desmemoriados
Se caracterizan por tener una memoria selectiva enfocada a no recordar en qué contexto fueron conflictivos. Muchas veces esa pérdida de memoria y la seguridad con que sostienen su falta de responsabilidad llevan al otro a dudar de su propio recuerdo, lo que hace imposible concordar en un punto de referencia para comenzar algún tipo de reclamo que desemboque en un acuerdo. El problema con los desmemoriados es que suelen ser reincidentes y quienes los padezcan en este tipo de conflictos reiteradamente suelen poner en riesgo el compromiso con un acuerdo de ambas partes.

5.5. Líderes conflictuados y conflictivos. Equipos de trabajo en conflicto

A simple vista parece un contrasentido pero existen líderes conflictivos y conflictuados por las circunstancias, y decimos contrasentido porque todo líder suele enfrentar los conflictos. Un líder no se comporta como tal si los mantiene indefinidamente en el tiempo, ni tampoco si se conflictúa o enreda en los mismos.

Cuando nos encontramos con un líder enfocado solo en los resultados, que deja de lado a sus seguidores o se aleja de la visión que los motiva, puede generar conflictividad por su falta de espíritu de equipo. Esto suele traducirse en cansancio, desmotivación, falta de rumbo y compromiso con la visión, que en definitiva es el marcador a futuro que necesitaría para poder seguir como líder. Estos síntomas probablemente sean el resultado de no haber tenido, o haberlo perdido, un compromiso que lo unifique con el grupo, pagando el costo que significa trabajar con quienes debe coordinar y al mismo tiempo mantener conflictos con ellos. Se lo podrá llamar líder por el lugar que le ha tocado ocupar, pero el hecho de conflictuarse, ser conflictivo y mantenerse en el tiempo sin resolver las causas de los problemas le impedirá ser un líder eficaz.

Actitudes como mandar, controlar o presionar alejan las posibilidades de liderar con baja conflictividad.

Un líder, para desarrollar, empoderar, envisionar, facilitar y predisponer, necesitará comunicarse de forma responsable y estar comprometido con quienes lidera como maneras de promover la visión compartida, para reducir al mínimo la conflictividad y poder seguir con la visión del equipo.

En algunos casos, los equipos y los grupos de trabajo, al igual que las personas, conviven permanentemente con los conflictos, tanto internos como externos, y a veces los externos impactan de tal forma que generan conflictos internos y viceversa.

En este tema, lo que hace la diferencia entre un grupo de personas que pueden estar tratando de resolver conflictos y un equipo de trabajo, es el tiempo y los recursos que consumen e invierten respectivamente en diluir dichos conflictos.

Lo que facilita resolver las controversias es que la suma del trabajo en equipo es mayor que la sumatoria del trabajo individual de quienes lo componen, por lo tanto, se potencian las acciones debido a la coordinación, la sinergia que produce una visión compartida y la posibilidad de trabajar todos en una misma dirección, con el mismo compromiso.

Los equipos de trabajo enfrentan y resuelven conflictos permanentemente; de estos resultados depende la efectividad y su propia existencia, ya que si los desafíos no son resueltos en un tiempo determinado el espíritu de equipo se diluye y su vida como tal puede concluir, al punto que podrán llamarse equipo pero en realidad son un grupo de personas que tratan de lidiar con diversas cuestiones.

5.6. Trascender el conflicto. Seguir adelante de verdad

Una vez que el conflicto se solucionó entre las partes, ¿cómo hacer borrón y cuenta nueva, no reprochar ni reclamar, perdonar y seguir adelante verdaderamente?

Cuando un conflicto termina solucionándose debe entenderse que como mínimo las partes han arreglado sus diferencias, pero eso no es suficiente para seguir, y en esto juega un papel preponderante el perdonar una vez que el conflicto se ha solucionado. Si el perdón se produce podrán acallarse las conversaciones internas sobre el conflicto ocurrido, aunque esto no significa que para perdonar estén obligados a olvidar lo que sucedió.

Hay personas que se niegan a olvidar porque confunden el perdón con el olvido y esto es negarse el derecho de terminar con conversaciones externas e internas que cierran posibilidades y le hacen daño. Si seguimos teniendo conversaciones acerca del conflicto una vez que aparentemente ha terminado, tal vez sea porque no hemos perdonado y mucho menos trascendido lo que ocurrió, que es la instancia que nos posibilita no sumar los viejos conflictos con los nuevos que vayan apareciendo y con las mismas personas.

Cuando trascendemos un problema y se produce un conflicto relacionado con dicho tema, la reacción es tratarlo con la energía emocional como si apareciera por primera vez. En cambio, si no hemos trascendido el conflicto se sumarán o multiplicarán las reacciones alrededor del mismo, aun cuando parecía haberse perdonado. Después de un conflicto, luego de reclamar efectivamente y haber perdonado, tenemos la posibilidad de revisar nuestro compromiso de liberarnos de conversaciones internas que nos dañan y trascender lo sucedido con serena aceptación, sin necesidad de olvidar lo ocurrido, para seguir adelante verdaderamente.

6. Nuestra interpretación de los problemas. Cuando el problema es la actitud

Luego de haber analizado en el punto anterior de dónde provienen los conflictos y cuáles son las fuentes que los generan, empezaremos a transitar los posibles caminos que pueden conducirnos a la resolución de los problemas que nos traen aparejadas las controversias y nuestros propios desaciertos. Analizar las creencias con las cuales nos paramos ante los problemas y confrontarlas con nuestra actitud al enfrentarlos puede ayudarnos a distinguir nuestro estilo. A partir de allí podremos ver si este es el más indicado para encontrar las soluciones y si tenemos los recursos que necesitaremos para diluir los problemas que ocurren.

Una parte de ellos está constituida por la manera que relatamos la historia de nuestros problemas. Del dramatismo que le apliquemos a la forma en que nos contamos a nosotros y a los demás los problemas que tenemos, resultará menor o mayor la dificultad para comprometernos con un cambio lo suficientemente eficaz para salir de ellos.

El síndrome de la autosuficiencia nos permitirá observar si nos abre o nos cierra las puertas para alcanzar los resultados que queremos lograr y cómo incide en la formación de equipos y en la delegación tanto de tareas como de poder. Si bien la actitud que tengamos ante las dificultades no nos define como personas, suele hablar de quiénes estamos siendo en el momento de enfrentarlas. Lo que para algunas personas ciertos hechos y noticias representan un problema, para otras no lo son. Cada uno de nosotros interpreta lo que le pasa de manera diferente. Existen tantas maneras de encarar los escollos como personas en el mundo.

Ante los diversos problemas que se nos presentan podemos responder de cualquier forma, lo que no podremos es evitar las consecuencias de esa respuesta. Si algo se interpone con lo que queremos, nosotros tenderemos a encontrarle una solución y estaremos en el paradigma del problema, sin embargo también podremos, entre otras cosas, no hacer nada. Pero como la creencia de buscar soluciones a los inconvenientes está muy arraigada, es una tendencia natural la búsqueda del equilibrio que trae aparejada encontrar las respuestas.

La actitud ante un problema no es otra cosa que la forma como reaccionamos ante una situación. Cuando surgen problemas no hay actitudes buenas o malas, lo que existen son actitudes que cierran o abren posibilidades para resolverlos efectivamente. La efectividad es un parámetro que estará relacionado con nuestra conveniencia y con los valores y creencias con los que hayamos crecido. Existen actitudes que son funcionales a la resolución de los problemas y otras no tanto. Una actitud de apertura, por ejemplo, ayudará a nuestra escucha para que podamos convertir amenazas en oportunidades. En cambio, una de negación afectará a nuestra escucha y puede hacerlo de manera tal que no podamos terminar de comprender lo que sucede y que, tal vez, nos precipitemos en la respuesta y así volvernos vulnerables a un resultado adverso. Pero como la creencia de encontrar una solución es tan fuerte, solemos desvelarnos y luchar hasta terminar y diluir el problema.

6.1. El paradigma del problema. Nuestro estilo para encontrar las soluciones

La creencia de que los problemas deben ser resueltos es la razón por la cual intentamos buscar una solución cada vez que aparecen. Esto, en la mayoría de los casos, suele hacer que aumenten. Dedicamos la mayor parte del tiempo a pensar y gastar energía en las dificultades que pueden aparecer y no en los posibles recursos que necesitamos generar para hacerles frente.

La actitud que se tiene para enfrentar ciertos problemas suele hablar más de cómo los vemos, que de cómo son, y eso estará ligado al tipo de observador que estamos siendo y a cuál es el aspecto interno que está al mando de nosotros mismos. No es lo mismo que estemos siendo miedosos, nerviosos, enojadizos o alegres cuando enfrentemos lo que se nos presenta como dificultad. Estos aspectos internos pueden ser generadores de sufrimiento, pero también ser funcionales para que podamos convertir crisis en oportunidades.

Solemos tener la percepción de que algo que nos ha sucedido en nuestro pasado va a interferir en el futuro. No es ninguna ley, somos nosotros quienes podemos darle esa autoridad, y de esta forma no solo influye sino que también nos complica y hasta hace fracasar nuestro presente. Si en algunas oportunidades nos sentimos angustiados es porque a veces transportamos al futuro, que todavía no existe, algo del pasado que no estuvo bien y que tampoco existe, pero que sin embargo nos puede inducir y preparar para perder.

La forma de enfocar y el estilo con que tratemos las dificultades le aportan o no una mayor complejidad al problema que surge.

O sea, más allá que juzguemos al problema como de mayor o menor dificultad, nuestro estilo, emocionalidad, estado de salud, etc. suele aportarle un problema al problema, ya que al original le agregamos nuestro juicio del porqué y cómo lo afrontamos, profundizando y en muchos casos obstaculizando la búsqueda de los recursos que se necesitan para salir de la dificultad.

Si nuestro estilo está basado en el paradigma del problema que indica que debemos resolverlo cuando aparece, es fundamental distinguir que para diluirlo necesitaremos dedicarnos a los recursos y no tanto a las amenazas.

6.2. Aprender a defendernos. Conseguir recursos

"Cuando aprendemos a defendernos desaparece la amenaza." Parecería ser que cuando estamos en condiciones de enfrentar el desafío, no hay reto. Esto puede deberse a que cuando estamos a la altura de responder, ya no se generan situaciones que se nos vuelvan en contra. El librarse de cierta ceguera cognitiva, o sea salir del ignorar que no sabemos y empezar a conocer lo que ignoramos, nos evita cosechar nuestras propias tempestades.

Cuando se dan situaciones complejas o problemas que se interponen en nuestro camino y sentimos que la situación empieza a controlarnos, estaríamos en condiciones de poder distinguir que tenemos la oportunidad de poner el poder en nosotros y no en el afuera, aumentando nuestra capacidad de dar respuesta a lo que nos sucede. En cambio, si no distinguimos que ante un problema la situación nos controla, podríamos someternos a todo tipo de circunstancias y resultados adversos.

Sería lógico pensar que si sobrevivimos a todos los problemas que hasta el momento se nos han presentado somos más grandes que ellos. Sin embargo, solemos conservar la creencia de que las amenazas pueden ser más fuertes que nosotros y esto nos provoca emociones como angustia y miedo. El desafío consiste en enfocarse en la obtención y el desarrollo de los recursos que puedan ayudarnos a diluir los posibles problemas, y no tanto en las amenazas; de esta forma los recursos podrán multiplicarse.

En nuestras manos está el poder del cambio. Más allá de nuestros propios recursos, existen muchas personas que estarían dispuestas a ayudarnos si se lo pedimos. Nuestro mundo gira alrededor de pedidos y ofertas, solo tendremos que animarnos o desafiarnos a abandonar el famoso "yo puedo solo" para comenzar a relacionarnos y pedir apoyo, ya que la salida suele estar en el otro.

6.3. Enfermos del drama. Alejarnos de la tragedia

Los "enfermos del drama" suelen ser aquellas personas que parecen estar incapacitadas para crear escenarios con nuevas posibilidades de resolución o que suelen ser juzgadas como tales. Impregnadas de dolor y amargura inventan historias en las que son las figuras centrales. Basadas en las emociones que las tienen tomadas, estas personas relatan los sucesos de su vida como víctimas de tales procesos, poniendo el poder en el afuera.

Este tipo de protagonismo se basa en la ilusión de que la lástima que suelen generar posiblemente les otorgue el afecto y la atención que desean de los demás. Este tipo de comportamiento deja de lado el verdadero protagonismo que podría otorgarles el poder para cambiar la historia y tener la posibilidad de alcanzar resultados más efectivos.

Como suele tratarse de personas que reaccionan exageradamente ante los eventos cotidianos de la vida y maximizan los problemas hasta niveles verdaderamente increíbles, "cualquier atención que reciban es mejor que nada".

Todo parece suceder de manera catastrófica y nada cambiará su situación hasta que las circunstancias ajenas a su responsabilidad, cambien.

Tal vez, su origen sea fruto de una baja autoestima o por el contrario un enorme ego, así como también una necesidad profunda de generar compasión y afecto en los otros.

¿Quién no conoce a alguien que siempre tiene un problema terrible y cuya vida parece salida de una telenovela?

¿Alguien que necesite sentir que su vida es una novela donde él o ella es protagonista?

Él o ella actúan como si sus problemas fuesen peor de lo que son en realidad, con reacciones emocionalmente excesivas.

Se caracterizan por ir articulando capítulos que van creciendo en trascendencia, aumentando el conflicto y la victimización que esto conlleva, dejando a los demás muy poco espacio para poder indicarles algún tipo de salida.

La ilusión de que los demás sentirán más afecto al contarles con dramatismo los capítulos conflictivos de su vida le aporta un valor, que si bien es dudoso, al principio le generará como un sabor dulce que luego se irá convirtiendo en amargo cuando la soledad le llegue.

Cinco aspectos que caracterizan a personas que están siendo adictas al drama:

1. Para el adicto al drama, todo es un conflicto.
   Para quien su vida es un drama tras otro, no ve la posibilidad de cambiar su observador para ver que existen otras miradas más allá de las que lo llevan al sufrimiento.
2. Complican todo lo que tocan.

Suelen entorpecer los contextos de los lugares donde interactúan debido a sus estados de ánimo, que pueden variar desde el enojo a la angustia e inclusive a la depresión, y esto suele contagiar a los que los rodean.
3. Hacen de cada vivencia una novela y una tragedia.
Su manera de ver las cosas e interpretarlas hace que generen relatos que parecen sacados de una novela que, en cuanto a sufrimiento, aparentan repetirse sin solución de continuidad.
4. Eligen sufrir solo para ser el centro de atención, hablando de sus relaciones conflictivas.
A medida que logran ser el centro de atención, se retroalimentan de sus historias pasadas, que por supuesto hacen solo referencia a sus relaciones fallidas, y esto genera la ilusión de producir lástima y mayor interés.
5. Ni en sueños le pasan cosas buenas.
Aun contando situaciones o sueños, sus historias suelen centrarse en lo que han perdido o que les ha salido mal, siempre como consecuencia de factores externos a él, sin considerarse parte del problema ni de la solución.

El resultado de quien cuenta y se cuenta sus historias de forma dramática suele ser el quedarse solo. El mayor indicio a tener en cuenta en los adictos al drama es esa constante desvalorización de sí mismo y de no merecer nada bueno. Esto se transmite a los demás, con lo que se autodiscrimina, excluyéndose a sí mismo de la felicidad. El adicto al drama necesita apoyo porque con solo darse cuenta no le alcanza. Necesita revisar sus creencias y entender que son ellos quienes generan su propia novela, ya que interacciona con los demás desde su relación con él mismo.

El observar su realidad como un drama suele ser el resultado de la incapacidad para cambiarla. Al negar la realidad también niega su propia flexibilidad. Esta flexibilidad es importante a la hora de asumir que puede haber otra mirada aparte de la suya. Si quiere asumir realidades y cambiarlas, necesita entender que muchas veces duele.

Como el riesgo le resulta peligroso, puede preguntarse: ¿en qué temas no se arriesga? Y ¿cuánto le está costando esa postergación?

6.4. Abandonar el dramatismo. Comprometernos con el cambio

Los resultados tales como quedarse solo, sentirse devaluado y otras consecuencias de contar la vida y vivirla como una novela dramática nos invitan a cambiar nuestra forma de estar siendo en el mundo, abandonar la manera de observar lo que nos pasa y desafiar a nuestra mirada. Este es uno de los caminos posibles para dejar de ser una persona dramática.

También será de mucha ayuda abandonar el deseo de tener la razón sobre todo lo que contemos de manera negativa, ya que no abre posibilidades para generar vínculos con quienes quieran acompañarnos.

Darle a todo una gravedad y una categoría de dramático complica nuestra mirada. Si nos desafiamos a observar las cosas con más liviandad, posiblemente dejemos de angustiarnos y no sintamos la necesidad de vivir todo con tanta intensidad y conflicto.

Existen preguntas que pueden ayudarnos a salir del drama. Según las respuestas que les asignemos, estas nos podrán acercar al compromiso de cambiar el observador que estamos siendo.

Las siguientes preguntas no son las únicas, pero pueden abrirnos una puerta para desdramatizar nuestras vidas.

- ¿Para qué me sirve dramatizar todo el tiempo?
- ¿Cómo me siento teniendo esta actitud?
- ¿Cómo se sienten y cómo me ven los demás frente a "mis telenovelas"?
- ¿De qué modo sirve mi proceder en mis relaciones personales?
- ¿Todo lo que me pasa es dramático?
- ¿Cómo impacta en mi vida este "modo de ser"?
- ¿Cómo sería mi vida si dejara de dramatizar?

Para que estas preguntas nos ayuden a salir del drama, necesitaremos responderlas desde el compromiso de un cambio. No solo de nuestro relato, sino de nuestro estar siendo, para que las emociones que nos tienen atrapados, dejen de hacerlo y den lugar al entendimiento de que las cosas pasan, pero nosotros somos lo que hacemos con lo que nos pasa.

6.5. Síndrome de Superman. Solitarios autosuficientes por la vida

Este perfil suele estar constituido por quienes se encargan de todo. Tal vez por haberse educado así o por algunas malas experiencias en el pasado que los han marcado con respecto al trabajo en grupo.

No delegan, se sienten orgullosos de todos sus logros y no piden ayuda aun en los momentos más críticos. Prefieren volver a empezar, pero no deberle algún favor a quienes los rodean. Esto ocurre porque no tienen confianza en que alguien pueda realizar cualquier tarea igual o mejor que él.

Aun si se encuentran bajo la circunstancia de estar sobrepasados en sus obligaciones, quienes padecen este síndrome no pueden delegar algo de lo que hacen, debido a la creencia de que quienes podrían ser elegidos para ayudarlos no están a la altura o no tienen la competencia para llevar adelante el trabajo. Esto suele apoyarse en el modo de controlar que suelen ejercer, queriendo que las cosas se hagan solo de determinada manera; y como rara vez les parece que sea posible, dejan de lado la oportunidad de delegar y siguen postergándola a costa de perder parte de su calidad de vida.

El creer que si hacen todo estará bien vistos por propios y ajenos es una ilusión que, junto con el querer controlar todo constantemente, conforman la clave por la cual les resulta muy complejo delegar y trabajar en equipo. El orgullo suele aportarle al ego una firmeza que hace que ante la posibilidad de repartir la carga de actividades, y con ello obtener una mejor calidad de vida en lo personal y lo profesional, aun así elijan seguir apretando todo entre sus manos a riesgo de malograr los resultados.

Existen actividades que por su naturaleza podemos hacerlas solos, pero cuando tratemos de llevar a cabo ciertos logros en nuestras vidas coordinaremos o no acciones con los demás según las creencias y los resultados que hayamos conseguido al hacerlo de una u otra manera. El orgullo es uno de los factores que hace que la autosuficiencia sea considerada como un valor fundamental para quienes quieren hacerlo todo por ellos mismos.

Si evaluamos las ventajas e inconvenientes que puede traer aparejado actuar en solitario y no compartir las actividades, veremos que la balanza se inclina hacia los inconvenientes. Esto se debe a que la capacidad individual es siempre menor que la de un equipo de trabajo, o al resultado de pedir apoyo a otras personas que puedan ayudarnos. Si a esto le agregamos que la delegación aporta beneficios a la calidad de vida, desde la salud, el tiempo invertido y la posibilidad de relacionarnos, no será fácil encontrar la ventaja de trabajar solo, por la única razón de sentirnos autosuficientes.

A partir del equilibrio entre estas creencias y nuestras conversaciones internas podremos articular y coordinar acciones con quienes nos rodean para poder delegar, trabajar en equipo y ser más efectivos.

Está comprobado que la delegación bien entendida mejora nuestra calidad de vida y que trabajar en equipo reduce tiempos y esfuerzos de cada uno de los que componen el grupo.

El pedir ayuda, lejos de mostrar debilidades, evidencia nuestra capacidad de darnos cuenta de que solos no podemos, que la salida está en el otro y que la mirada de aquel a quien le pedimos ayuda podrá enriquecernos para llevar adelante nuestras actividades, tomar decisiones o resolver un problema.

A veces nos cuesta delegar porque nos apoyamos en la creencia de que los demás no son tan competentes como nosotros. Este paradigma es una de las mayores fuentes de impedimentos para la delegación de tareas en personas que pueden manejar nuestras actividades y evitarnos el riesgo de no poder cumplir con ninguna.

6.6. Las personas que consiguen resultados. Trabajar en equipo y delegar

La desconfianza hacia quienes podrían realizar algunas de nuestras tareas, suele basarse en la creencia de que solo nosotros podremos hacer las cosas como se debe, en tiempo y forma, lo que imposibilita la delegación que nos permitiría encarar nuevas tareas o actividades de mayor complejidad. Cuando observamos que no podemos superar este techo debido a que estamos saturados de compromisos, solo se perfora cuando distinguimos que las cosas que para nosotros son repetitivas podríamos empezar a delegarlas, siempre y cuando permitamos que los demás se concentren en los resultados y no solo en la forma en que hacen las cosas.

Soltar el control sobre los métodos y no tanto de los resultados es lo que le posibilita a los líderes delegar no solo trabajo, sino también el poder en quienes los acompañan en sus actividades.

Esto refuerza la confianza en los que trabajan para ellos, y en ellos mismos, convirtiendo esta delegación en un círculo virtuoso.

Las personas que consiguen los mejores resultados para sí mismos, y para quienes coordinan acciones con ellas, son las que delegan actividades de manera fluida y trabajan en equipo, aunque no compartan físicamente el lugar de trabajo. Preguntan e indagan de manera comprometida para evitar posibles desacuerdos, cooperan y a su vez piden apoyo para lo que les resulte más difícil y de ser necesario arman y buscan alianzas con quienes considera confiables para llevar adelante sus actividades. Está comprobado que la sumatoria del trabajo de todos los que conforman un equipo de trabajo es superior a la suma del trabajo que cada uno de ellos haga por separado.

Lo mismo sucede con los tiempos, estos disminuyen debido a la distribución y a la delegación de tareas. Cuando las personas se creen autosuficientes suelen cargarse de actividades que en realidad podrían delegar para de esta forma crecer y realizar tareas de mayor complejidad, lo que a su vez les sería más retributivo. Los riesgos que corren quienes tienen este tipo de actitud son los de encontrarse con una limitación en la producción de resultados efectivos y estar permanentemente expuestos a la fatiga, tanto emocional como corporal.

Este comportamiento suele responder a cierto blindaje emocional que armamos para tener la ilusión de no ser vulnerables a posibles sufrimientos provenientes de habernos abierto con quienes nos rodean.

Esta autosuficiencia como escudo no permite relajarnos y mostrarnos tal cual somos, corriendo el riesgo de llevarla con nosotros durante un largo período de nuestras vidas, por miedo a no contar con este blindaje.

Por otro lado, el no poder distinguir este blindaje emocional, puede alejarnos de los que más queremos. Manejándonos como "el que todo lo puede" podremos tener la ilusión de ser autosuficientes, pero si hay un motivo por el cual tenemos emociones es porque nos relacionamos y tenemos vínculos con los demás, por lo tanto, resulta contradictorio creernos autosuficientes emocionalmente.

CAPÍTULO IV

Corporalidad. Distinguir las disposiciones corporales

> *En realidad, él [Capitán América] es el líder.*
> *Yo simplemente pago por todo, diseño todo*
> *y hago lucir a todos genial.*
>
> Tony Stark en *Iron Man*.

El objetivo de este capítulo es analizar la diferencia entre la corporalidad que solemos tener y la que eventualmente necesitaremos para aumentar la efectividad de nuestros vínculos y, por supuesto, de nuestros resultados. Asimismo, podremos observar nuestro estado actual al respecto a fin de trabajar y mejorar las corporalidades y gestos que inciden en la relación que tenemos con quienes nos rodean.

A partir del conocimiento de nuestro cuerpo al actuar también podremos percibir qué nos dice la corporalidad de las personas con las que nos tratamos y cómo se comunican con nosotros en los distintos ámbitos. La Figura 5, aparte de reflejar las coherencias del lenguaje, emoción y cuerpo, nos indica qué pueden reflejar las disposiciones corporales de cada ser humano.

Cuando avancemos en la interpretación de la comunicación corporal propia y ajena, tendremos la oportunidad de adaptarnos y diseñar el trato que deseamos tener con quienes vamos a vincularnos de manera clara y sencilla.

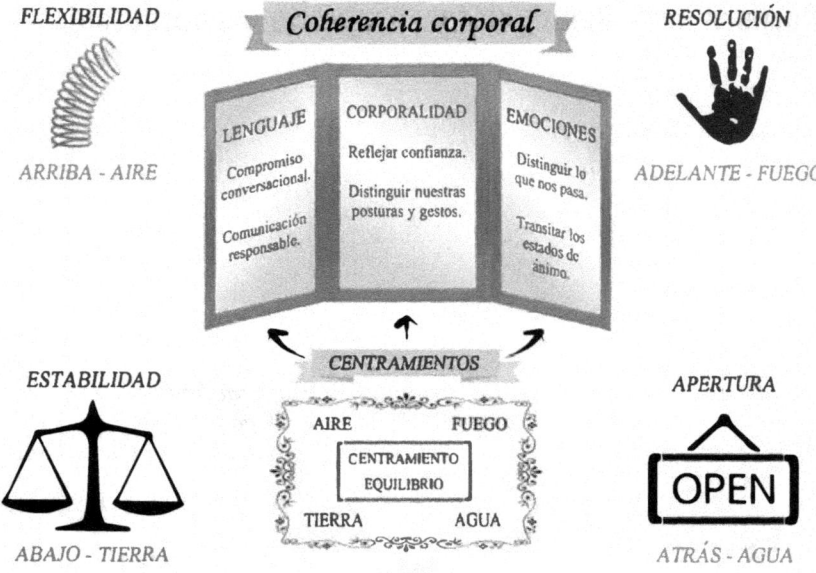

Figura 5.

    A partir del estudio de la forma como nos ven, cómo nos vemos a nosotros mismos y diferenciar nuestras corporalidades, empezaremos a distinguir la manera en que nos presentamos ante los demás. Podremos empezar por pequeñas modificaciones, y gradualmente transformar nuestro estar siendo al poner de manifiesto las mejores intenciones para relacionarnos y prepararnos para lograr lo que deseamos. Analizar las herramientas para cambiar contextos, revisar los gestos y capitalizarlos es un primer paso para encontrar la mejor manera de que nuestra corporalidad, como mínimo, no interfiera con el compromiso de construir confianza con quienes interactuamos. Finalmente veremos algunas distinciones para poder concentrarnos en la salud, que es lo más importante si queremos alcanzar nuestros deseos y ser felices.

1. Cuerpo y corporalidad. Distinción de lo corporal

Tener presente nuestra corporalidad como parte de lo que somos cuando interactuamos con los demás, es en principio la base para poder interpretar cómo nos ven y qué nos pasa con el entorno. A partir de este concepto, podremos tener una visión de nosotros mismos y plantear la coherencia que queremos tener.

Si analizamos cómo nos relacionamos con nuestro cuerpo, caeremos en la cuenta que suelen ser raras las veces que a la mañana temprano le preguntamos si está dispuesto a emprender y soportar los desafíos al cual lo expondremos durante todo el día. Esto indica que la mayoría de las veces, a lo largo de nuestras vidas, el cuerpo es invisible a nuestra observación; o sea, que no lo registramos y nos es indiferente, salvo cuando tenemos una llamada de atención como por ejemplo una molestia, una enfermedad o un accidente. Solo tenemos presente el cuerpo cuando sale de su invisibilidad para cobrar un protagonismo que tendrá mayor o menor intensidad según lo agudo que sea el síntoma o evento.

En este tema, los deportistas que realizan buenas prácticas de deporte nos llevan cierta ventaja. Al ser el cuerpo su instrumento de ejercicio le prestan suma atención, dándole la importancia que merece.

Si le dedicáramos la atención y el tiempo suficiente a lo largo de nuestra existencia, no tendríamos la garantía total de sumar más años, pero sí nos aseguraríamos una mejor calidad de vida, menor sufrimiento corporal y por ende psicológico.

En la manera de comunicarnos, el lenguaje corporal ocupa un porcentaje importante del total de la comunicación. Lo que decimos con el cuerpo y cómo lo articulamos es como la parte del iceberg que se encuentra por debajo del agua y que corresponde a la comunicación no verbal.

Suele pasar que quienes nos comunicamos no logramos observar cómo nos manejamos corporalmente, pero para quienes nos ven y lo perciben nos transformamos en un libro abierto ya que todos lo notan, menos nosotros, y viceversa. Toda persona que habla también emite con su cuerpo un determinado mensaje, aunque más no sea en su entonación cuando habla, y ese mensaje va más allá de las palabras utilizadas.

Como veremos más adelante, las mismas palabras, dichas con una corporalidad relajada, no suenan de la misma manera que con una corporalidad de resolución o enojo.

Tanto prevalece nuestra manera de decir las cosas que, a alguien que no sabe del tema que estamos tratando, le resultará más confiable una palabra dicha con determinación, aunque sea mentira, que otra declarada con cierta duda, a pesar de que en este caso estemos hablando con la verdad.

1.1. Nuestras posturas corporales. Así nos ven

Las posturas corporales delatan nuestro estar siendo todo el tiempo. Esto ocurre debido a la coincidencia que existe entre el dominio del cuerpo y las emociones. Resulta difícil separar lo que sentimos de lo que reflejamos con nuestras actitudes y gestos. Reaccionamos según como hayamos sido atacados o cuidados. A medida que trabajamos ciertas creencias y nos preparamos para curar las heridas del pasado, podemos cambiar el observador, y de esta manera adoptar corporalidades más acordes con nuestros deseos de abrir posibilidades.

Para dejar en claro cómo impactan nuestras posturas, aun si no estamos siendo observados por nuestro interlocutor, podemos tomar el ejemplo de los cursos de venta telefónica con una dinámica entre varios participantes. En dos salas distintas, con un teléfono en cada una y en donde una de las personas se comunica con otras solo y sin que nadie lo observe, se le pide a este que adopte distintas corporalidades como ser pies arriba del escritorio o manos atrás de la cabeza. En la sala contigua, los compañeros del curso escuchan y hablan en manos libres desde el otro teléfono. Al final se comparte la experiencia y suele observarse con asombro cómo los compañeros desde la otra sala pueden detectar varias de las posiciones corporales sin haberlas visto, solamente escuchando e interpretando más allá de la comunicación verbal que se había mantenido.

Imaginen lo que las personas pueden observar de nosotros si están presentes junto a nosotros y comprometidas con la escucha.

1.2. Reconocernos en acción. Comenzar a observarnos

Podemos decir que cuando nos comunicamos nuestras disposiciones corporales nos dejan al descubierto. Por lo tanto, si no las distinguimos y no somos coherentes –aun teniendo buenas intenciones– estas pueden jugarnos en contra.

Cuando hablamos y distinguimos las disposiciones corporales podremos conectarnos con nuestros compromisos y abriremos caminos que antes no lográbamos notar. Distinguiéndolas tendremos la posibilidad de elegir cómo continuar con nuestras acciones y compromisos. También al observar las corporalidades ajenas tendremos accesos a información que puede abrirnos posibilidades y eventualmente facilitarnos la comunicación.

Si podemos distinguir nuestra corporalidad y la de los demás, podemos estar en condiciones de mantener el liderazgo de nuestras relaciones y conversaciones. Nuestra coherencia así como la coherencia de quien coordina acciones con nosotros, podrá guiarnos a resultados congruentes con nuestros compromisos. Empezar a observarnos es el puntapié inicial para obtener una transformación consciente y para comenzar a entender cuáles son los factores que hacen que ciertas posturas corporales nos abran posibilidades y cuáles producen todo lo contrario. Si comenzamos a relacionarlas con ciertas maneras de pensar, juzgar y escuchar, tendremos la llave para modificar lo que queremos cambiar.

Existen formas de articular el cuerpo que derivan de una manera de pensar, que están conectadas a creencias arraigadas en nuestro ser. Si no las distinguimos, estaremos secuestrados por ellas. El desafío consiste en diferenciarlas y sacarlas gradualmente de la forma automática de actuar dado que suelen complicarnos.

1.3. Corporalidad heredada. Salir de la transparencia

Existen corporalidades que son heredadas. Posturas, maneras de pararnos o sentarnos que pueden facilitar nuestra comunicación o todo lo contrario. Lo importante es poder observar, trabajar, distinguirlas y utilizarlas, algunas para desarrollarlas y otras para corregirlas. Si tenemos problemas o dificultades cuando no podemos alcanzar la solución de un conflicto o diferencia familiar, puede resultarnos más sencillo analizar qué pasó con nosotros y nuestro cuerpo al comunicarnos. Cuando no reflexionamos y diferenciamos qué posturas son las más adecuadas, nos volvemos vulnerables. Esto sucede porque no observamos nuestras creencias y, por lo tanto, tampoco su manifestación en nuestra corporalidad. Si a esto le sumamos que todos tenemos posturas y gestos heredados genéticamente, nos daremos cuenta de que este cóctel puede ir en contra de esa primera impresión, aquella de la que nunca se tiene una segunda oportunidad. Desarrollar posturas coherentes con la apertura y la confianza juega un papel importante para las conversaciones, no solo en las negociaciones sino también en todas las relaciones que tengamos. La elección del lugar donde queremos mantener una conversación valiosa también es de vital importancia, ya que forma parte del contexto donde se desarrollará la conexión que deseamos obtener. La mayoría de las palabras que decimos son delatadas por nuestras posturas y gestos. Puede decirse que más que las palabras es el sentido que le damos y cómo serán procesadas por nuestros interlocutores lo que finalmente se impondrá como resumen de lo que digamos.

Como vimos antes, lo que decimos y cómo lo decimos con el cuerpo podrá ser invisible para nosotros, pero para quien nos escucha –esté entrenado o no– será evidente. En ese sentido, somos como libros abiertos para quienes estén presentes en nuestras conversaciones.

1.4. Reflejar las conversaciones internas. Coherencias

Si analizamos lo que vimos hasta el momento concluiremos en que toda conversación interna, escucha previa y pensamientos que tengamos serán reflejados de una manera u otra en nuestra comunicación. La suma de lo que decimos, la forma en que lo comunicamos, más la corporalidad, generará como resultado una imagen que nos permitirá provocar empatía, confianza o desagrado, según el caso.

Transformar nuestro ser es el primer paso para desafiar las creencias limitantes y así poder perdonarnos y perdonar a los otros. Es esencial para terminar con las conversaciones que nos mantienen atados. Esto no suele resolverse en poco tiempo. Necesitaremos revisar compromisos, creencias y establecer una visión de nosotros mismos que nos permita arribar a nuestros sueños más deseados, o por lo menos permitirnos una vida que merezca ser vivida, tomar el poder en nuestras manos y no colocarlo en las manos de otros. La coherencia surge del mundo interno, dónde nos movemos y lo que reflejamos. Como no podemos dar lo que no tenemos, necesitaremos administrar una coherencia interna que esté en concordancia con la externa. De este desajuste y falta de coherencia provienen la mayoría de los conflictos.

Así como a veces no podemos ver u observar de qué manera estamos parados o sentados, tampoco nos es posible ver si estamos siendo coherentes como quisiéramos.

Esto puede entrenarse mediante la distinción de nuestras corporalidades y emociones durante el diálogo y desde el compromiso de no confundir al otro con posturas corporales, ya que algunas tal vez no reflejen quiénes estamos siendo y, por ello, compliquen el propósito de nuestras conversaciones.

Chequear nuestras emociones antes de una conversación también suele ser efectivo, dado que las emociones son disparadoras de la acción y muchas veces definen nuestras posturas y corporalidades.

Cuando sentimos que nos dicen una cosa cuando en realidad escuchamos otra, es el resultado de la falta de coherencia, y eso hará que vayamos perdiendo parte de la confianza. Si buscamos que confíen en nosotros, pero en el fondo no confiamos en nosotros mismos, produciremos resultados poco efectivos. Necesitaremos chequear cuál es el compromiso y cuáles son nuestras emociones para ir hacia donde deseamos y, a su vez, permitirnos comprender los sentimientos que nos van a acompañar en nuestro viaje hacia la obtención de la confianza propia y ajena. En este camino, estaremos acompañados por el cuerpo, las emociones y el lenguaje que nos permitirá avanzar de una manera más o menos efectiva hacia la concreción de lo que queremos.

2. Posturas corporales. Entender nuestra corporalidad

En el punto anterior empezamos a recorrer el camino de reconocimiento de nuestro cuerpo y de los contextos que nos facilitarán balancear las posturas y las distinciones necesarias para que entendamos por qué resultaron o no nuestras comunicaciones en el pasado.

El ser y parecer, junto a la necesidad de una buena comunicación, radica en el compromiso que tengamos con el manejo de una comunicación responsable que permita alcanzar nuestros deseos. Su importancia se apoya en esta necesidad y en la de establecer empatía y confianza.

Ya sea para liderar o simplemente para coordinar, si comprendemos la importancia de lo que comunicamos con nuestra corporalidad, necesitaremos crear un contexto de coherencia con lo que sentimos. Esto es crucial para llegar a obtener un resultado efectivo. Todo el tiempo generamos pensamientos que son disparados por las emociones a las que estamos atados y por la escucha previa generada al oír ciertos mensajes del mundo exterior. El bombardeo de información es permanente y somos nosotros los responsables de la cantidad de datos que queramos abarcar. Esa catarata de estímulos a la que nos exponemos día a día, más las interpretaciones que les damos a lo que nos llega, constituyen una parte importante del mundo interior que suele marcarnos a través de las emociones. Los pensamientos que generamos y las disposiciones corporales que adoptamos cuando nos expresamos con los demás reflejan nuestro estar siendo.

Es fundamental distinguir qué es lo que pensamos y su sentido. No se trata solo de controlar o limpiar nuestra escucha previa, sino también de buscar el para qué nos comunicamos y establecer los parámetros necesarios para obtener lo que queremos alcanzar. Si mentimos con el lenguaje, el cuerpo se encargará de avisarnos pero también se mostrarán nuestras verdaderas intenciones. Aprender que nuestra corporalidad no miente y distinguir lo que reflejamos a través de ella es una oportunidad para empezar a transformar nuestro ser. Convertir el cuerpo y la gestualidad en un asistente para comunicarnos de forma responsable puede permitirnos generar confianza y sostenerla en el tiempo.

2.1. Ser y parecer. Cuando aflora el compromiso

Ser y parecer son pilares fundamentales para generar confianza en quienes nos rodean, y a su vez este es el primer eslabón para que cualquier relación se desarrolle de manera funcional y coherente. Si es nuestro deseo que confíen en nosotros esto nos invita a trabajar de forma consciente y responsable en los juicios que emitimos cuando estamos solos o con personas con las que tenemos relación. La coherencia nos exige que tanto las conversaciones privadas como las públicas guarden relación en un sentido u otro. Cuando esto no pasa, todas nuestras relaciones corren el riesgo de ser poco confiables. Cualquier relación basada en la confianza nos permitirá comprometernos y realizar las acciones necesarias para alcanzar los mejores resultados. Nuestras actitudes y posturas corporales gravitan e indican el compromiso con que les hablamos a quienes nos ven, y delatan el verdadero sentido de lo que pensamos. O sea que aunque no hayamos chequeado previamente cuáles son nuestras verdaderas intenciones, las personas que interactúan con nosotros pueden percatarse de ellas.

Por eso, a veces nos preguntamos cuál fue la palabra o la frase que disparó la confusión o limitó la posibilidad de coordinar acciones y no logramos encontrarla. Podemos buscar en nuestra corporalidad, pues allí es donde hallaremos la respuesta, siempre y cuando hayamos tenido conciencia y registro de nuestra gestualidad corporal durante la conversación mantenida.

2.2. Coherencia corporal. Su relación con lo que sentimos

La llamada coherencia corporal no es más ni menos que el equilibrio emocional de la relación entre nuestro cuerpo y nuestra mente. Existen variaciones relacionadas con gestos y señas que pueden responder al lugar de donde provenimos.

Lo mismo que las palabras que utilizamos, están en íntima correspondencia con el idioma que usemos e incidirán en nuestra coherencia. También existen posturas heredadas o que tal vez respondan a posibles enfermedades o accidentes y que como resultado pueden complicarnos, ya sea en cuanto a lo que queremos comunicar o a la lectura que hacemos de la corporalidad ajena.

Como veremos en el próximo capítulo, cada postura de nuestro cuerpo refleja y se conecta con lo que sentimos y nos emociona. Esto a veces tiende a confundirse debido a la mezcla de emociones, que no suelen venir aisladas como para poder diferenciarlas con mayor facilidad. Lo que puede ayudarnos a entender lo que sucede en el otro, es que la corporalidad más significativa siempre mostrará la emoción más preponderante. Por ejemplo, un puño cerrado puede indicarnos enojo pero detrás de él, impotencia para actuar. Estudiar cada tipo de corporalidad nos permitirá reconocer los posibles estados emocionales. Su combinación nos dará idea de cómo se encuentra la o las personas que nos hablan, y así poder diseñar un contexto que nos permita, en el mejor de los casos, un ganar-ganar y, en el peor, la menor cantidad de problemas posibles. Existen infinidad de libros y trabajos sobre las corporalidades del ser humano, inclusive tomando en cuenta distintos lugares del mundo. Si valoramos distinguir lo que nos suma y nos resta en nuestra comunicación lo gestual y lo corporal, podremos echar mano de dichos trabajos y comenzar un camino de transformación para tomar en cuenta estas cuestiones.

2.3. Pensamos y reflejamos. Revisar nuestro estar siendo

Es fundamental para la comunicación verbal y corporal revisar de inicio nuestros verdaderos compromisos cuando queremos liderar las conversaciones y así mejorar la forma en que nos comunicamos con quienes nos rodean tanto en lo profesional como en lo personal. Esto está conectado directamente con nuestra forma de actuar corporal y gestual.

Como vimos antes, cuando nos comunicamos, lo que pensamos y nuestro involucramiento se transmite de manera directa a nuestra corporalidad y devela lo que tal vez no queremos mostrar. Si reconocemos que esta característica nos pertenece como seres humanos podremos trabajar con nuestro cuerpo para evitar corporalidades que nos cierren posibilidades, así como utilizar las que necesitamos y señalar lo que queremos. Dejar en claro el mensaje depende de la gestualidad y la postura corporal que sostenemos. Existen posturas que amplifican la agresión y otras que la disminuyen, lo mismo ocurre con el afecto, con las palabras y con otras emociones. Sucede que tanto la corporalidad como la gestualidad potencian el estímulo de lo que se dice. Anteriormente hicimos referencia a la existencia de distintos trabajos enfocados al estudio de la corporalidad y de los gestos de los seres humanos. Si nos empapamos de estos conceptos podremos utilizar a nuestro favor estas características como herramientas para articular las comunicaciones de forma más eficiente. Si además revisamos nuestro estar siendo con lo que nos sucede al relacionarnos con las personas tanto en lo personal como en lo profesional, lograremos dejar de manipular las situaciones y nos volveremos más confiables.

2.4. Mentir con el lenguaje. Lo que se escapa

Los seres humanos solemos mentir repetidas veces durante todo el día. Esto no es novedad y hay estudios que lo fundamentan; pero más allá de este "detalle" sabemos que existen mentiras leves y otras más importantes. A veces articulamos mentiras que no son detectadas por falta de atención o de compromiso de quienes nos escuchan, y estas pasan sin problemas. En otras oportunidades no son creíbles por algo que nos delata. Veremos los casos que impiden que podamos comunicarnos en un contexto de confianza debido a que no distinguimos nuestra coherencia entre lo que decimos y lo que pretendemos.

Cuando notamos que con nuestro mensaje y nuestras conversaciones no podemos llegar a negociar o simplemente a coordinar acciones sencillas con los demás, necesitamos observarnos y contemplar la posibilidad de que con posturas y gestos nuestro cuerpo refleje escuchas previas y conversaciones que no han sido sanadas o resueltas previamente. Revisar nuestro compromiso con quienes hablamos y con lo que queremos es fundamental para que nada se nos escape e impedir que nos mostremos de manera incoherente. De estos pensamientos que cierran posibilidades, muchas veces se desprenden resultados de lo que llevamos dentro, lo que no trascendimos o nos emociona y sentimos internamente. Cuando mentimos nuestro cuerpo lo percibe y nos damos cuenta. Es lógico que haya una reacción en él que escapa a lo que podemos manejar y que delate nuestras intenciones más profundas. Cuando no mentimos, pero internamente tenemos sentimientos contradictorios, también sucede algo similar que suele mostrarnos como un libro abierto. Entonces dependeremos de que quien nos escucha y observa, esté comprometido y se dé cuenta o no nos preste atención y lo pase por alto.

Para salir de este estado de manipulaciones que suelen restarnos mucha energía y fluidez, tanto en nuestras comunicaciones como en nuestro lenguaje corporal, podemos abocarnos a terminar con las conversaciones que nos mantienen atados a pensamientos que no nos ayudan a conseguir lo que estamos buscando. De esta manera evitaremos tanto malentendidos como, por ejemplo, poner en evidencia sentimientos que no hemos podido equilibrar y que suelen aflorar sin que nos demos cuenta.

2.5. El cuerpo no miente. Distinguir lo que reflejamos

Nuestro cuerpo refleja permanentemente quiénes estamos siendo, salvo que manipulemos nuestra corporalidad. Se dice que es un estar siendo porque si nos comprometemos tendremos la oportunidad de cambiarlo. Muchos de nuestros padecimientos corporales son el fruto de emocionalidades no resueltas, y muchos de los malentendidos que tenemos con quienes conversamos provienen del mismo lugar. Haciendo referencia a esto último, podremos dedicarnos a entender la conexión entre nuestro cuerpo y lo que él refleja cuando queremos comunicarnos con los demás. Esto ocurre porque somos una unidad que se maneja de manera integrada, por más que no nos demos cuenta. Todo eso se manifiesta tanto en el ámbito de las dolencias, como en el de la gestualidad y la corporalidad.

La coherencia ente nuestro cuerpo y lo que emocionalmente nos sucede suele ser permanente, no así lo que decimos. Por eso, el dominio lingüístico es el que más vulneramos y el que solemos manipular según los acontecimientos. Nuestro cuerpo registra constantemente cuándo no decimos la verdad e inclusive nos avisa. El desafío consiste en distinguir qué gesticulamos y corporalizamos como una manera de representar lo que decimos y cuáles son nuestras emociones. Si lo que reflejamos está coherentemente alineado entre cuerpo, emoción y lenguaje, podremos estar en condiciones de construir la confianza que se necesita para establecer las bases de una relación sólida que nos permita comprometernos con la realización de las acciones necesarias para alcanzar lo que necesitamos alcanzar.

2.6. Sostener la confianza. La corporalidad como asistente

Para asegurarnos la obtención de resultados efectivos en cualquier conversación que mantengamos, necesitaremos alinear nuestro lenguaje y nuestro cuerpo; o sea, lo que decimos y la forma en que lo decimos. De esta manera, podremos lograr establecer los lazos de confianza necesarios para llegar a un buen resultado. Cualquier tema que no siga o no contemple esta circunstancia puede poner en riesgo el objetivo final de nuestra conversación. Los socios que no confían en nosotros o en quienes negocian con nosotros pueden convertirse en enemigos de cualquier negociación aunque no hablen. Si bien negociar para el ganar-ganar nos permite alcanzar buenos resultados, no siempre es factible ponerlo en práctica. Existe un sinfín de gestos y corporalidades que pueden arruinar cualquier contexto, aun con buenas intenciones. Fruncir el ceño, cerrar los puños cuando algo no nos satisface o simplemente no mirar a quien nos habla constituyen los errores más comunes cuando las cosas se ponen serias.

Entrenarnos en estas cuestiones hace que nuestras corporalidades nos asistan para tener una buena conversación. Cualquiera sea el origen de lo que queramos transmitir, la distinción de constituir como asistentes a nuestra corporalidad y gestualidad nos dará una apertura de posibilidades, imposible de tener si no diferenciamos el peso y la importancia que tienen estos factores. Aquel que domine y distinga esta ventaja estará varios pasos por delante de quienes no hayan podido darse cuenta del peso que representa tener como aliado el cuerpo cuando hablamos y nos comunicamos en cualquier conversación.

3. Distinguir nuestra corporalidad. Mejorar la conversación

Es el compromiso con lograr mejores resultados el que genera la necesidad de observar a quienes se comunican y se relacionan para coordinar acciones. Podremos aplicar las distinciones de lo corporal según la importancia que le asignemos a nuestras conversaciones. Estudiar la propia corporalidad como la de las personas con las cuales interactuamos puede permitirnos comprenderlas mejor, tanto en una conversación familiar o con amigos como en el mundo de los negocios.

A medida que vamos obteniendo resultados en el camino de diferenciar nuestras posturas corporales podremos observar y estudiar todas las corporalidades, propias y ajenas, que han intervenido para así evaluar y mejorar las que consideremos que complican la comunicación. El deseo de querer mantener el control sobre los demás suele interferir en las relaciones interpersonales, y convierte esta ilusión en una fuente inagotable de incomodidad para quienes desean comunicarse con nosotros desde la confianza y la apertura.

Si elegimos soltar el modo control, necesitaremos chequear el compromiso que tenemos con quienes nos comunicamos. De esta forma podremos reducir el riesgo de complicar la construcción de confianza necesaria para sostener sanamente la relación. De todas maneras, no lo reduciremos a niveles que nos garanticen que esto no suceda. Si bien nada lo asegura, si nos observamos y analizamos podremos al menos suprimir gestos y actitudes corporales que nos jueguen en contra. Una vez que nos manejemos con cierta fluidez con nuestras distinciones de lo corporal, también podremos distinguir las corporalidades de quienes mantienen conversaciones con nosotros. Esto puede darnos la posibilidad de evaluar su grado de veracidad, más allá de las palabras que nos digan, y concluir si estamos invirtiendo bien nuestro tiempo. Observarnos y observar a los demás cuando hablamos nos permite tener un panorama más amplio de lo que se dice. Si a esto le agregamos la posibilidad de preguntar, reduciremos el riesgo de acumular interpretaciones erróneas, podremos manejarnos mejor y sacar conclusiones más precisas.

3.1. Preparar el cambio. Sumar nuevas posturas corporales

Un cambio abrupto en nuestra manera de movernos puede generar incomodidad. Necesitaremos una dosis de paciencia y una cuota de autoconfianza para poder sumar distinciones corporales y a su vez descartar las que nos sea posible. Algunas modificaciones pueden ser más difíciles que otras, ya que por lo general nuestros gestos y corporalidades nos dominan. Estos pueden ser fruto del ADN familiar, por un lado, y de las experiencias vividas en el pasado, por otro.

Por eso, los cambios que adoptemos en nuestra corporalidad pueden consistir tanto en quitarnos las posturas heredadas, como también en abandonar las adquiridas por las diversas circunstancias de la vida que hacen que las emociones se nos disparen cuando interpretamos lo que ocurre.

Prepararnos para ello constituye, junto con el hablar responsable, una transformación indispensable de nuestro ser que ayudará a que empecemos a hacer que las cosas sucedan. Por lo general, este liderazgo no se logra de un momento para otro. Tampoco existe un único camino para conseguirlo, hay tantos caminos como personas en el mundo. Esforzándonos un poco todos los días podremos alcanzar la manera de incorporar esa transformación que nos llevará adonde queremos ir. Cuidar el cuerpo, el lenguaje y reconocer nuestras emociones constituyen la clave que nos permitirá comenzar nuestra transformación.

Amigarnos con lo aprendido y sumarlo es la llave que nos facilitará el cambio. Se trata de agregar nuevas distinciones sin descartar por completo las que ya tenemos incorporadas. Si bien las creencias que pueden facilitarnos la vida llegan para quedarse y reemplazan a las anteriores casi sin darnos cuenta, eso no sucede de forma abrupta sino todo lo contrario, se incorporan paulatinamente para luego integrarse al punto de convertirse en parte de nosotros.

No olvidemos que los cambios bruscos no suelen mantenerse en el tiempo.

3.2. Transformar ciertas posturas. Ir paso por paso

Podemos enfocarnos, en principio, en el análisis discrecional de cada postura que nos facilite o complique establecer empatía al comunicarnos. Pero también podremos embarcarnos en la transformación de nuestro lenguaje corporal como un asistente confiable para nosotros y los que interactúan con nosotros.

Para comenzar a comprometernos a producir resultados más efectivos podremos analizar cuáles son las posturas básicas que han sido estudiadas para facilitar nuestro desembarco en el análisis de estas cuestiones. Existen investigaciones muy profundas sobre corporalidades y gestos, pero el objetivo es que podamos adentrarnos en este mundo para obtener sus beneficios, conocerlos y mejorar las comunicaciones. Si entendemos el valor de ir paso a paso por el camino de transformar nuestras disposiciones corporales, podremos acceder más fácilmente al cambio.

Hay varios tipos de posturas a las cuales recurrimos cuando nos movemos al comunicarnos. Son las que nos ayudan o complican a la hora de hacernos entender. Se han resumido en cuatro tipos, y luego se le suma otra como resultado de las anteriores. Básicamente necesitaremos entender que el tema puede tornarse complejo debido a que suelen encontrarse combinadas. Esto determina una mezcla que, para el análisis de lo que veremos puede jugarnos en contra, tanto si nos observamos como si lo hacemos con la corporalidad de quienes queremos estudiar. Es importante estudiar los cinco tipos básicos de posturas corporales para después poder determinar con cierta aproximación cuáles son sus significados y distinguir cuáles derivan de cierta herencia gestual o son el resultado de algún trauma corporal por enfermedad o accidente.

3.3. Posturas corporales básicas. Excesos y defectos

1. La apertura

Esta disposición corporal se caracteriza por un tono muscular bajo, respiración profunda, una tendencia de recostarnos hacia atrás, un hablar suave y prolongado.

La corporalidad de apertura es necesaria para escuchar y comprender tanto nuestro propio mundo como el de los demás, y así poder encontrar nuevos rumbos, haciendo y haciéndonos nuevas preguntas. Es la disposición de la paz, el amor, la cordialidad y la confianza entre las personas.

La apertura en sus extremos

- **Déficit**

En cuanto a las relaciones personales y profesionales, si esta disposición está cerrada se hace muy traumática la posibilidad de trabajar en equipo y de establecer relaciones de confianza.

Se torna casi imposible fundar relaciones que perduren en el tiempo. En el plano individual puede manifestar un desinterés por las cosas, lo cual exige una fuerte estimulación para no caer en la soledad o eventualmente en depresiones.

- **Exceso**

Suele expresarse en las personas que están permanentemente disponibles para otros. En ellas puede producirse un bloqueo emocional en términos de recibir ayuda, afecto o ternura.

Por lo general, esta "incondicionalidad" esconde un deseo de reconocimiento y una dependencia de los juicios positivos y simpatía de los otros, que casi siempre genera poca efectividad en el logro de resultados.

2. La estabilidad

Las características corporales de la estabilidad son una respiración profunda por la nariz, mirada neutra, tono muscular medio alto, disposición del cuerpo de ir hacia abajo, voz con sonido bajo y grave.

Las actitudes y los estados de ánimo que nos permiten llegar o nos conducen hacia la estabilidad son: honestidad, paciencia, abulia, pesimismo, perseverancia, disciplina, serenidad y resignación. Esta disposición nos permite generar vínculos duraderos con personas, ideas, proyectos y organizaciones.

Nos proporciona el contexto de confianza sobre el que podemos construir nuestra vida y simultáneamente nos provee de la energía necesaria para una actividad creadora en el mundo que nos rodea. La estabilidad puede proporcionarnos disciplina, constancia y perseverancia para imponernos. A este estado suelen verse asociadas positivamente las emociones de arraigo y de paz.

La estabilidad en sus extremos

• **Déficit**

El déficit de estabilidad se traduce en un permanente sentimiento de inseguridad. Se tiene la sensación de no pisar tierra firme y resulta difícil enfrentar los desafíos de la vida cotidiana. Su falta nos dificulta la toma de decisiones en cualquier contexto, hasta en los favorables.

Cuando la estabilidad nos abandona solemos sentirnos débiles y vulnerables, lo que suele traer aparejado una menor resistencia física y anímica.

Desde allí, puede vivirse en un permanente estado de escasez y perder así la ilusión de tener una vida más fácil, más agradable y menos exigente.

• **Exceso**

Un estímulo excesivo de estabilidad podría generar en nosotros arrogancia, estancamiento y una predisposición profunda de miedo al cambio y a lo desconocido.

Quienes se exceden, tienden a dar vueltas en torno a lo

material y al control. En cuanto a lo emocional, lingüístico y corporal son propensos a delimitar y proteger.

3. La flexibilidad

El rasgo corporal de la flexibilidad se encuentra en un tono muscular medio, ojos muy abiertos, inspiración corta por la nariz y expiración larga por la boca, movimientos explosivos, disposición del cuerpo hacia arriba y voz con sonido agudo y exagerado.

Los estados de ánimo que permiten esta disposición corporal son la alegría, el optimismo, la creatividad, la dispersión, poder soñar, liviandad, diversión, goce o locura.

En un mundo de cambios permanentes es una disposición fundamental para poder soltar nuestros apegos, explicaciones y desafiar a las creencias.

La flexibilidad nos predispone a desplazarnos con rapidez. Respalda la posibilidad de equivocarnos, cambiar de opinión, preguntarnos más que respondernos, asombrarnos ante las cosas de la vida y nos predispone al aprendizaje. Permite lanzarnos a explorar nuevos mundos y es fuente para crearlos desde la alegría, el entusiasmo y el optimismo. Puede hacer que nos aceptemos y estemos en gratitud con nosotros mismos, con los otros y con el mundo que nos rodea.

La flexibilidad en sus extremos

• Déficit
Cuando la flexibilidad se encuentra disminuida es difícil abrirse al aprendizaje y a la creación en cualquier ámbito. El estado de ánimo que nos puede invadir es el de arrogancia, ya que todo debe tener una razón y para que las cosas tengan valor deben ser costosas y hasta dolorosas de conseguir. Cuando la flexibilidad decae suelen aparecer emociones tales como el miedo y el enojo.

- **Exceso**

Un exceso de flexibilidad se puede manifestar si todo se toma con liviandad, sin lograr materializar acciones concretas. Se observa una focalización en las carencias o limitaciones de los otros, llegando en ocasiones a herir a quienes lo rodean.

Podremos enamorarnos de los proyectos e ideas, pero con una gran dispersión y sin un plan o estructura que los sostenga.

Un exceso de esta disposición puede desalentarnos y hacernos desfallecer con facilidad cuando surgen las primeras contrariedades, debido a que ponemos la atención en lo novedoso, y esto puede transformarse a la larga en un círculo vicioso.

4. La resolución

La corporalidad de la resolución con mucha frecuencia suele ser relacionada con el enojo, pero también va de la mano del convencimiento y otras tantas emociones que nos predisponen a lanzarnos. El estereotipo corporal que acompaña esta disposición suele ser la respiración corta por la nariz, tono muscular alto, mirada focalizada en un punto, disposición de ir hacia delante, movimientos explosivos y una voz enérgica. Las emociones que se suelen reflejar con esta corporalidad pueden ser voluntad, ansiedad, rabia, miedo, pasión, ambición, asertividad, resentimiento, así como también angustia y estrés.

La resolución es la disposición del líder que, a través de ella, sustenta el poder y la voluntad personal. Desde allí, su liderazgo maneja una relación activa con las cosas del mundo y con las demás personas.

En ella descansa la capacidad de focalizarse en un objetivo, poner límites, decir que no, transformar los sueños en realidad y seguir adelante cuando las cosas se ponen difíciles o no suceden. Es la actitud corporal que se necesita cuando invitamos, o estamos comprometidos con una promesa dada, un pedido o una oferta, cuando estamos comprometidos con la evidencia de nuestras afirmaciones y la autoridad de nuestras declaraciones.

En la resolución se identifica el estereotipo de la persona que está siendo ejecutiva, energética, posee autoestima alta, tiene capacidad de liderazgo positivo, es entusiasta, optimista, con sed de aventura y de espíritu emprendedor.

La resolución en sus extremos

- **Déficit**

En este nivel de resolución, los nuevos desafíos se tornan difíciles, ya que las nuevas experiencias producen angustia; por todos lados se ven obstáculos que se oponen al cumplimiento de lo que se anhela. Esto suele hacernos sentir derrotados y sin ánimo antes de empezar. En las situaciones complicadas cuando se tiene baja resolución puede surgir una sensación de nervios en el estómago y con frecuencia las acciones se tornan caóticas.

- **Exceso**

El exceso de resolución aparece como una obsesión por influir en todo lo que nos rodea según nuestras propias ideas y en el deseo de controlar, ejercer poder y conquistar sin límites. Trae aparejado demasiado interés por el futuro en forma de ansiedad, lo que permite la entrada del miedo y el enojo.

5. El centramiento

El centramiento nos permite vivir en el presente como la sumatoria equilibrada de apertura, resolución, flexibilidad y estabilidad. Es moverse en cada una de ellas según el contexto que nos rodea. Es estar y no estar en el momento oportuno. Es ser y no ser cuando sea necesario. Es el poder de sentirnos en libertad total.

En cada uno de nosotros existen los registros para manejarnos con esta disposición, pero a veces simplemente lo olvidamos o no lo distinguimos.

El desafío consiste en recordar y distinguir que el estar centrado nos permite transitar el devenir de la vida como si fuera un juego, una palabra, un nuevo objeto. Centramiento es el equilibrio perfecto que nos permitirá trascender, incluso a nuestras acciones. En definitiva, es entender que no somos nuestro resultado sino el compromiso que teníamos con ese resultado.

4. Constituirnos en el otro. Comenzar a empatizar

Para que podamos alcanzar un liderazgo efectivo o simplemente podamos lograr una meta, es de suma importancia distinguir cómo estamos y cómo nos constituimos en quienes coordinan acciones con nosotros. Cuando nos preguntamos por qué nos hacen participar o no de ciertos proyectos o grupos, podremos revisar cómo nos ven quienes nos eligen y viceversa. También es necesario revisar quiénes estamos siendo, ya que nos constituimos en los demás desde la mirada del otro sumado a cómo nos vemos a nosotros mismos.

Con esta interpretación, por un lado podemos revisar nuestra autoestima, nuestra confianza en lo que hacemos y cómo estamos comprometidos con lo que queremos realizar. Por otro, observar cómo impactan el lenguaje verbal y la corporalidad que solemos utilizar cuando interactuamos con los demás. Tras analizar nuestros gestos y disposiciones corporales recurrentes, estaremos en mejores condiciones para revertir cualquier situación adversa. Para esto necesitaremos ver el valor de cambiar lo que queramos y así lograr empatizar de manera más profunda y efectiva.

La condición de estar constituidos en los demás es bidireccional, o sea que quienes están constituidos en nosotros lo hacen desde nuestra mirada y no tanto desde cómo se observan a ellos mismos. Esto nos permite observar a quienes nos enfocamos, sus corporalidades y gestos, para obtener las respuestas que estamos buscando y que tal vez no logremos obtener a través de las palabras que, como sabemos, forman una pequeña parte del lenguaje. Lo que sí podemos, es distinguir que el lenguaje está constituido por lo que se dice, la forma en que se dice y la corporalidad con que lo hacemos. Con estas distinciones, podemos realizar algo positivo para comenzar a empatizar con los demás.

Hoy las redes sociales nos aportan diversos medios para enriquecer las comunicaciones entre los seres humanos y mantenernos más cerca de quienes están lejos. Sin embargo, deberemos ser cuidadosos de no alejarnos de los que están cerca. Estas cualidades de las redes pueden ayudarnos a mantener relaciones con gente con la que tal vez, de otra forma, no intercambiaríamos comunicación alguna ni tan seguido. Aun así, esta forma de comunicación es incompleta por faltarles la gestualidad y corporalidad de una charla presencial o a través de una pantalla. Las comunicaciones escritas carecen de expresión y suelen complicar las interpretaciones. Muchas veces, no hay una segunda oportunidad para ser bien entendidos por primera vez.

4.1. Las señales de los gestos. Mensajes que nos hablan

Al igual que las disposiciones corporales, los gestos completan el panorama que significa comprender el lenguaje ajeno, y también el propio. Los gestos muestran naturalmente lo que con intención o sin ella queremos ocultar cuando nos comunicamos.

Es posible, en caso de necesitarlo, realizar entrenamientos con gestos y microgestos que, si bien no nos garantizan interpretar con precisión el pensamiento ajeno al cien por ciento, pueden guiar y dar señales de los pensamientos e intereses que tienen quienes son observados e interpretados por nosotros. Del mismo modo, cuando los otros nos observan y escuchan pueden darse cuenta de nuestras intenciones e inquietudes. Nuestra cara y nuestras manos indican todo el tiempo el sentido de lo que decimos y a lo que estamos comprometidos.

La forma de expresarnos gestualmente delata nuestros verdaderos intereses, así como también sucede con quienes se dirigen a nosotros. Si tenemos conciencia de la gestualidad cuando nos comunicamos, podremos dirigir nuestros esfuerzos en pos de mejorar lo que está sucediendo, o simplemente, si todo lo indica, reforzar o cambiar la comunicación. Distinguir los gestos nos permitirá generar los contextos que abrirán las posibilidades que estamos buscando.

Para comenzar a obtener mejores resultados, o logros más eficaces, necesitaremos analizar qué gestos identificamos que pueden ser favorables o no a las circunstancias de nuestra comunicación.

Aquellos que se han dedicado a estudiar y experimentar en todo el mundo cuáles son los gestos faciales más comunes, han podido reducir la cantidad a unos pocos que son básicos, donde sin importar la raza, edad o etnia no existen mayores diferencias. De allí que reciban el nombre de universales. Cualquiera sea su origen, los gestos responderán a una emoción determinada y serán parecidos en todo el planeta.

4.2. Gestos universales. No importa de dónde somos

Así como en distintos lugares del planeta la misma palabra puede tener una connotación ofensiva y en otros no, existen posturas, señas y saludos que según dónde y con quiénes nos encontremos pueden generar empatía o rechazo. Nuestro objetivo aquí no es hacer una clasificación de tales diferencias sino despertar la conciencia de que existen contrastes que hacen que nuestros resultados puedan ser alcanzados o no. Por esas diferencias, en ciertos ámbitos nos cuesta lograr la confianza necesaria para la coordinación de las acciones que necesitamos, y también alcanzar los objetivos anhelados.

No solo se trata de diferencias entre oriente y occidente, sur y norte del mundo, ciudades y pueblos, sino también de diferencias sociales, étnicas, religiosas, etc. En la medida en que más complejo sea el contexto en el cual debemos desenvolvernos, más necesitaremos estudiar y atender a la gestualidad y corporalidad que van a formar parte de nuestras conversaciones. Los contrastes culturales suelen requerir tratamientos muy delicados ya que, de no ser así, podemos ser responsables de provocar sentimientos adversos y contrarios a nuestras buenas intenciones en el momento de comunicarnos. Necesitaremos ser cuidadosos con estos códigos y señales que pueden hacer tanto de puente como de barrera entre nosotros y quienes se comunican con nosotros.

Varios estudios sobre la gestualidad que han recopilado en gran parte del planeta gestos y hábitos de distintas personas de diferentes edades y bajo los efectos de las emociones más diversas, llegaron a sintetizar seis gestos básicos en el ser humano: alegría, miedo, asco, sorpresa, enojo y tristeza.

Al igual que las emociones, los gestos no resultan sencillos de reconocer ya que por lo general nos llegan mezclados. Si a esto le agregamos la existencia de microgestos, que pueden provenir de la genética o de determinados hábitos adquiridos en algún momento de la vida, la situación se complica aún más. Si nos entrenamos en estas cuestiones, la posibilidad de captar la verdadera intención de quien está comunicando o explicando algún tema aumenta, y nos será más fácil llegar a una clara interpretación.

De todas las corporalidades que hemos analizado se desprende una gran variedad de gestos, tanto de nuestras manos y cara, como del cuerpo en su totalidad. Por ejemplo, el gesto de quien habla mientras permanece con los brazos cruzados señalaría que no se encuentra abierto a lo que se está tratando.

Esto podría ser totalmente cierto si lo comprobamos con el resultado de la conversación que termina sin llegar a ningún acuerdo, pero si lo analizamos con los filtros correspondientes tal vez los brazos cruzados solo respondan a una actitud o hábito adquirido a través de los años. Existen catálogos y bibliografía que sirven a modo de brújula para conocer los distintos gestos y corporalidades de las personas, inclusive combinados, que indican cuáles son sus significados, así como también los filtros para chequearlos.

4.3. La transparencia de la corporalidad. Chequear emociones

En nuestra vida cotidiana solemos ver las corporalidades propias y las ajenas, pero no las observamos, o sea que podemos mirarlas pero no con intención de interpretarlas. Al comenzar a distinguirlas, se nos puede abrir un mundo de posibilidades que nos ayudará a comprender el porqué de ciertos éxitos y fracasos en nuestras comunicaciones que repercuten finalmente en la relación que tenemos con el mundo.

Cuando nos comunicamos, nuestras disposiciones corporales suelen ser invisibles para nosotros, al igual que nos ocurre con las emociones que nos tienen atrapados. Esto nos impide distinguir lo que los demás ven de nosotros, y a veces no nos permite obtener los resultados que buscamos. Así como no podemos vernos u observarnos de qué manera estamos parados o sentados, tampoco podemos ver si estamos comportándonos con la coherencia que queremos y necesitamos.

Es posible entrenarnos para distinguir nuestras corporalidades y emociones durante el diálogo y comprometernos con no confundir al otro con posturas que tal vez no reflejen quienes estamos siendo. Si nuestras corporalidades tienden a complicar y confundir a quienes coordinan acciones con nosotros pueden entorpecer el propósito de las conversaciones que abordemos.

Chequear nuestras emociones antes de una conversación puede ser efectivo, ya que las emociones son disparadoras de la acción y muchas veces son las que definen nuestras posturas y corporalidades. Por eso no es conveniente tomar decisiones permanentes con emociones pasajeras cuando estamos en una conversación.

Forma parte de nuestro compromiso de llegar a buen puerto con el acuerdo negociado, contemplar el contexto desde donde se realizará una negociación, junto con el chequeo de la emocionalidad del otro. Preguntar cómo se encuentra la o las personas que participarán de la conversación y preguntarnos el para qué de ella, nos ayudará a preparar el terreno que transitaremos.

4.4. Adoptar disposiciones similares. Reflejar para empatizar

Para una cantidad considerable de actividades, se acostumbra estar preparado y practicar de antemano las tácticas, movimientos y posibilidades, cualquiera sea el ámbito. No suele ocurrir lo mismo cuando queremos tener una conversación importante, delicada o de negociación. No solamente no preparamos el contexto necesario para que nos juegue a favor, sino que además no solemos practicar la charla en una instancia previa. Solo cuando lo hacemos nos damos cuenta de todo lo que puede fluir de ella si nos hemos entrenado en esos módulos o pequeñas conversaciones de intercambio.

Como hemos visto, existen posturas que nos abren posibilidades de sostener confianza cuando nos comunicamos. Con frecuencia se habla de empatía o *rapport* cuando establecemos un reflejo corporal y gestual hacia quienes nos dirigimos que hace más fluida las conversaciones.

La programación neurolingüística (PNL) define como *rapport* la disposición de acompasar que podemos adoptar para espejar a nuestro interlocutor y así lograr de manera sencilla la empatía y facilitar el diálogo. Este "acompasar" al otro no es nada más ni nada menos que integrar el lenguaje verbal y corporal para captar su confianza y lograr que se sienta comprendido y comunicado.

Si observamos a nuestros amigos, podremos encontrar estos rasgos o hábitos que muchas veces, y sin darnos cuenta, posibilitan la afinidad y empatía que tenemos con ellos cuando conversamos.

Las posturas que adoptamos hablan de nuestra coherencia y nuestro compromiso, por lo tanto nuestros interlocutores podrán registrarlo a través de los gestos y corporalidades que tengamos durante la comunicación con ellos. Si por el contrario notamos que quien habla con nosotros tiene disposiciones dispares a lo largo de la conversación, podremos darnos cuenta de cuán cerca o lejos estamos de ponernos de acuerdo. Los distintos esfuerzos que hagamos por reflejar al otro estarán ligados al grado de importancia que le asignemos a la conversación que llevemos adelante. Si queremos liderar la combinación de *rapport* más un objetivo específico, observar nuestra corporalidad nos hará más efectivos a la hora de hacer que las cosas sucedan.

5. Centramientos. Corporalidad y emoción

En este punto veremos cómo las emociones afectan a nuestra corporalidad y la estrecha relación que existe entre ellas y el cuerpo.

Desde este punto de vista podremos analizar con qué contamos para conseguir un equilibrio que nos permita disminuir dolencias que suelen devenir de nuestros estados de ánimo conflictivos.

Existen técnicas corporales que pueden mejorar nuestra calidad de vida, cambiar el contexto y los estados de ánimo para que podamos atravesar determinados momentos. Dichas técnicas van desde lo más sencillo a lo más complejo. Si queremos y nos comprometemos a pasarla mejor, todas estas prácticas estarán a nuestra disposición para poder acceder a ciertas disposiciones corporales y a nuevas emociones que facilitarán la apertura de nuevas posibilidades y logros.

Hay ejercicios y técnicas aplicables a nuestro cuerpo que nos permiten transformar algunas dolencias físicas que al ponerlas en términos de emociones disminuyen los estragos que provocan, como los dolores de cabeza, las contracturas y otras molestias crónicas.

Es el caso del centramiento y la relajación de la respiración que colaboran de manera rápida y sencilla al cambio de ritmo relacionado con las conversaciones que traemos de nuestras actividades diarias, de las cuales muchas veces no podemos desprendernos. Este estado, que no nos permite despegar de lo que conversamos internamente, suele provocarnos contracturas, dolores de cabeza, ansiedad, angustia y otros males que, de por sí, no nos enfermará en el corto plazo, pero que de mantenerlas pueden generar enfermedades y problemas crónicos a largo plazo. Como un aporte a nuestra calidad de vida y con una guía simple y perfectible, veremos cómo podemos comenzar nuestros días de una manera más saludable y así poder integrar el cuerpo y la mente para la acción.

5.1. Llaves para cambiar la emocionalidad. Sondas

Entre los dominios que muestran nuestra coherencia como seres humanos –lenguaje, emoción y corporalidad– existe una llave que nos permite salir y entrar de ellos a voluntad.

Consiste en utilizar este recurso para provocar un cambio favorable en ciertas circunstancias de nuestras vidas. Por ejemplo, si queremos bajar la intensidad de una conversación áspera, podemos proponer una simple caminata o relajación y así resolver la situación en la que estábamos envueltos.

Cuando hablamos de resolver la situación, queremos decir que pudimos cambiar el contexto con el cambio de corporalidad (la caminata), el lenguaje (la conversación) y la emoción (relajación) para lograr un resultado diferente del que hubiésemos conseguido al permanecer solo en el lenguaje.

Los cambios entre el lenguaje, la emoción y el cuerpo pueden obtenerse en todos los sentidos posibles.

Solo se trata de ser creativos y comprometernos con salir de estados corporales y emocionales que nos dificultan las posibilidades. Con el objetivo de inspirar confianza en la construcción de un ambiente de apertura y flexibilidad, podremos armar frases que nos permitan relajarnos y sentirnos seguros, incluso con palabras de nuestros padres o abuelos. Estas frases también, llamadas "sondas" en la cultura del mindfullness, se pueden repetir en los oídos de quienes les pertenezcan o decirlas nosotros para que de esta manera nos podamos sentir mejor. El contexto que debe reinar en este tipo de ejercicios es el de la total confianza. Se pueden realizar sentado o totalmente acostado sobre una manta, mientras que quien transmite la sonda puede hacerlo de rodillas después de haber consultado cuál es la frase que le gustaría oír a quien desea relajarse.

5.2. Transformar el contexto. Empezar a fluir

Como vimos, un cambio transformacional puede empezar con la modificación de nuestra corporalidad y nuestro lenguaje.

Por ejemplo, cuando necesitemos entablar una conversación difícil, si el contexto lo permite, podremos invitar a una simple caminata o relajación para mejorar las posibilidades que nos estaban vedadas antes de proponer dicho cambio.

Esto responde a la facultad de gestionar nuestros estados de ánimo y del camino de ida y vuelta que constituye el cambio de nuestras emociones, lenguaje y corporalidad, donde podemos distinguir estas coherencias y, a partir de allí, generar las aperturas de posibilidades que necesitemos producir.

La consistencia entre las disposiciones corporales asumidas mientras dialogamos, negociamos o discutimos hará la diferencia en los resultados que deseamos obtener.

Esto implica que cuando diseñamos conversaciones podemos tener en cuenta la relación entre lo corporal y lo lingüístico, y así chequear si nuestro verdadero compromiso tiene la concordancia que creemos que posee.

Para lograr una mejor estabilidad y equilibrio que aporte a nuestra calidad de vida y una coherencia que nos abra posibilidades podemos practicar la técnica del centramiento que puede realizarse con personas o grupos que quieran relajarse y apagar las conversaciones que vienen trayendo. Se suelen ofrecer en un ámbito de confianza, no porque sean agresivas, sino porque requieren de ciertos contextos de silencio y mínima intimidad primordiales para establecer la armonía necesaria para permitir el centramiento y la tranquilidad de quienes participan.

5.3. Condiciones para el centramiento. Generar confianza

La práctica de centramiento requiere, como dijimos antes, de un contexto de confianza previo. Se necesita de un ámbito tranquilo y silencioso que les permita relajarse a quienes van a participar.

Por lo general, luego de los centramientos, cuando se les consulta a las personas cómo se encuentran, responden que se sienten relajadas y que de alguna manera interrumpieron las conversaciones internas con las cuales habían llegado, lo que les permite empezar las actividades de manera más clara y serena. Tras unos minutos de terminada la práctica de relajación, algunos inclusive llegan a decir que les ha parecido escaso el tiempo del centramiento, una evidencia de que han disfrutado del ejercicio.

Este recurso puede convertirse en una de las tantas herramientas que puede facilitarnos el desarrollo de nuestro liderazgo, las negociaciones, el management, etc.

Lo más poderoso de esta práctica es que la tenemos siempre a nuestro alcance, solo debemos distinguir cuándo necesitamos recurrir a ella.

Cabe aclarar que el hecho de poder utilizar las distinciones genéricas que tenemos a disposición no nos convierte en mejores personas, pero sí nos permite elegir ser mejores personas, lo que no es poco.

5.4. El centramiento como bisagra. Un antes y un después

La dinámica de centramiento nace y se aplica desde el convencimiento de que sirve para cambiar lo corporal y la emocionalidad que nos tiene atrapados.

A continuación podremos observar un ejemplo de centramiento que puede utilizarse tanto con una sola persona como en entrenamientos de liderazgo, coaching o management, cuando ya se ha generado cierta confianza.

Este ejercicio puede combinar sondas de mindfullness y meditación. Las sondas son frases que aportan bienestar y relajación para que quien las recibe pueda alcanzar la meditación. Suelen consistir en frases que pueden ir desde una canción de cuna hasta una expresión que pudo haber sido dicha por algún ser querido en la infancia, o simplemente algo que nos haga sentir bien. En la disciplina de mindfullness son muy comunes.

Si podemos bajar tenuemente la luz y poner música adecuada, ayudaremos al centramiento, aunque no son condiciones necesarias para realizarlo. Podemos comenzar diciendo:

1. Los invito a cerrar los ojos y a sentarse cómodamente en sus asientos.
2. Les pido que aspiren por la nariz y exhalen por la boca suavemente.
3. No resistirnos a los pensamientos, solo los dejamos pasar.
4. Sentimos cómo el oxígeno entra y recorre nuestro pecho, brazos y manos, baja por nuestras piernas y lo sentimos en los pies.
5. Nos concentramos en nuestra respiración.
6. Dejamos que los pensamientos fluyan.
7. Ahora podemos descansar y estar tranquilos... (es aquí donde podemos utilizar la sonda).
8. Nos concentramos en nuestra respiración.
9. Luego de dos minutos, aproximadamente, invitamos a que, muy suavemente, vayan abriendo los ojos.
10. Preguntamos cómo nos sentimos y comenzamos la actividad.

Al terminar el centramiento podremos observar signos de relajación, como movimientos circulares de cabeza, desperezamiento, algunas lágrimas, etc.

5.5. Trabajar para estar sanos y felices. Cinco pasos

Para poder sostener períodos de buena salud y estados de ánimo a lo largo del tiempo, necesitaremos tomar conciencia de que lo que resta del día dependerá en gran parte de cómo nos despertemos todas las mañanas y lo que hagamos con ello.

A veces esto no se tiene en cuenta durante la juventud, cuando la fuerza vital es mayor y se disimulan muchos aspectos que luego, de adultos, empiezan a gravitar con mayor intensidad y a "pasar factura".

Distinguir la importancia del despertar nos permitirá elegir la manera de levantarnos para que nos abra posibilidades el resto del día, con nosotros y con el entorno.

Suena el despertador y estas suelen ser las cosas que hacen las personas que prestan atención a su cuerpo, para estar sanas y felices:

Utilizan de 5 a 10 minutos para acomodarse en la cama boca arriba y de esta forma relajar algún músculo que haya quedado tenso o en mala posición durante el descanso, aun cuando se haya tomado la precaución de haberse acostado con el mismo procedimiento. Se valen de la doble alarma del celular o del reloj despertador para no quedarse dormidos nuevamente.

1. Se hidratan con un vaso de agua, con algún jugo o energizante natural. Hoy existen todo tipo de bebidas, desde una sencilla agua mineral o saborizada hasta jugos naturales que incluyen vitaminas que aportan las sales y minerales necesarios para determinadas actividades. Tomarla lentamente facilitará la absorción del agua o los nutrientes.
2. Chequean la emocionalidad con la que se despiertan y suelen acompañarla con una melodía que armonice su estado de ánimo. Elegir una música para motivar el comienzo de la jornada es muy inspirador. Tomarse un tiempo para clasificar determinados temas hace que se equilibre mejor el momento del inicio del día. Hay toda una variedad

de temas musicales que pueden desde cambiar la onda de un mal sueño hasta acompasar un estado de ánimo positivo.
3. Se higienizan y desayunan lo suficiente como para arrancar su día con total vitalidad. Hoy se sabe que desayunar evita muchas enfermedades crónicas, como por ejemplo la diabetes del adulto. Tener como prioridad el cuidado del cuerpo hace que podamos manejar lo que se nos presente de manera vital. Sin cuerpo no existiría ninguna posibilidad de alcanzar lo que queremos, por lo tanto, el tenerlo presente es una parte importante para alcanzar nuestros objetivos.
4. Disponer de un mantra u oración que los motive a comenzar el día. La meditación también respalda una emocionalidad relajada y en cierta forma energiza nuestras posteriores actividades. Ciertos ejercicios de yoga o mindfullness nos invitan a estar presentes mental y corporalmente. Este estado (mindfullness) nos permite estar más conscientes, no solo en el arranque, sino también durante el resto del día.
5. Dime cómo te despiertas y te diré la calidad de vida que tienes, podría ser la consigna que nos haga "despertar" para poder estar presente de esta o de cualquier otra manera al levantarnos y que nos facilite y ayude a evitar enfermedades y estados de ánimos negativos, para nuestro cuerpo y para nuestra mente.

CAPÍTULO V

Metaliderazgo. Conservar el liderazgo

El fracaso es la niebla entre la cual vislumbramos el triunfo.

Tony Stark en *Iron Man*.

Arribamos al capítulo en donde tendremos la oportunidad de capitalizar cada una de las distinciones que analizamos en relación con el dominio del lenguaje, las emociones y el cuerpo. Ellas pueden asistirnos en la transformación de aquellos aspectos que consideremos que ya no son de valor para nuestro ser, o simplemente facilitarnos alcanzar un objetivo que en el pasado se nos había negado como consecuencia de nuestro estar siendo habitual.

También podremos revisar y elegir cuáles serán los compromisos que definan nuestra visión, ya sea en lo personal o laboral, para establecer la confianza de quienes coordinan acciones con nosotros. Confiar es un aspecto fundamental dentro de cualquier relación que queramos desarrollar y fortalecer.

En lo profesional, a través de la aplicación de herramientas de coaching y management al trabajo en equipo, ahondaremos en los beneficios de ser parecidos o distintos en los grupos de trabajo. Enfocados en la temática de enriquecernos con lo diferente podremos apartarnos de la idea de poner energía para que todos pensemos lo mismo.

Tendremos la posibilidad de abandonar la creencia que dice "líder se nace y no se hace", para abrazar otra que invite a enfocar una visión que nos desafíe a legitimarnos como seres humanos. Este capítulo nos mostrará el sendero por donde podremos transitar este desafío. Luego de andar por un camino de conceptos y de haber volcado a la práctica las distinciones adquiridas estaremos en condiciones de poder alcanzar un estado de liderazgo donde haremos que las cosas sucedan.

La Figura 6 nos ilustra en forma de resumen acerca de todo lo que un liderazgo y sus buenas prácticas se nutren para mantenerse en el tiempo de manera consolidada.

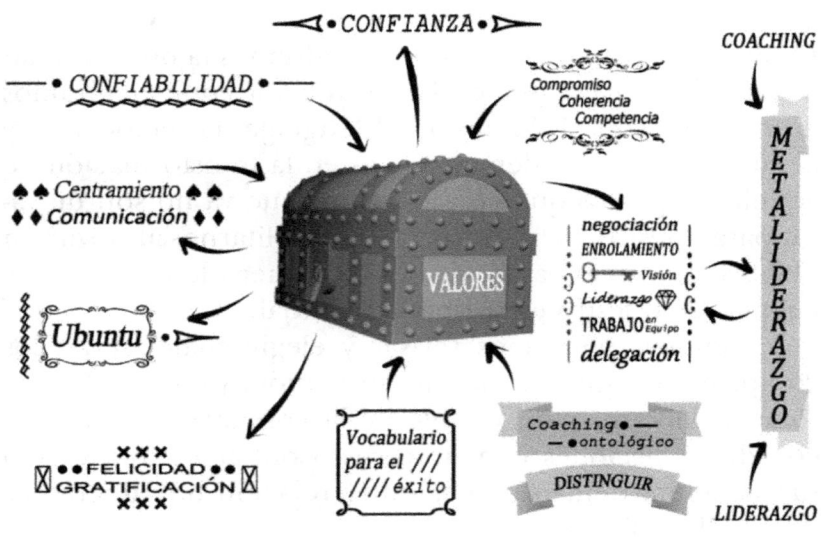

Figura 6.

Finalmente, en este escenario estaremos en condiciones de aprovechar y mantener el liderazgo a través del tiempo para entender que: "Lo importante no es llegar, sino mantenerse".

1. Crear y poner en marcha una visión. Aspectos personales y profesionales

Comprender y ver el valor de tener una visión sobre lo que deseamos lograr es esencial para poder encontrar los recursos necesarios y dedicarnos a lo importante. Contar con un objetivo facilitará enfocarnos nuevamente cuando estemos desorientados o alejados de lo que pretendemos alcanzar.

Si contamos con un compromiso y una meta que englobe a las demás, como por ejemplo ser feliz, se vuelve más sencillo establecer con determinación una meta para cada ámbito que decidamos liderar.

Las empresas y organizaciones que tienen claros sus propósitos suelen inspirar a las personas e influir en ellas para que alcancen objetivos enfocados en el bien común. Sin esta meta declarada, quienes trabajan en ella pueden ignorar hacia dónde dirigir sus esfuerzos y también qué se espera de ellos. El objetivo puede provenir de un consenso mutuo o simplemente de una visión personal dependiendo, como decíamos antes, del tipo de liderazgo. Sin una visión y sin un liderazgo resulta difícil acompañar con convicción a quien no sabe hacia dónde se dirige.

El tener un objetivo es el paso siguiente a comprometernos a liderar determinada circunstancia. La confianza en un líder suele disminuir cuando no declara cuál es su visión, aunque muestre algún tipo de liderazgo. Por eso resulta desalentador escuchar las respuestas de un dirigente cuando le preguntan por sus planes y responde con evasivas.

El metaliderazgo invita a pensar y proyectar qué hay más allá del liderazgo y cómo se va a ejercer. Funciona como un nuevo espacio de evolución para observar y distinguir con inteligencia emocional cómo nos manejaremos cuando hayamos logrado nuestro objetivo.

1.1. Siempre nos falta algo. Analizar los costos

Si analizamos el porqué no hemos podido liderar en el pasado determinadas circunstancias, a pesar de querer hacerlo, necesitaremos observar cuáles eran los pensamientos y compromisos, junto con las actitudes de coherencia con ellos, que estaban arraigados en nosotros en el momento en que queríamos que pasara algo y que no pudo ser.

Cuando obtenemos bienes materiales o un cargo anhelado sentimos una determinada satisfacción que por lo general suele estar a la altura de la importancia que antes le hayamos asignado a ese logro. Por ejemplo, al adquirir una casa la gratificación que produce puede durar un par de meses; en cambio, un helado ha de satisfacernos unos minutos. Después de ese tiempo, es probable que orientemos la atención hacia nuevos objetivos.

A veces nos transformamos en buscadores incompletos de nuevos horizontes cuando de manera imperceptible buscamos lo que nos falta; o sea, no podemos detectar lo que nos pasa ni por qué nos pasa. Resulta complejo que en este estado de situación seamos imaginativos si buscamos permanentemente lo que nos falta para gratificarnos. Confrontar lo que poseemos con lo de los demás suele ser un síntoma de disconformidad recurrente. Si nos obsesionamos con lo que nos falta cuando nos comparamos, automáticamente nos colocamos en segundo lugar. Necesitamos considerar que lo que es bueno para otras personas tal vez no sea tan beneficioso para nosotros.

Los seres humanos nos sentimos poderosos desde nuestros propios deseos. Si estos se convierten en motivación, las metas pueden convertirse en aliadas y en motores que nos empujen a conseguir resultados realmente efectivos. Por eso muchas veces si sentimos que tenemos la obligación, el tener que hacer determinadas tareas nos resultará más pesado o directamente imposible debido a la condición de estar obligados.

Si estamos bajo los efectos de este síndrome, cuando obtenemos lo que deseamos y se retira el efecto de la gratificación el vacío que nos queda suele catapultarnos hacia una nueva conquista, y así sucesivamente. Se corre el riesgo de que este tipo de actitudes puedan ser juzgadas como patológicas, ya que más allá que una tras otra se concrete, no completa el vacío que sentimos. Cuando siempre nos falta algo y se agota el efecto de la conquista, solemos volver al estado de ánimo original como tristeza, angustia, resentimiento, inclusive depresión leve o crónica. En este escenario, lo que se alcanza con mucho esfuerzo, muchas veces no se logra disfrutar ni saborear a pesar de haberse obtenido. Como vimos en el capítulo III, este suele ser el resultado de conversaciones internas que nos generan dos aspectos internos llamados exigente-exigido.

Cuando estamos tomados por el aspecto exigente (léase mente) y nos decidimos a conseguir un logro o un bien material no acostumbramos calcular o consultarnos cuánto costará obtenerlo, en cuanto a tiempo, salud o recursos. Luego emprendemos la tarea y cuando conseguimos lo que estábamos buscando no disfrutamos del triunfo.

Para empezar a reconocer y resolver lo que nos falta podemos comenzar a observar nuestros resultados, ellos son la muestra tangible que nos permiten analizar lo que decimos y las formas de estar siendo que nos abren o cierran posibilidades.

A partir del autoconocimiento, el compromiso con un sereno apego y la elección de lo que nos gusta, ya sea por aceptación o porque realmente nos interesa, será más fácil enfocarnos en nosotros mismos que, en definitiva, es comprometernos con nuestra identidad en una total libertad coherente con nuestros deseos.

Veamos cinco pasos concretos para salir de la inconformidad y de la mirada del "déficit".

Dejar de compararnos con los demás.
Siempre existirá alguien que pueda superar nuestros resultados; por lo tanto, desde este punto de vista será difícil sentirnos satisfechos si comparamos nuestros logros con los de los demás. Esta confrontación nos pone automáticamente en un segundo plano que suele quitarnos protagonismo.

Concedernos tiempo.
Otorgarnos más tiempo para alcanzar las metas que nos proponemos forma parte de nuestra propia legitimación. Distinguir que llegar no es solo cuestión de tiempo, sino que también cuenta la forma en que lo hagamos, para impedir que quedemos atrapados por la angustia y la ansiedad.

Tener en cuenta los logros pasados.
Si podemos reconocer los logros que hemos obtenido en el pasado y tenemos en cuenta que podemos alcanzar otros nuevamente en el futuro, abrimos la posibilidad de ser quienes somos para llegar a resultados efectivos, que nos beneficien con una serena ambición.

Comprometernos con nuestros valores
Chequear dentro de nosotros qué es realmente a lo que estamos comprometidos nos permitirá encontrar la llave y los mecanismos para alcanzar lo que queremos. Si por el contrario, nos damos cuenta de que no es así, podremos analizar si queremos hacer un cambio o no.

1.2. Lleno y vacío. Vaciarnos para estar disponibles

En algunos aspectos de nuestras vidas, a medida que vamos teniendo experiencias dolorosas, solemos cerrarnos emocional y sentimentalmente. En cuanto a los sentimientos, esto impide "hacer lugar al otro" y crear una resistencia a nuevas relaciones, tanto amorosas como de amistad, que nos permitan abrir posibilidades hacia vivencias más gratificantes.

Esta resistencia basada en pensamientos como "no quiero nada diferente para mí", "si me abro voy a volver a sufrir", etc., suele inhibirnos para vivir nuevas experiencias, conseguir afectos, enfrentar desafíos, así como desentendernos de lo que pasa con los demás y con nosotros.

También desde las vivencias, el sentir que no queremos saber nada con quienes se nos acercan puede reflejar un estado de inhibición que nos hace estar indisponibles para los demás.

Si por el contrario acortamos distancias con las personas que nos rodean, podremos estar para el otro, ser oferta y relacionarnos desde lo mejor de nosotros, y de esta forma establecer la confianza y empatía necesarias para mantener los vínculos en el tiempo.

De todos los resultados que nos han cerrado y abierto posibilidades en la vida, algunos los hemos elegido y otros llegaron sin avisar. Los primeros pueden costarnos cierto tiempo, y requirieron de nuestra parte un determinado esfuerzo, mientras que los otros, además de tiempo y esfuerzo para asimilarlos, como se dice habitualmente, pueden habernos costado sangre, sudor y lágrimas.

Esto explica por qué solemos apegarnos a nuestras experiencias, o mejor dicho, a lo que interpretamos de esas experiencias, y así nos llenamos de prejuicios con la idea de estar saturados, sin "hacer lugar al otro" desde lo emocional.

El apego a experiencias dolorosas o ingratas a veces suele resultarnos contraproducente, más si las consideramos peores que las que han vivido otros. Esto, en ocasiones, juega en contra de nuestra capacidad de sumar nuevas relaciones, abrirnos, revivir emociones y esforzarnos para alcanzar lo que queremos lograr.

A veces, por diferentes circunstancias y espacios de tiempo, nos aferramos a nuestro propio bienestar, y nos preocupamos tan solo de nosotros mismos, sin dejar espacio en nuestras mentes y corazones para los demás, a pesar de que pronunciemos palabras de interés, pero vacías de contenido.

Para poder estar para el otro, necesitamos ver el valor del desapego de las interpretaciones que nos hicieron daño. El mirarnos el ombligo todo el tiempo no aumentará las posibilidades de crear espacios para nuevas relaciones o simplemente para que entren los que nos rodean y puedan tener un lugar en nuestros sentimientos.

Primero es necesario crear estos espacios en nuestras mentes para luego poder, con un sereno desapego, reemplazar el interés por nosotros por el de quienes nos rodean.

La disponibilidad suele aparecer cuando soltamos los sucesos del pasado que hemos interpretado de manera dolorosa. Estas duras experiencias nos inhiben de conectarnos con los sentimientos que permitirían abrirnos y conectarnos con el afecto de los demás.

Existen momentos donde los resultados son muy buenos y aunque hayamos jugado muy bien la partida, el hecho de alcanzar "la cumbre" hace que nos rindamos a los resultados y nos conformemos con lo que alcanzamos.

Cuando se produce esta situación, donde nos sentimos completos, o simplemente saturados, podremos juzgar que al llegar a la cumbre ya no necesitamos continuar el vuelo, por lo tanto esta completud actúa como si fuéramos un recipiente que al encontrarse "demasiado lleno" ya no tiene posibilidad alguna de agregar algo más.

Si bien se dice que el saber no ocupa lugar, la resistencia a seguir incorporando experiencias y emociones en los distintos ámbitos de la vida puede estar acompañada por conversaciones internas como "ya estoy grande", "¿me van a decir a mí?", "ya estoy de vuelta", etc. De esta manera, tendremos dificultades para enfocarnos en los nuevos desafíos que se presentan. Existen conversaciones que suelen inhibirnos y, más allá de que fundamentemos nuestros sentimientos, nos vuelven indisponibles para comenzar una relación, un proyecto o coordinar acciones; quedamos afuera simplemente porque nos autoexcluimos de tales circunstancias.

Si creamos un espacio de apertura desde nuestro estar siendo para que algo o alguien pueda entrar en nuestra vida, será más fácil que suceda, ya que es una condición necesaria para relacionarnos.

Nos relacionaremos más, si el compromiso con dejar entrar al otro es más grande que el de cerrarnos e inhibirnos de vincularnos con los demás.

El crear espacio no significa olvidarnos de lo que nos ha sucedido, sino dejar de sostener las conversaciones que nos mantienen atados a ese pasado que no podemos o no queremos liberar.

El valor de soltar esa pesada carga reside en liberarnos primero nosotros y luego permitirnos que quienes quieran relacionarse puedan hacerlo sin que les pongamos reparos.

Las heridas que puedan habernos quedado del pasado suelen empujarnos a "querer un poco menos" a quienes inician una nueva relación con nosotros, sean amigos, parejas, etc. y nos vuelven vulnerables a la inhibición parcial por la falta de confianza en ellos. Ahora bien, estas personas, ¿qué responsabilidad o culpa tienen de los errores de quienes antes nos hayan dañado?

Nuestro dinamismo personal suele estar constituido por la flexibilidad para encarar los nuevos desafíos que nos proporciona la vida en sus distintos ámbitos, sin quedarnos pegados al pasado.

Cuando creemos que hemos superado todo lo bueno y lo malo, en el fondo podemos sentir que estamos completos. Esto suele reducir nuestra capacidad de aprender a vivir las nuevas experiencias, como experimentar y disfrutar lo que la vida puede ofrecernos, y volvernos inflexibles.

Si nos referimos a la apertura al conocimiento, diferenciar que hay un tiempo para la siembra y otro para la cosecha puede indicarnos que no nos abre oportunidades el estar aprendiendo todo el tiempo, sin ejercer lo asimilado. Este proceso puede acotarse por etapas. Una vez incorporado y ejecutado lo que hayamos podido entender, estaríamos en condiciones de volver a iniciar el camino del conocimiento abriéndonos a lo que el aprendizaje nos ofrezca.

Un alumno que se encontraba temeroso y asustado ante un peligro que consideraba enorme para su capacidad, consultó a su maestro Zen; este lo escuchó y luego de un tiempo le ofreció amablemente una taza de té, sin contestarle la pregunta. Esto puso al alumno más inquieto aún, ya que no comprendía el porqué de tomar el té del maestro cuando estaba por enfrentar las más grandes de sus angustias, y que este solo le ofreciera una taza de té.

Recién después de haber tomado varias tazas, el maestro le contestó: "Solo vaciando tu recipiente vas a poder llenarlo con algo nuevo... desafiando a lo que ya conoces encontrarás lo que viniste a buscar...".

Una de las claves para estar disponibles es abandonar ciertos prejuicios para que aparezcan nuevas posibilidades de desafiar a lo que se nos presente desde un sentimiento de amor, aunque sea un peligro.

Vaciándonos nos ahorraremos el enfrentamiento que genera el creer que no tenemos la posibilidad de abrirnos y de esta forma ocuparnos con todas nuestras fuerzas de los desafíos que acontecen en la vida. Al poner nuestra atención en los recursos que podemos alcanzar aumentaremos las probabilidades de poder hacer frente a lo que suceda.

1.3. Nuestra actitud ante los problemas. Enfrentar las consecuencias

Si cuando aparece un obstáculo que se interpone con lo que queremos, solo buscamos encontrar una solución, así como cuando se presenta un problema de inmediato queremos dar con la respuesta, significa que estamos en el paradigma del problema. Es tan fuerte la creencia anterior que solemos desvelarnos y luchar hasta terminar diluyendo el problema sin considerar que también tenemos, entre otras cosas, la posibilidad de no hacer nada.

El comportamiento que solemos tener ante las dificultades no nos define como personas; sin embargo, muestra quiénes estamos siendo en el momento en que las enfrentamos. Si bien lo que para una persona significa un problema para otra puede no serlo, también la dificultad tendrá que ver con que cada ser humano interpreta lo que sucede de manera diferente. Esto lleva a pensar que existirán tantas formas de encarar los escollos como personas en el mundo. Ante distintos problemas podremos responder como se nos ocurra, lo que no podremos evitar son las consecuencias de esas respuestas.

La creencia de que los obstáculos deben ser resueltos es la causante que suele hacer que, cada vez que aparecen, queramos encontrarle la solución. Esto genera, en la mayoría de los casos, que los problemas se vuelvan más grandes, ya que dedicamos la mayor parte del tiempo a pensar y gastar energía en las dificultades y no en los posibles recursos que podríamos generar para hacerles frente. Dime qué actitud tienes ante los obstáculos y te diré en qué paradigma estás sumergido.

La postura que tenemos para enfrentar ciertos problemas suele hablar más de cómo los vemos, que de cómo son, y esto se debe al tipo de observador que estamos siendo y al aspecto interno que está al mando de nosotros mismos. No da igual que estemos siendo miedosos, nerviosos, enojadizos o alegres cuando enfrentamos lo que se nos presenta como una dificultad. Estos aspectos internos pueden ser fuentes inagotables de sufrimiento, pero también ser funcionales para convertir las crisis en oportunidades.

A veces al problema que aparece le aportamos una mayor complejidad por el enfoque y el compromiso con que lo enfrentamos. O sea que, más allá de que juzguemos el problema como de mayor o menor dificultad, le agregamos nuestra cuota de emocionalidad, estado de salud, etc. Esto suele aportarle un problema al problema, ya que al original le agregamos nuestro juicio de por qué y cómo lo afrontamos, y en ciertos casos esto obstaculiza la búsqueda de los recursos que necesitamos para salir de las dificultades. El problema no es el problema, sino nuestra actitud ante ellos.

La actitud no es otra cosa que la forma como reaccionamos ante un evento determinado. Frente a los obstáculos, no existen posturas buenas o malas, lo que existen son comportamientos que cierran o abren posibilidades para resolverlos efectivamente. La efectividad es un parámetro que está relacionado con nuestra conveniencia, valores y creencias con los que hayamos crecido. Existen actitudes que son funcionales a la resolución de los problemas y otras no tanto. La apertura, por ejemplo, ayudará a nuestra escucha para que podamos convertir amenazas en oportunidades; en cambio, la negación cerrará nuestra escucha, hará que no podamos terminar de comprender lo que sucede, precipita la respuesta y de esta manera nos expone a un resultado adverso.

"Cuando aprendemos a defendernos desaparece la amenaza." Parece ser que cuando estamos en condiciones de enfrentar algún desafío, el reto no se manifiesta; esto puede suceder porque cuando estamos a la altura de responder ya no generamos algo que se nos vuelva en contra. El librarse de cierta ceguera cognitiva, o sea salir del ignorar que no sabemos, y empezar a conocer lo que ignoramos nos evita cosechar nuestras propias tempestades, ya que no sembraríamos más tormentas.

Si sentimos que la situación nos empieza a controlar cuando se dan situaciones complejas que se interponen en nuestro camino tendremos la oportunidad de responsabilizarnos. El poner el poder en nosotros y no en el afuera aumenta la capacidad de dar respuesta a lo que nos sucede.

En cambio, si no distinguimos que ante un problema el escenario nos controla, podremos estar expuestos o sometidos a todo tipo de circunstancias y resultados.

Sería lógico pensar que si sobrevivimos a todos los problemas que hasta el momento se nos han presentado es porque somos más grandes que ellos; sin embargo, solemos conservar la creencia de que las amenazas pueden ser más fuertes que nosotros, y esto puede provocarnos emociones tales como angustia, miedo, resentimiento, etc. Como vimos anteriormente, el desafío consiste en enfocarse en la obtención y el desarrollo de los medios que pueden ayudarnos a diluir los supuestos problemas, ya que de esta forma los recursos podrían multiplicarse, pero no tanto las amenazas.

En nuestras manos está el poder del cambio. Más allá de nuestros propios instrumentos, existen personas que estarían dispuestas a ayudarnos si se lo pedimos. Nuestro mundo gira alrededor de pedidos y ofertas, solo tendremos que animarnos o desafiarnos a abandonar el famoso "yo puedo solo" para comenzar a relacionarnos y pedir apoyo, ya que la salida suele estar en el otro.

1.4. Establecer la visión. Quiebres y problemas

Para reconocer el valor de una visión, tanto personal como profesional, transitaremos algunos caminos para establecerla y observar qué papel juega el compromiso, los componentes internos y externos que suelen afectarnos, así como también la gratificación y felicidad que nos deparará alcanzar nuestros objetivos.

Los factores internos aparecerán en forma de conversaciones que estarán a cargo del exigente-exigido que todos llevamos dentro, y como si esto fuera poco, ayudados por otros distintos aspectos que también juegan su rol a la hora de constituir o complicar la visión.

Los problemas y obstáculos formarán parte de los factores externos que pueden presentarse cuando tengamos una visión, llamándolos también quiebres, como explicaremos más adelante.

Todo esto forma parte del emocionante conjunto de alternativas que nos espera cuando estamos detrás de nuestros objetivos.

A lo largo de nuestras vidas, el día a día a veces no nos permite chequear el compromiso que representa tener una visión. Lo mismo sucede en el caso de una empresa, lo urgente suele imponerse a lo importante y deriva en la falta de enfoque. Existen organizaciones cuyo legado proviene de sus casas matrices y dicho mandato suele imponerse durante muchos años como un objetivo a seguir; por lo tanto, todas las variables se adaptan a esos marcadores al aplicar los recursos necesarios para el seguimiento de esa cultura.

En cambio, hay empresas que constituyen su misión basadas en el deseo de sus dueños. A veces la misión se comunica, lo que puede empoderar el actuar de quienes trabajan en ella, pero cuando no es comunicada al personal se convierte en un secreto que suele entorpecer el avance de determinados objetivos.

> *Una visión es aquella meta que nos trasciende, nos inspira y a la vez no tenemos ni idea de cómo vamos a alcanzarla.*

Hoy, en el siglo XXI, cuando en las empresas se habla de trabajo en equipo y de comunicación para obtener resultados que puedan mantenerse en el tiempo se hace referencia a la confianza y al compromiso con el otro, y cuando nos referimos a esto, hablamos de la coherencia que se requiere para mantener en el tiempo un liderazgo orientado a los resultados y a una mejor calidad de vida.

Si se trabaja en grupo y en una visión que contenga el consenso de todos los participantes, se puede potenciar el trabajo conjunto. Este concepto de pertenencia potencia el trabajo en equipo y actúa como una brújula personal y grupal que marca el rumbo en los buenos y en los malos momentos.

El aporte de cada miembro resultará del aprendizaje mutuo. De ser necesario, si cualquier resultado necesita de un esfuerzo en particular, este provendrá de quien resulte ser el más apto, cualquiera sea el cargo que tenga dentro del equipo; podremos decir entonces que estamos frente a un equipo de alto rendimiento.

Existe la posibilidad de que la visión del equipo o empresa donde coordinemos acciones haya sido consensuada antes de nuestra llegada. Esto puede generar la posibilidad de aceptar o no el compromiso, y al chequear nuestros compromisos y valores podremos evaluar si tomamos como propia la visión ya instalada, y es la propia responsabilidad y no la de los otros la que va a definir nuestra decisión.

Para alcanzar un objetivo, ya sea personal o de un equipo, eventualmente deberán sortearse los diversos problemas y quiebres que delatan la presencia de una visión. Esto demanda un compromiso conversacional que indica que necesitamos manejar un lenguaje responsable que distinga cuándo se trata de un problema y cuándo es un quiebre.

Para explicar el significado de estas palabras, necesitaremos analizarlas más allá de lo que podamos encontrar en los diccionarios. Los problemas, como todos sabemos, son aquellas circunstancias que se interponen en nuestro camino y complican su devenir. Los quiebres son obstáculos que salen de la transparencia y aparecen para complicarnos la posibilidad de llegar a donde queremos. Hasta aquí desde la comunicación parecen ser lo mismo.

Para agregar a nuestro diccionario y poder distinguir la diferencia entre un quiebre y un problema, consideraremos que la palabra quiebre nos indica que cuando las dificultades se interponen en el camino hacia el objetivo nuestra observación se enfoca en nuestra visión y al problema lo consideraremos como un obstáculo pero no como protagonista de nuestra visión fallida o de lo que no pudimos alcanzar.

Si por el contrario, cuando interpretamos estar ante un obstáculo que se interpone entre nosotros y nuestra visión, le prestamos atención a la dificultad, diremos que estamos ante el paradigma del problema. Este nos invita a contar todo tipo de historias de porque no alcanzamos lo que deseamos.

Entonces los significados de las palabras problema o quiebre ya no van a depender de sus acepciones en sí, sino de qué observadores estamos siendo ante nuestros compromisos, y a qué le otorgamos prioridad en el camino para alcanzar nuestras metas.

Desde esta interpretación, la manera de dar significado a estas palabras no solo adquiere un sentido gramatical o semántico, también da sentido a nuestro estar siendo en el mundo, que por otra parte genera permanentemente problemas y quiebres. Está en nosotros la habilidad para elegir qué observar, qué distinguir, y al mismo tiempo, si no solemos tener quiebres puede suceder que no tengamos una visión por conquistar.

Al preguntar e indagar de forma comprometida podremos obtener respuestas que nos permitan conocer otros puntos de vista, que habitualmente nos niega nuestro espacio de ceguera.

La solución no consiste en abandonar el sistema cartesiano donde todo lo clasificamos y separamos para su entendimiento o los cursos donde nos cuentan cómo líderes exitosos llegaron a sus objetivos, ya que estos aportan de alguna manera algunos resultados. Siempre abre posibilidades conocer los caminos que han llevado a otras personas al éxito.

Ante nuestras dudas y falta de opciones, necesitamos indagar a quienes nos rodean y así salir de la ilusión de que interactuamos con los demás cuando en realidad lo hacemos con nosotros mismos. Todas las posibles respuestas pueden abrirnos la posibilidad de elegir, actuar y abandonar la incómoda forma de reaccionar ante cualquier evento.

El desafío consiste en convertir los quiebres y problemas en oportunidades. Esto va de la mano de nuestro estar siendo, nuestra mirada del mundo y de lo que ella nos genere y produzca en quienes coordinen acciones con nosotros.

2. Confianza. Construir y reparar

La confianza que inspiramos en quienes nos rodean es una parte fundamental de nuestro desarrollo personal y profesional. Contar con ella resulta muy valioso, de la misma forma que distinguir cómo construirla en el caso de querer establecerla, evaluarla si la queremos mejorar o reparar en las situaciones en que se resienta.

> *Nuestro principal cliente nos volverá a comprar cuando recuperemos su confianza. El problema es que no podemos detectar cuándo ni por qué se produjo la pérdida de ventas, ni tampoco cómo vamos a poder restaurar la confianza, fenómeno que, dicho sea de paso, empieza a trasladarse a otros clientes importantes...*

Comentarios como este apoyan lo que antes analizábamos sobre la confianza y nos dan idea de cómo suele atravesarnos la incertidumbre a raíz de la falta de conocimiento de sus elementos y de cómo recuperarla. Conocer y manejar los componentes de la confianza es un pilar importante para todas las relaciones y vínculos que mantenemos, así como también para nuestro progreso personal.

Nuestra confianza se suele apoyar en los juicios que solemos hacer sobre personas, bienes materiales, organizaciones y empresas, y que nos hacen decidir con quiénes coordinar acciones, comprometernos, adquirir, respaldar y delegar determinadas tareas y poder. Con respecto a esto último, si confiamos en alguien en un ámbito determinado podremos delegar, y de esta forma dedicarnos a tareas más complejas y redituables que solicitan nuestra presencia para abarcar un área de coordinación mayor de acciones y dificultades. Como la confianza que depositamos en las personas se apoya en parte en sus conocimientos en determinado dominio, cabe destacar que resulta vital distinguir a quiénes le otorgaremos confianza y a quiénes no.

Para delegar y tener confianza en las personas necesitamos distinguir que tendremos más posibilidades de éxito en los resultados si evaluamos tanto los ámbitos de acción donde vayan a desempeñarse como sus niveles de competencia.

En el dominio laboral es típico el caso de personas que ascienden a ciertos puestos por contar con capacidades que resultan necesarias, pero que no son suficientes para desempeñarse en niveles más altos.

Un buen manejo en un cierto nivel no garantiza igual o mejor resultado en uno más alto o diferente. Las capacidades que deben evaluarse para que alguien ascienda en cualquier actividad son las intrínsecas del nuevo puesto y no las que ha demostrado en su nivel anterior.

Si identificamos e incorporamos la construcción de la confianza y su eventual reparación podremos contar con una de las herramientas más poderosas para el mundo de las relaciones y los negocios.

Los resultados que obtenemos mediante acciones, basadas en compromisos a través de las relaciones de confianza que manejemos, son los que pueden proporcionarnos el éxito de nuestras gestiones, tanto personales como profesionales.

Todo lo que hemos logrado en nuestras vidas ha sido otorgado o lo hemos conseguido porque alguien nos ha tenido confianza. En este capítulo analizaremos las críticas y cómo nos afectan, las explicaciones que solemos dar, el perdón necesario para reparar nuestros vínculos, el vocabulario que necesitamos sumar para ser confiables y la escucha activa, para finalmente distinguir cuáles son los componentes de la confianza. Si sabemos de qué elementos está compuesta podremos construirla, y en el caso que se dañe, restaurarla, si es que estamos comprometidos a hacerlo.

2.1. La crítica. El valor de hacernos responsables

Desde pequeños buscamos la aprobación de nuestros padres, luego la de nuestros amigos y así una lista que por lo general crece y se vuelve más extensa. Como vimos anteriormente, solemos constituirnos en parte por lo que pensamos de nosotros y en parte por lo que juzgamos que los demás piensan de nosotros; de esta combinación, surge la opinión que tenemos de nuestra persona.

No estar consolidados con nuestro ser y no reconocernos nos alienta a buscar en el afuera lo que nosotros mismos no nos proporcionamos, simplemente por aferrarnos a lucir bien. Intentar gustarle a todo el mundo puede derivar en un esfuerzo agotador que suele ser una fuente inagotable de frustración y de sufrimiento. Si dependemos de la mirada del otro, estaremos poniendo nuestras posibilidades de ser felices en manos ajenas. Lo mismo ocurre cuando somos víctima de ideas destructivas; por eso es que también necesitamos chequear cómo nos relacionamos con nosotros mismos, lo que es clave para conservar nuestra autoestima y confianza en lo que hacemos.

Estas preguntas nos darán un panorama de cómo nos tratamos cuando juzgamos que algo sale mal:

- ¿Suelo enojarme conmigo mismo cuando me equivoco?
- Ante una adversidad, ¿me repongo fácilmente?

- ¿Suelo perdonarme mis errores con facilidad?
- ¿Qué es lo que realmente pienso sobre mí?

Según cómo respondamos a estas preguntas podremos evaluar cuánto necesitamos trabajar para mejorar nuestro equilibrio interior. Relacionándonos con los demás es inevitable criticar y ser criticados, por lo tanto, a este mar de juicios y críticas estaremos expuestos siempre.

> **Arthur Schopenhauer hablaba**
> *de "la triste esclavitud de estar sometidos a la opinión ajena".*
> **Schopenhauer estaba a favor de relativizar tanto los elogios como las críticas.**
> **Según el filósofo: "un juicio nos hiere aunque conozcamos su incompetencia; una ofensa nos enfurece aunque seamos conscientes de su bajeza".**

Aunque las críticas son juicios que pueden salir a la luz de manera constructiva o destructiva, somos nosotros quienes les damos sentido. No sería la primera vez que nos dan una opinión sobre algo que hayamos dicho o hecho para aportarnos algo al respecto y que lo hayamos tomado de mala manera o, por el contrario, que hayamos levantado una crítica con tinte destructivo y la transformemos en crecimiento para nosotros mismos. Esto nos dice que más allá de la crítica emitida, el efecto que cause una opinión dependerá por completo de quien la reciba, y no tanto de quien la lance, así la haya hecho con intención destructiva o constructiva.

Las críticas son juicios que nacen de interpretaciones; por lo tanto, si analizamos los factores de los cuales dependen estos juicios encontraremos principalmente tres:

- biológico,
- emocional,
- creencias.

La condición biológica es fundamental a la hora de emitir o recibir críticas. No es lo mismo estar completamente sanos que padecer dolencias, enfermedades crónicas o que puedan modificar nuestra manera de pensar e interpretar.

El factor emocional también es decisivo, ya que las críticas siempre las hacemos con un estado de ánimo derivado de una emoción, lo que hace que no podamos ser objetivos para emitir opiniones. Con este mecanismo solemos alterar todo lo que juzgamos con nuestras observaciones, e interpretamos lo que vemos desde la emocionalidad que poseemos.

Por último, nuestras creencias y la llamada caja de conocimientos ejercen su influencia con todo lo que hemos aprendido a lo largo de nuestras vidas. Por eso, cuando emitimos un juicio, una opinión o una crítica solemos hacerlo desde nuestra caja, así como quien los recibe lo hará desde la suya, con una emoción y una biología propias; esto habla por sí solo del desajuste que muchas veces suele ocurrir en las comunicaciones interpersonales.

Esto explica por qué decimos que cuando lanzamos una crítica, más que hablar sobre quien la ha provocado, hablamos de nosotros, de cómo vemos lo que criticamos; o sea, "hablamos de nosotros mismos".

La crítica suele estar más relacionada con el que la lanza que con el que la recibe: a menudo, quien critica puede estar confesando sus temores, sus inseguridades, sus frustraciones...

El conflicto suele generarse cuando queremos imponer nuestro punto de vista como único y específico sin dejar lugar a dudas ni espacio para que el otro legitime su postura. La crítica puede tomar distintas formas, por ejemplo:

- Reprobación.
- Dictamen.
- Objeción.
- Censura.

- Análisis.
- Vapuleo.
- Burla.

- Estimación.
- Detracción.
- Impugnación.

Es común que juzguemos y opinemos sobre tal o cual cosa sin advertir que son criticas que pertenecen a nuestro mundo y a la manera que tenemos de interpretar los hechos y las cosas. Esto puede hacer que de forma inconsciente no nos demos cuenta de ello.

Para responsabilizarnos de las críticas que hacemos, primero necesitaremos distinguir que devienen de nuestra particular forma de ver las cosas, por lo tanto, una manera de reconocerlo es manifestarlo en nuestro lenguaje. Términos como "es mi opinión" o "es mi juicio" aclaran a los interlocutores que estamos al tanto de la procedencia de nuestras observaciones y que somos responsables de tales críticas y juicios.

El valor de tomar la responsabilidad por nuestras críticas cuando nos comunicamos toma vital importancia para el cuidado de nuestras relaciones. Si nos hacemos responsables de la forma en que tratamos a quienes nos rodean, podremos mejorar los vínculos y abrir posibilidades que aporten empatía al entendimiento.

Para mantener un diálogo maduro es imprescindible valorar a los otros. Si podemos tratar a los demás de manera afectiva y responsable, legitimaremos nuestras relaciones de una manera más efectiva.

Para filtrar lo que nos llega y entender lo que nos pasa necesitamos diferenciar que una crítica es una opinión emitida por otro, con otras distinciones de lo que sucede; o sea de un observador que no tiene la misma mirada, pero que no necesariamente se enfoca en nuestro ser sino en lo que hacemos o cómo lo hacemos.

No podemos controlar cómo nos llegan las críticas ajenas, pero cuando emitimos opiniones podemos aclarar que las hacemos desde un punto de vista que no se enfoca necesariamente en quien está siendo el receptor, sino que nos referimos a su modo de hacer las cosas. Esto resulta mejor si utilizamos un criterio abierto y no arbitrario, con fundamentos claros.

Las cosas suelen complicarse cuando interpretamos que las críticas u opiniones que nos hacen se refieren solo a nuestro ser y no a nuestras actividades o pertenencias. El poder diferenciarlo atenúa nuestras reacciones de rechazo y nos permite alejarnos de emociones tales como el enojo, la culpa o el miedo, que disparan estados de ánimo que nos cierran posibilidades. Hay un viejo dicho que dice: "Las críticas son como los obsequios, está en nosotros aceptarlos o no".

Las personas suelen pensar y actuar en torno a creencias internas que tienen totalmente incorporadas, pero las muy susceptibles, además, creen que necesitan la aprobación y el amor de todo su entorno para sentir que valen algo, lo que es una fuente de ansiedad, ya que no se puede conformar a todo el mundo todo el tiempo.

La persona susceptible tiende a valorar la opinión de los demás por encima de la propia y suele ser permeable a las críticas y los elogios. El mecanismo parece ser sencillo, pero en la práctica quien se encuentra atrapado en este contexto no logra salir de la trampa que consiste en concentrarse en las críticas o las miradas de otras personas, y solo hace crecer el conflicto, dado que lo que se resiste, persiste y se agranda.

Cuando nos sentimos tomados por la susceptibilidad, no podemos distinguir que estamos dando una importancia extrema a los juicios ajenos, que si bien pueden contener algo o mucho de verdad, solo es una particular forma de ver lo que sucede. La susceptibilidad es una condición del ser humano que se encuentra más o menos arraigada en determinados ámbitos y tiempos. Por ejemplo, no siempre somos sensibles en todos los aspectos. Existen condiciones diversas, como la salud, los estados de ánimo o la suerte, que determinan el grado de sensibilidad que podrán tener o no las personas que nos rodean. Puede desarrollarse cierta sensibilidad en un determinado dominio, por ejemplo el profesional, pero aun así no se mantendrá todo el tiempo de la misma forma, variará según las condiciones antes mencionadas.

Como no solemos estar susceptibles en todos los ámbitos, existen temas o dominios donde somos más sensibles a las críticas que otros. Por ejemplo, opiniones que resultarían dolorosas en el ámbito familiar, tal vez en lo deportivo no serían tan hirientes. Esto depende de la historia personal de cada uno de nosotros.

También podemos ser más susceptibles a la crítica de determinadas personas y no a la de otras. Esto depende de la autoridad que le asignemos a quien nos da su opinión. La gente muy susceptible no suele admitir críticas, o por lo menos se niega a oír las que provienen de determinadas personas. Se pueden ofender y encolerizar por cualquier observación sobre su apariencia, sus habilidades, su trabajo, sus opiniones, su familia o sus amigos. Aunque no es raro encontrar que estas personas, que no admiten críticas, con frecuencia critican a los demás. En este círculo, quien está pendiente de las críticas ajenas, suele lastimarse y lastimar a quienes las juzgan.

Con un comentario negativo se podría derrumbar a una persona altamente susceptible. Parecería que las palabras de los demás son muy importantes para levantar o destruir su autoestima. Si quien las dice cuenta con una autoridad determinada las expresiones positivas podrían resultar gratificantes, aunque más no sea por un momento, pero cuando son negativas o se refieren a sus propias limitaciones tienden a no enfrentarlas porque les resultan dolorosas. Se trata de una lucha constante entre una necesidad de reconocimiento y la crítica rígida que hacen de sí mismos.

En alguna medida, la susceptibilidad es una condición que puede ir desde la sensibilidad para la apertura hasta la irritación de la intolerancia. En las circunstancias que enfrentemos las críticas, la susceptibilidad que tengamos nos acompañará, o no, como aliada, dentro del amplio espectro antes mencionado.

Necesitamos distinguir qué cuota de susceptibilidad nos abre posibilidades, se trata de algo personal y no necesitamos dejar de ser susceptibles, ya que puede sernos útil para recibir los juicios adversos y con ellos construir un determinado crecimiento personal.

Sin una serena susceptibilidad podríamos caer en la falta de apertura e ignorar por completo las opiniones ajenas, que suelen tener algún fundamento, y aunque este sea limitado puede resultarnos una oportunidad de cambio. También corremos el riesgo de caer en el "sincericidio" si por carecer de toda susceptibilidad ignoramos que los demás pueden tenerla. Si somos demasiado sinceros emitiremos críticas y heriremos cruelmente la sensibilidad ajena, sin limitaciones, lo que trae aparejado aislamiento y soledad, que a su vez suelen retroalimentar estas cuestiones.

Un líder que se precie de tal podrá tener o no una determinada dosis de susceptibilidad; esta puede abrir posibilidades siempre y cuando opere con cierto grado de sensibilidad acompañada por una escucha comprometida con quienes coordina acciones.

El líder con una cuota de susceptibilidad, desde el punto de vista de su inteligencia emocional, aumenta las posibilidades de desarrollar más empatía con sus seguidores, ya que podrá distinguir las emociones ajenas. Esto le permitirá elegir sus mejores palabras, inquietudes e intenciones para bien del equipo.

Para alguien que está siendo líder, una serena susceptibilidad y apertura es de mucho valor porque en cierto grado le permite sensibilizarse ante las opiniones de quienes trabajan con él. La posibilidad de analizar las críticas y generar oportunidades le permiten alcanzar resultados más efectivos, para él y para quienes lo siguen. Con respecto a las opiniones ajenas, el líder que hace que las cosas sucedan, suele necesitar cierto grado de sensibilidad en su escucha. Si el líder escucha para interpretar y no solo para responder, podrá reparar o corregir el camino con la convicción de quién está siendo y cómo lleva adelante su liderazgo. Las cosas pasan, pero la calidad del líder dependerá de lo que haga con lo que pasa.

2.2. Explicación vs. Compromiso. El "por qué" nos justifica

El mundo de la comunicación esta compuesto por diferentes formas de lenguaje. El verbal y el corporal son los que más se destacan, pero existe una serie de compromisos conversacionales y valores que pueden indicarnos cómo hacerlo de forma responsable.

Dentro del campo conversacional hay palabras que, como analizamos anteriormente, nos alejan de la responsabilidad necesaria para conectar con lo que deseamos alcanzar. También hay preguntas y respuestas que suelen explicar cómo no logramos los objetivos y otras que nos conectan directamente con ellos. Existen dos preguntas, "¿por qué?" y "¿para qué?", que cumplen estas funciones y permiten contestar desde diferentes compromisos.

La tendencia a responder "porque", cuando en realidad nos han preguntado "¿para qué?", puede deberse a que el "porque" permite explicar y contar todo tipo de historias para tranquilizar a quienes nos escuchan y a nosotros mismos. De esta manera, solemos creer que vamos a justificar la falta de resultados efectivos.

Como una forma de eludir la respuesta solemos contestar con lo que nos sale más fácilmente: una explicación. Tener bien diferenciado el rol que cumple cada pregunta y cada respuesta formará parte de nuestra maestría al preguntar, y qué necesitamos saber.

Como una entrada al territorio de quien indagamos para conocer y entender su mundo y los contextos donde se desenvuelve, necesitaremos preguntar "¿por qué?". Con esta pregunta daremos el espacio para que se explaye y de esta manera entenderemos al observador que va a responderla. También podremos correr el riesgo de que quien nos responda justifique la pregunta a través de sus historias. Esto toma sentido cuando la respuesta del "¿por qué?" tiende a tapar situaciones que reclaman resultados más efectivos.

Cuando explicamos historias donde ponemos el poder fuera de nuestro alcance o en circunstancias ajenas, la culpa la adjudicamos a nadie o a cualquiera, pero jamás nos responsabilizamos de lo que contamos.

De manera inconsciente, o no, contestar con el "porque" permite construir una trama para salirnos del protagonismo y no hacernos responsables de lo que sucede, y afrontar la realidad con todos sus problemas y beneficios. Aun así llegará un momento en el que no podremos eludir la realidad, en el que necesitaremos aceptar lo que ha ocurrido para poder seguir adelante con nuestras vidas.

Cuando sucede algo que no sale bien, existe la creencia de que para obtener el mismo efecto de un buen resultado podríamos contestar con una explicación. O sea: "un resultado positivo es igual a un resultado negativo más una explicación".

Esta fórmula se apoya en el hecho de que por cierto tiempo, parecería que las cosas funcionan, pero más temprano que tarde esta ilusión de protección suele desaparecer y surgen las consecuencias de nuestros resultados.

La fantasía de estar protegidos por una explicación se nos vuelve en contra al impedirnos observar que podemos ser parte de la solución, responsabilizarnos y encontrar la respuesta para alcanzar lo que queremos.

Si bien aceptar la responsabilidad de los problemas nos trae la consecuencia de responder por los resultados que hemos obtenido, también nos hace partícipe de la solución en los eventuales casos donde las cosas no salen como esperábamos.

El "porque" como respuesta abre la posibilidad de conocer el mundo de quienes indagamos, pero solo la contestación del "para qué" puede indicarnos el sentido de su comunicación y de sus acciones en el futuro. Por otro lado, si distinguimos cómo respondemos estas dos preguntas podremos encontrar cuál es nuestro compromiso al responderlas y alinearnos con nuestros actos de manera responsable.

El "¿para qué?" nos invita a conectar con nuestros compromisos, distinguirlos y actuar en consecuencia, involucrarnos con lo sucedido con la responsabilidad que esto conlleva, hacernos más conscientes y capaces de dar sentido a nuestras decisiones y sus consecuencias, así como más responsables de nosotros mismos y de nuestras prioridades en la vida.

Así como desde el "porque" podemos justificar más cómodamente nuestras historias y los contextos donde han sucedido las cosas en el pasado, el "para qué" no resulta tan fácil de responder. Si no hagan la prueba y podrán comprobar que quien responde un "para qué", por lo general tarda más tiempo en contestar que cuando se responde al "porque". Esto se debe a que para responder el "para qué" necesitaremos chequear cuál es y hacia dónde apunta nuestro compromiso en el futuro. Esto lo hace más laborioso de pensar si no tenemos en cuenta nuestra visión en todo momento.

Así podremos observar que el "porque" habla del pasado, mientras que el "para qué" apunta a un compromiso que suele proyectarse al futuro, adjudicándole responsabilidad a nuestras palabras.

Desde el punto de vista de las respuestas que brindemos con ambas, el "para qué" nos puede integrar y darnos el poder de resolver las eventualidades que pudieran surgir de nuestros actos; en cambio responder el "por qué" de lo ocurrido, suele victimizarnos dejándonos fuera y, aunque en ciertas ocasiones y por momentos nos dé cierta calma, las cosas no suelen resolverse por sí solas y mucho menos si no creemos ser parte del problema.

La forma en que respondamos sobre lo que nos pasa no nos define como somos, pero sí como estamos siendo con respecto a nuestra posibilidad de responder ante los resultados que obtenemos. Si actuamos para tranquilizar a quienes nos rodean, le daremos el poder al relato que justificará lo que haya pasado, sea cual fuere el resultado. Esta victimización nos dará la ilusión de estar liberados de poner el cuerpo y encontrar la solución, ya que no nos invita a participar del problema.

En cambio, si somos responsables por lo que nos ha acontecido, podremos trabajar para diseñar un nuevo futuro que sea parte de la solución como fuimos parte del problema.

2.3. Pedir perdón y perdonarnos. Hacernos responsables

Las razones por las cuales no suelen pedirnos perdón son diversas, algunas externas y otras internas a nosotros. Las primeras pueden responder a la evaluación que hacen los demás sobre nuestras acciones, y las internas están relacionadas con la manera en que nos vemos y juzgamos.

Las externas suelen responder a la cadena pedido-compromiso-reclamo que en ocasiones genera malentendidos, y quienes se sienten perjudicados, en vez de reclamarnos, expresan su queja a personas que no pueden resolver el problema.

Las razones internas se deben a cómo está constituido nuestro interior y el prejuicio que tenemos de cómo nos verían si pedimos perdón.

Si ante la mirada del otro hemos cometido un error, tenemos la posibilidad de adoptar varias posturas. Si nuestro compromiso es restablecer el vínculo con quien nos equivocamos, podemos pedir disculpas y comprometernos nuevamente. Tal decisión depende de cómo nos vemos a nosotros mismos, si creemos ser fuertes o tenemos dudas sobre nuestra solidez interna. Esto es determinante a la hora de pedir perdón para animarnos a hacerlo.

Las personas son reticentes a pedir perdón cuando creen no haberse equivocado, pero esta percepción tiene más que ver con la manera en que nos juzga quien se siente perjudicado y no tanto con lo que nosotros hayamos hecho.

No siempre quien pide disculpas tiene la responsabilidad de lo que ocurrió. Pedir perdón depende del compromiso con el vínculo y de otros factores, como el contexto, la oportunidad y la humildad de quien lo pide.

Algunas veces las personas nos hacen daño y nos perjudican de manera irreparable, en otras se puede reparar el vínculo pero no lo que se ha dañado, mientras que hay oportunidades en que tanto lo que se ha dañado como la relación preexistente pueden recuperarse, e incluso establecer una realidad más fuerte que la anterior. En toda esta gama de posibilidades podremos evaluar y mantener una conversación, ya sea para pedir perdón o para reclamarlo.

Pedir disculpas o perdón dependerá del contexto y la gravedad que le asignemos a lo que nos está pasando. Cuando pedimos perdón, se ponen en juego nuestros aspectos internos y lo que pensamos de nosotros mismos, nuestras inseguridades, miedos, desconfianzas, etc., por eso a veces somos reticentes en disculparnos. Si se trata de un hecho ocasional, con algún extraño, será fácil y no requerirá de nuestra parte relevar aspectos internos que, por lo general, aparecen cuando esto ocurre con alguien a quien conocemos y además mantenemos un vínculo o relación.

Si no estamos seguros o sólidos con respecto a lo que pensamos de nosotros mismos, corremos el riesgo de sentirnos vulnerables, con un sentido de debilidad y no elegiremos la posibilidad de pedir perdón por miedo a generar otro tipo de mirada menos virtuosa sobre nosotros.

Si no pedimos perdón, corremos el riesgo de que el otro juzgue de cualquier manera nuestra actitud, como por ejemplo que estamos siendo soberbios o irresponsables, que si bien puede ser cierto, en realidad es solo uno de los aspectos interiores que nos inhibe para pedir disculpas.

Una de las características de quienes no suelen pedir disculpas es poner excusas para no enfrentar ni dar respuesta sobre lo que ha ocurrido a los posibles damnificados, inclusive llegar a demonizarlos. El perdón no solo ayuda a reparar sino también a generar vínculos con quienes nos relacionamos, haciéndonos responsables para poder dar respuesta a lo que nos pasa cuando cometemos un error tanto a la mirada ajena como a la propia.

Una de las claves para atrevernos a pedir perdón, es que necesitamos distinguir que lo que está mal es lo que hicimos y separarlo de nuestro estar siendo. Tener claro que lo que se nos reclama no es sobre nuestro ser sino sobre lo que producimos es fundamental para dar el primer paso y disculparnos.

Suele vincularse el perdón con el olvido, por eso con frecuencia nos negamos a perdonar fácilmente. Perdonar no es olvidar, por lo tanto siempre podremos recordar lo que nos pasó.

Se considera erróneamente que perdonar es liberar al otro de su culpa o, en el mejor de los casos, de su responsabilidad, regalándole la posibilidad de repetir su error.

Sin embargo, existe una mirada liberadora que relaciona el perdonar con acallar las voces internas que nos tienen atrapados. Si de forma constante tenemos en nuestra mente el pensamiento de la persona que nos perjudicó, estaremos expuestos a estar esclavizados sin que ella esté enterada.

Desde este punto de vista, al perdonar, los primeros beneficiarios seríamos nosotros, ya que nos liberaría de los pensamientos recurrentes que nos mantienen atados a quienes nos han dañado, y de esta forma salir del resentimiento y dejar de sentirnos esclavos.

Si cuando volvemos a tener un evento similar con quien tuvimos problemas en el pasado, sacamos el enojo y queremos culpar con mayor energía a quien antes nos perjudicó, estaremos ante la evidencia de que no habíamos perdonado profundamente, sino que quedamos resentidos en el fondo de nuestro corazón.

En cambio, al comportarnos como si lo sucedido pasara por primera vez, indicaría que hemos trascendido y perdonado de verdad lo que ocurrió en el pasado.

2.4. Vocabulario para el éxito. Encontrar la armonía

Una de las características del éxito es conseguir lo que deseamos. Existe una forma de comunicación que puede facilitar el trayecto y el arribo a nuestros logros. Esta es la forma de comunicar responsable, y no se basa en la manipulación de las palabras y los gestos, sino en nuestro compromiso conversacional, la manera de ver el mundo y lo que nos pasa con lo que observamos.

Los cambios que necesitamos incorporar para diseñar un lenguaje que nos abra la posibilidad de alcanzar una mejor efectividad por lo general son graduales y se alimentan de los resultados que obtenemos paso a paso. Automáticamente esto genera valor y se convierte en un camino más atractivo para recorrer.

Lo que determina nuestra manera de hablar y de hacer las cosas es que cada uno de nosotros tenemos una particular forma de observar el mundo. Por eso, por más que manipulemos lo que decimos si no cambiamos nuestro observador obtendremos los mismos resultados, aun hablando diferente en cada oportunidad.

Crecemos y aprendemos saberes y experiencias que ayudan a resolver los obstáculos que se nos presentan, pero a su vez ellos nos hacen desestimar otros puntos de vista y cerrar las posibilidades de actuar con mejores herramientas.

Según el biólogo chileno Humberto Maturana: "Soy totalmente responsable de lo que digo y totalmente irresponsable de lo que el otro escucha". A lo que se refiere el maestro es a que cada uno de nosotros tenemos una particular forma de interpretar lo que decimos y lo que escuchamos.

Decimos lo que decimos desde nuestras creencias y quienes nos escuchan lo hacen desde las suyas. De aquí se desprende que la mayoría de las comunicaciones resulten en malentendidos. Si queremos comprender lo que pasa en la mayoría de las comunicaciones, sería importante comenzar a chequear qué han entendido quienes nos escucharon cuando hablábamos, y viceversa, completar a través de preguntas lo que nos falta. De este modo nos responsabilizaremos de nuestra comunicación y reduciremos la brecha o zona de incertidumbre entre lo que decimos y lo que nos interpretan. Humberto Maturana completa su frase diciendo: "Me hago responsable de lo que mi decir genera en el otro".

De esta forma podremos cuidar no solo lo que decimos, sino cómo lo decimos con nuestros gestos, e inclusive distinguir nuestras corporalidades para que, quienes nos escuchan, puedan empatizar y entender lo que queremos transmitir. No podremos despegarnos del hecho de que cuando hablamos hay componentes que suelen estar invisibles e incorporados en nosotros, de forma tal que son imperceptibles y que no podemos darnos cuenta si juegan a favor o en contra, hasta que analizamos los resultados obtenidos.

Las consecuencias de las conversaciones con quienes nos rodean y coordinan acciones con nosotros dependerán en gran medida del diálogo que con frecuencia mantenemos con nosotros mismos.

Nuestros aspectos, tales como el miedoso, el inseguro, el desconfiado, suelen hacer estragos a la hora de mantener una conversación con alguien. No suelen contribuir, ya que generan estados de ánimo y emociones que nos predisponen de manera negativa a la hora de comunicarnos. Por eso es vital que revisemos el contexto, cómo estamos, y cómo están las personas que interactúan con nosotros a la hora de iniciar una conversación y hablar de ciertos temas.

Más allá de que existan palabras ofensivas por sí mismas y otras que dependen del contexto donde se digan pueden abrir o cerrar posibilidades, hay una variedad de ellas que complican nuestra posibilidad de hacernos y hacer responsables a los demás.

Palabras como uno, todos, alguno, ninguno, siempre, nunca, tal vez, tratar, intentar, etc., que no llegan a definir ni a mensurar nada en concreto, abren un sinnúmero de posibilidades para que ocurra y se interprete cualquier sentido, menos el que queremos darle.

Por ejemplo "yo" me responsabiliza, sin embargo "uno" aleja esa responsabilidad y hace que quien nos escucha relativice y no se comprometa con la intensidad que necesitemos.

En reuniones recreativas donde se trata de compartir emociones o experiencias, no necesitamos sortear estas palabras dado el contexto, pero en ocasiones de coordinar las acciones para obtener los resultados que queremos alcanzar, es vital sortearlas para no generar malentendidos. En cambio, las palabras que nos conviene decir surgen de un estar siendo donde nuestras conversaciones internas están en serena armonía con nuestros pensamientos. Esto nos predispone de una manera empática, que el otro puede percibir en nuestra corporalidad y en nuestro lenguaje. La manera de decir las cosas forma parte del éxito de la comunicación y puede facilitarnos obtener el éxito de lo que estamos buscando. La confianza y la coherencia interna favorecen el diccionario que nos permite generar el vocabulario para el éxito. Si queremos saber si alcanzamos un buen resultado con lo que dijimos, podremos chequearlo si nos hacen consultas o preguntas respecto de lo que hablamos. Esta es la mejor señal, y es un método efectivo para achicar la brecha entre lo que decimos y lo que se escucha.

2.5. Escucha activa. El beneficio de estar involucrados

La escucha activa forma parte de un tipo de comunicación que permite mostrar el compromiso que podemos mantener con los demás mientras escuchamos, inclusive es muy beneficiosa cuando queremos relacionarnos de manera más efectiva. Involucrarse, mirar a los ojos, dedicar el tiempo que sea necesario e indagar son características que definen la escucha activa. Las posturas corporales que permiten un acercamiento cuando escuchamos ayudan a mantener conversaciones más fluidas y favorables por la empatía que generan. Esta actitud genera el espacio para permitirnos entender qué sienten las personas cuando se enojan con lo que les pasa o no aceptan alguna circunstancia adversa.

Cuando los padres utilizan este tipo de enseñanza, aunque a veces sus hijos no consigan distinguir las emociones, la escucha activa facilita la contención necesaria para tranquilizarlos. Al ser escuchados con atención e indagados amorosamente pueden sentirse contenidos y comprendidos.

Los niños incluidos en este modelo de crianza tendrán la posibilidad de vivir en un entorno de comprensión y paciencia, y así aprender a manejarse en el mundo con mayor calma y equilibrio.

Es vital escuchar activamente a nuestros hijos para comprender cuáles son sus emociones recurrentes y guiarlos hacia estados de ánimo más funcionales. Si vemos valor en que puedan crecer sanos emocionalmente, podremos escucharlos con atención para que comprendan que esos momentos están destinados a entender lo que les pasa. Si comprendemos lo que sienten y no solo lo que dicen, será más fácil descubrir los motivos de sus enfados o rabietas. Esta crianza genera adultos menos vulnerables a los acosos de quienes los quieren someter, ya que aprenden a distinguir cuándo no son tratados como corresponde.

Por la falta de tiempo y el ritmo de vida de los que suelen ser víctimas los padres, por la complejidad y alejamiento que a veces se les impone a los hijos, la comunicación entre ellos tiende a distanciarse y producir interferencia en la interpretación de los más chicos. Lo mismo ocurre con los hijos adultos.

Cualquier padre que entienda el valor de involucrarse con la educación y la formación emocional de sus hijos puede utilizar la escucha activa como método de crianza. Solo necesitará dedicar tiempo para escuchar y estar con ellos. Algunos se arrodillan o inclinan para colocarse a la altura de sus pequeños, mirarlos a los ojos y así hacerlos sentir en igualdad de condiciones. Esto no significa que deban dejar de lado las reglas que les posibiliten crecer con una buena educación. El hecho de acercarse puede facilitar la empatía necesaria para que los niños se sientan contenidos y así generar un contexto de mayor confianza.

2.6. Construir confianza. Sus pilares fundamentales

La confianza es un tema recurrente en las personas y también en las empresas, organizaciones y países. Lo que a veces sucede es que no se cuenta con las distinciones que la componen ni lo que genera su obtención o falta. Vemos reportajes de periodistas a economistas que hablan sobre el tema confianza en el país, pero no terminan de explicar las condiciones necesarias y suficientes para restablecerla o construirla.

En nuestra vida personal y en el mundo de los negocios solemos cuidar la confianza como un auténtico tesoro, y su atención y resguardo son muy importantes. Necesitaremos entonces distinguirla genéricamente, conocer los parámetros de su generación, establecimiento, protección y cómo afianzarnos en ella.

Resulta fundamental, a nivel personal y organizacional, conocer los factores que construyen la confianza para, en caso que se vea afectada, reconstituirla y saber qué aspectos reparar, especialmente si no podemos establecer una comunicación fluida con quien la hayamos perdido.

La confianza basada en las 4C (confiabilidad, competencia, coherencia y compromiso) es el hilo conductor que permite obtener los resultados buscados y nos abre posibilidades de generar buenas relaciones, compromisos claros, acciones congruentes y delegar poder, entre otras cosas.

Confiabilidad: capacidad de cumplir y respetar los compromisos y promesas
"¿Es cierto que suspendieron pedidos? Si les cumplimos con todas las entregas en estos últimos dos años, no entiendo tanto alboroto por los atrasos de estos últimos tres meses..." Cuando cumplimos con lo pactado reafirmamos nuestra condición de confiables, para ello se requiere tiempo y cumplimiento con lo que nos comprometemos. Puede llevarnos un largo período de nuestras vidas ganar confiabilidad, pero perderla puede suceder solo en un momento.

La confiabilidad es un juicio que podemos establecer con el tiempo; si nos comprometemos y cumplimos con lo prometido seremos juzgados como personas que cumplen con lo pactado. Si bien no cumplir más una explicación no es igual a haber cumplido, una aclaración y un recompromiso pueden ser la llave para abrir una puerta que nos permita reconstruir la confianza dañada.

Podemos comprometernos tantas veces como podamos, pero corremos el riesgo de tener una relación de mala calidad y de que desde ambos lados se disparen conversaciones internas que puedan influir contra la confianza que deseamos obtener.

Competencia: conocimientos sobre un tema o dominio.

- **Saber hacer**

"Fue acertado comprar el hardware por el precio y el software por el prestigio de la empresa que los instala..." En este ejemplo queda claro que puede confiarse en algo o alguien en un ámbito y en otro distinto depositar nuestra confianza en quienes, según juzgamos, poseen mejores habilidades.

¿Elegiríamos a un compañero de trabajo que se desempeña muy bien en el área contable como defensor del equipo de fútbol que juega en el torneo de la empresa? Tal vez sí, siempre que cuente con esa capacidad, pero la elección dependerá del juicio que tengamos sobre su competencia para esa otra función. En otro aspecto, si alguien decide dejar a sus pequeños hijos en manos de amigos un fin de semana aparecerán varios nombres, pero tal vez no fueran tantos si pensara en alguien a quien confiar sus ahorros de toda la vida.

El tiempo de evaluación de la competencia a veces se ve reducido a lo que dura una simple conversación o a la búsqueda de referencias, pero, a diferencia de la confiabilidad, el período puede ser menor y, como siempre, dependerá del caso.

- **Coherencia: igualdad en las conversaciones públicas y privadas**

Cuando hablamos de coherencia relacionamos los tres dominios del ser: emoción, cuerpo y lenguaje, pues ellos reflejan de manera unívoca quiénes estamos siendo, cada uno de ellos muestra cómo nos sentimos, cómo nos presentamos corporalmente y qué decimos.

"No puedo entender cómo habiéndoles ofrecido todo nuestro apoyo a los ineptos de Sistemas no se sientan acompañados por nosotros para cumplir con las metas que nos imponen desde Gerencia..."

Si bien la gente de Sistemas no pudo haber participado del comentario anterior ni conoce el juicio que tienen sobre ellos, de alguna manera saben qué piensan de su departamento y por eso no se sientan apoyados. Con mucha más razón si este juicio entre secciones es de vieja data. Instaurados en el veredicto de que los de Sistemas son unos ineptos, toda la comunicación estará "contaminada" por ese dictamen y la coordinación de acciones estará basada en la desconfianza.

Existen técnicas de reconocimiento facial que permiten percibir hasta los secretos más profundos solo con mirar los gestos o microgestos de las personas. Pero no hace falta ir tan lejos, si distinguimos nuestra corporalidad y nuestro lenguaje podremos elegir los momentos en que sea propicio mantener conversaciones que abran posibilidades.

La complejidad del proceso de generación de confianza radica en que es nuestro ser, cuerpo y lenguaje, el que transmite, por lo tanto deberemos chequear qué juicios abren posibilidades y cuáles las cierran para transmitir nuestros mensajes.

Un mensaje emitido por teléfono puede delatar si estamos sentados, parados o con los pies en el escritorio, por supuesto que no en todos los casos, pero estamos expuestos ya que contamos con habilidades innatas para darnos cuenta, pero muchas veces no estamos presentes con estos temas. Hay gente que, por su experiencia, ha desarrollado su forma de escuchar, y si no nos damos cuenta de esta situación no podremos lograr los resultados deseados.

La coherencia establecida por tener conversaciones iguales en lo público y en lo privado, junto con la coherencia personal del líder es fundamental para ejercer la tarea de transmitir visiones, ayudar, desarrollar y empoderar al grupo.

En el líder juega un papel importante su formación y entrenamiento, pero básicamente es importante que no tenga su lado B dañado. Entendamos por lado B esos aspectos que internamente todos llevamos dentro y que suelen digitar nuestras vidas. Esta condición es un tema que queda supeditado a cada uno de nosotros, a la conciencia de cada líder y que podamos hacer o no un examen interno de los aspectos que aún no hemos sanado.

Muchas veces nos preguntamos por qué no logramos que los demás se comprometan con los objetivos planteados. La respuesta podemos encontrarla en algunos de los factores que enumeramos anteriormente.

La comunicación, corporalidad y estado de ánimo son los factores de coherencia que observan en nosotros las personas con las que tratamos. La información se va acumulando en grandes cantidades minuto a minuto; por lo tanto, el paradigma que indica que quien cuenta con más información se posicionará mejor ya no es tan válido. Quien tenga la habilidad de distinguir sus incoherencias, acepte y se adapte al cambio, será quien abra posibilidades en un mundo donde el cambio llegó para instalarse.

El metaliderazgo se apoya en este concepto para permitirnos permanecer como líderes y poder observar, no solo los logros que obtenemos, sino cuánto más podríamos lograr si pudiéramos convertir en funcional todo lo que aparece como disfuncional en nuestra coherencia, para sanar y acallar las conversaciones que cierran posibilidades y nos convierten en esclavos de juicios propios y ajenos.

- **Compromiso: capacidad de involucramiento y responsabilidad**

Involucrarse con un compromiso no es garantía suficiente para que podamos confiar en su cumplimiento, pero es necesario junto con las otras tres características para otorgar nuestra confianza a quien las posea.

En un principio, el análisis que podemos hacer del grado de involucramiento de una persona u organización suele depender de nuestra intuición, y aunque podamos mantener una conversación al respecto con quien estamos evaluando, necesitaremos tiempo, como en el caso de la confiabilidad, para determinar qué grado de responsabilidad y capacidad de respuesta podría ofrecernos ante determinadas circunstancias.

Hubo casos de políticos que ante algún escollo o resultado adverso en la gestión de sus gobiernos abandonaron sus puestos sin mayores explicaciones, traicionando así la confianza que sus seguidores había depositado en ellos en forma de votos. Involucrarse es un requisito necesario agregado como concepto que suma en estos últimos tiempos para otorgar el juicio de confianza.

3. Negociación. Negociar con nuestra razón o con el corazón

Si hay una actividad que nos demanda energía, es la de negociar. Lo que sucede después de una negociación, nunca nos dejará en la misma situación emocional que antes de haberla emprendido.

Analizaremos la diferencia y el valor que existe entre negociar con la mente o hacerlo con el corazón; o sea, anteponiendo la razón a los sentimientos o el corazón a la mente. Muchos estudios indican que los negociadores emocionales sacan mejores resultados que los calculadores.

> *A veces lo que una persona necesita no es una mente brillante que le hable,*
> *sino un corazón paciente que la escuche.*

Una investigación llevada a cabo en la Escuela de Negocios de la Universidad de Columbia ha puesto de manifiesto que los procesos negociadores basados en los sentimientos pueden dar mejores resultados que los hechos fríamente y de un modo objetivo. Otro de los datos que ha arrojado este estudio es que cuando se pone más corazón que cabeza la negociación es más sencilla.

Acordar con el corazón y nuestros valores no asegura el éxito de una negociación, pero manifiesta el compromiso de no manipular la situación ni a quienes están negociando con nosotros.

Esto determina que quienes tenemos enfrente, más allá de que tengan otros intereses, no nos vean como amenaza o aumenten sus prejuicios sobre nuestras intenciones, contrarias o no a las suyas.

Por eso los resultados son mejores, ya que no es necesario mostrar frialdad sino ejercer fortaleza sin manifestarla, de manera cordial o acordando desde el ganar-ganar. El desafío consiste en apartarnos de la vieja creencia de que si alguien gana, inevitablemente otro tiene que perder.

3.1. La importancia de saber negociar. Mejor alternativa

Negociar es una parte inevitable de nuestra vida personal, familiar, social y, por supuesto, laboral. Consiste en un esfuerzo de interacción orientado a generar beneficios. Puede resolver diferencias, obtener ventajas, diseñar resultados para satisfacer intereses, mejorar situaciones, resolver conflictos o llegar a un punto equitativo. Se trata de un proceso de interacción entre personas activo y dinámico.

En una negociación, las personas suelen enfrentar sus diferencias, querrán cumplir con sus objetivos de la manera más eficiente y reducir de esta forma el costo de aquello a lo que deberán renunciar.

Hay formas y espacios más adecuados que otros para generar los contextos que faciliten afrontar y resolver los conflictos que pueden aparecer durante una negociación.

Escuchar abiertamente y comprometerse son las claves para una resolución efectiva.

Existen muchas maneras de negociar, entre ellas podemos enumerar los posibles peldaños de una negociación efectiva.

Tener claro los objetivos propios y ajenos
Para cualquier negociación, primero debemos tener claro el objetivo que deseamos alcanzar. Así sabremos el límite bajo el cual no estamos dispuestos a aceptar, y que nos permitiría dar por terminada la negociación y dejar de invertir tiempo y esfuerzo.

Los objetivos claros brindan la oportunidad de empatizar con la otra parte, si fuera posible, para tomar conocimiento de los objetivos que ella pretende lograr.

Reconocer el compromiso con la negociación
Revisar cuál es el compromiso que tenemos al negociar es fundamental para entender qué queremos lograr para nosotros y enfocarnos. También analizar el de quienes negocian con nosotros y entenderlo puede significar la diferencia entre generar o diluir los posibles conflictos que puedan aparecer.

Transitar la negociación desde nuestros valores nos asegura una coherencia que pondrá de manifiesto a quienes negocian con nosotros el compromiso de llegar a un acuerdo sin manipular la situación. Esto facilita el contexto de fluidez y el encuentro de los puntos en común.

Nuestra escucha a la hora de negociar
La escucha tiene un valor importante a la hora de interpretar lo que se dice en una negociación. Si escuchamos comprometidos en entender los intereses de quien negocia con nosotros, estaremos más preparados para cerrar o dejar abierto un acuerdo según nuestra conveniencia.

Los preconceptos que nos tienen atrapados, conocidos como escucha previa, suelen interferir en la relación y en los contextos cuando negociamos. Dicho obstáculo puede complicar la negociación porque solemos anteponer los prejuicios, y de esta manera no interactuamos con quienes tenemos enfrente, sino con los juicios que tenemos de ellos.

El valor y la importancia del silencio
Para comprender al otro siempre es mejor escuchar que hablar. Si dedicamos el tiempo necesario para escuchar la propuesta del otro y después hablar, podremos crear el espacio para que de igual forma nos comprendan.

Al utilizar los silencios tendremos la oportunidad de mejorar la relación con la otra parte, porque podrá sentirse escuchada y apreciar nuestro interés en lo que nos comunica. También sirve para evitar reacciones viscerales o emocionales que puedan interferir con una argumentación más racional.

El silencio puede ser una gran herramienta para disminuir el desgaste físico y psicológico que se genera cuando negociamos. Este escenario nos permite razonar y tener más tiempo para las contraargumentaciones, que en ciertas situaciones necesitamos para dar a conocer nuestra posición.

Mejor Alternativa a un Acuerdo Negociado (MAAN)
Si antes de iniciar cualquier negociación tenemos la oportunidad de buscar, estudiar y diseñar una Mejor Alternativa a un Acuerdo Negociado (MAAN), lograremos posicionarnos en un lugar óptimo con respecto a nuestras emociones y capacidad de acción. Es decir que si llegamos a un acuerdo negociado con una mejor alternativa para resolver un conflicto, estaremos en el mejor de los escenarios. Desde allí podemos despegarnos del resultado de la negociación y como mínimo contar con una posibilidad, igual de efectiva o tal vez mejor, que la acordada. El único motivo que nos llevaría a negociar con la otra parte es algún compromiso previo con quienes concertamos la negociación.

• La importancia de ganar-ganar al negociar
La ventaja de negociar sobre la base de que no necesariamente quien tenemos enfrente en una negociación debe perder si es que nosotros ganamos, facilita el camino hacia cualquier acuerdo y suele fortalecer los vínculos. Los resultados pueden mejorar porque desde el ganar-ganar no es necesario

mostrar fortaleza y actuar con frialdad, podremos manifestar firmeza de manera cordial y, como dijimos antes, apartarnos de la antigua creencia de que si alguien gana inevitablemente otro tiene que perder. Esto determina que quien tenemos enfrente, más allá de que posea otros intereses, no nos vea como amenaza o aumente sus prejuicios sobre intenciones contrarias a las suyas de nuestra parte. Y demuestra que es importante, para quienes van a iniciar una negociación, diferenciar cuáles son sus estados de ánimo y sus emociones, no solo para estar en mejores condiciones de acordar, sino también para negociar un ganar-ganar. Distinguir en qué situación emocional estamos y si nos encontramos listos para arrancar una negociación, forma parte de nuestra propia legitimación, siendo este un pilar valioso para legitimar al otro.

3.2. Las emociones en la negociación. Negociar con sencillez

Si bien los seres humanos siempre estamos bajo la influencia de las emociones, existen personas que aun bajo los efectos de alguna de ellas intentan manipularlas y taparlas con ciertas estrategias que les darán diversos resultados, dependiendo de la suerte y la técnica que utilicen.

Aunque solemos negarlo o desconocerlo, la mayoría de las veces observamos al otro y podemos saber cuándo pretenden manipular o manejarnos de manera calculadora.

Los resultados de nuestras negociaciones no suelen ser definitivos, buenos o malos y pueden tener una determinada transformación y mejorar o empeorar con el tiempo.

Si mejoran, bien, pero si empeoran y estos resultados fueron obtenidos como consecuencia de la manipulación y el cálculo, poco se podrá hacer para renegociar en un futuro con quienes se haya tratado para llegar al desenlace de dicho acuerdo. Un contexto de esta naturaleza marcará de manera negativa la disposición de abrir nuevamente la negociación y cerrará las posibilidades para un nuevo acuerdo.

Cuando negociamos, nuestra percepción juega un papel preponderante en las conversaciones que utilizamos para llegar a un acuerdo. Desde esta posición, podremos observar que en la mayoría de los casos tenemos la ilusión de que nuestra verdad es la única, y la sostendremos hasta imponerla sobre los otros tarde o temprano. En realidad, lo que los seres humanos poseemos es una "percepción subjetiva", y por no aceptar a las personas como son y dejarlas ser solemos arremeter con nuestra mirada parcial como si no existiera otro punto de vista válido. Esto, por lo general, sucede en ambos lados del conflicto. En consecuencia, si alguien no cede cerramos las oportunidades para llegar a un acuerdo. A su vez, tendemos a objetar o resistir en el otro lo que no tenemos resuelto y que rechazamos en nosotros mismos. Así, la mirada sobre el otro se vuelve un cóctel de prejuicios y animosidades que nos predisponen de manera disfuncional para solucionar cualquier problema.

La confianza en nosotros mismos y en quienes tenemos enfrente al negociar cumple un rol fundamental a la hora de tratar algún tema con quienes necesitamos ponernos de acuerdo. Permitirnos, a través de la confianza, buscar los contextos apropiados e identificar los puntos que posibilitan arribar a una negociación efectiva, forma parte del éxito para ambas partes.

3.3. Dejar la mente a un lado. Escuchar la intuición

Somos seres emocionales que tomamos decisiones todo el tiempo. Como ya sabemos siempre decidimos bajo el efecto de alguna emoción; de hecho, tomamos todas las decisiones bajo alguna emoción que nos ha abierto o nos ha cerrado posibilidades. Lo que suele suceder es que sentimos varias emociones, pero una o dos son las que prevalecen y esto hace que a veces sean ellas las que manden sobre nuestras decisiones.

Es importante que cuando negociamos, tanto en lo personal como en lo profesional, podamos distinguir las emociones y estados de ánimo que generalmente nos invaden. De esta forma, podríamos gestionar dentro de nosotros un cambio si hiciera falta. Podemos hacerlo si trabajamos con la respiración, los pensamientos que nos nutren o simplemente buscar el momento en que podamos sentirnos en mejores condiciones para llevar a cabo algún acuerdo.

Con los estados de ánimo sucede algo parecido que con las emociones. Ellos devienen de nuestras emociones y son, desde el punto de vista de nuestra responsabilidad, más sencillos de distinguir y cambiar cuando tenemos el compromiso y las ganas de hacerlo para favorecer una negociación.

Sabemos que no es lo mismo negociar con nuestra pareja que con un hijo o un cliente. Esto suele ser así porque anteponemos nuestros sentimientos y emociones al posible acuerdo que necesitamos o queremos conseguir.

Hay estados de ánimo positivos para las negociaciones y que actúan en función de lo que queremos lograr; por ejemplo, estados de serenidad y confianza. Sin embargo, a veces, según el contexto, estamos tomados por estados de ánimo de miedo o preocupación que pueden llevarnos a tomar decisiones que cierran posibilidades.

Cuando dejamos la mente a un lado y escuchamos a nuestra intuición, lo hacemos para establecer mejores puentes con quienes negocian con nosotros y para contar con cierta confianza de por medio.

Para"apartar" la mente de la toma de decisiones, necesitaríamos soltar el control, que si bien suele ser una ilusión, da la apariencia de cierto orden.

Para escuchar a la intuición o al corazón, como suele decirse, tendríamos que darle valor a nuestros sentimientos más profundos. Esto a veces se complica porque solemos anteponer los prejuicios, y de esta forma, como vimos en varias oportunidades, tenemos la ilusión de estar interactuando con quienes tenemos enfrente cuando en realidad lo hacemos con los juicios que tenemos de ellos.

Distinguir que las emociones y los estados de ánimo que ellas nos dejan definen la acción, nos permitirá darnos cuenta de que chequear previamente cómo nos sentimos es vital para enfrentar cualquier acuerdo.

Para crecer personal y profesionalmente necesitaremos de una ampliación de conciencia y un desarrollo emocional. Ser conscientes de las emociones, entenderlas y reflexionar sobre ellas, permite que nos podamos transformar en un negociador experimentado, ya que la emoción define la acción. Para el gran biólogo chileno Humberto Maturana, las emociones son dinámicas corporales que especifican en cada instante el dominio de las acciones posibles en que se encuentra un ser vivo.

Por ejemplo, si uno de los negociadores está ansioso (emoción: ansiedad) se moverá de forma distinta frente al otro negociador que está tranquilo y siente que tiene todo el tiempo del mundo para llegar a un acuerdo con una emoción de serenidad.

3.4. Emociones influyentes a la hora de negociar. Las que abren y las que cierran

A la hora de negociar, existe una tendencia a clasificar las emociones en positivas y negativas, pero ellas se comportan facilitando o complicando posibilidades en el momento de arribar a un acuerdo.

Hay estados de ánimo que contribuyen a las negociaciones y actúan en función de lo que queremos lograr, por ejemplo, estados de serenidad y confianza; en cambio el miedo o la preocupación pueden llevarnos a tomar decisiones equivocadas, según el contexto.

Esto nos muestra que para iniciar una negociación es fundamental diferenciar cuáles son nuestros estados de ánimo y emociones, no solo para estar en mejores condiciones, sino también para legitimar a quienes tienen que acordar con nosotros. Distinguir en qué situación emocional nos encontramos y si estamos para arrancar una negociación, forma parte de nuestra propia legitimación, lo que a su vez es un pilar valioso para legitimar al otro, ya que no se puede dar lo que no se tiene.

Emociones como el miedo y la desconfianza pueden causar un comportamiento intenso e incluso irracional, lo que provoca conflictos que pueden llegar a colapsar todo tipo de negociaciones, aunque también puede ayudarnos a ser precavidos en contextos peligrosos.

En ese entorno, todo lo que se diga va a estar impregnado por los juicios que estas emociones disparen en la negociación. Aunque creamos que puede manipularse el lenguaje, en la práctica, a veces no aflora el miedo u otras emociones que tanto afectan al lenguaje sino que son los gestos los que las delatan.

Las emociones que abren posibilidades, como la confianza y el optimismo, suelen facilitarnos acuerdos, maximizan los beneficios mutuos y son un instrumento para establecer concesiones de ambas partes. También puede sentar las bases para futuras negaciones en contextos similares, donde el ganar-ganar no deje el sabor amargo de haber competido descarnadamente.

Por eso, junto con herramientas como un plan B, un MAAN y evitando prejuicios, se incrementa la efectividad de la negociación y se logra distinguir y elegir finalmente el estado de ánimo con que nos conviene entrar en ella.

3.5. Lo que quiero vs. lo que debo. Intuición o mente

La intuición ocupará un lugar importante o no en la toma de decisiones según la autoridad que le otorguemos. A partir de allí, también jugará un papel más o menos importante.

Existen personas que prefieren manejarse fríamente y tienen la ilusión de que así impedirán que las emociones y las intuiciones intervengan en el proceso de elegir la decisión más adecuada, pero está comprobado que en los seres humanos la mayoría de las decisiones se encuentran involucradas con emociones e intuiciones, nos demos cuenta de eso o no. De esta manera, todo proceso que implique tomar decisiones estará relacionado con ellas. Aun en las resoluciones más profesionales se verán las pinceladas de nuestro ser emotivo, por más que queramos disimularlo con todas nuestras fuerzas.

Esto sucede porque todo contexto profesional se encuentra rodeado por el contexto personal. Son las fibras personales las que se mueven cuando profesionalmente nos despiden o nos premian, y estas dispararán, según el caso, emociones, por lo tanto es un tema a tener en cuenta al momento de pesar la intuición en la toma de decisiones.

En las negociaciones, lo ideal es que lo que debo, que nos remite a la obligación de hacer lo que debemos hacer, y lo que quiero, que nos liga a lo que deseamos, estén alineados, para así no tener conflicto de intereses alguno. Cuando esto no ocurre y sentimos que debemos acordar desde alguna obligación, recurrimos a la mente. En cambio, desde lo que queremos, surge la posibilidad de que lo hagamos desde la intuición. Existen infinidades de contextos de negociación en los cuales nos veremos exigidos o no para llegar a un acuerdo. Esto dependerá de la riqueza de las herramientas con la que contemos para navegar en el mar de conflictos que suelen aparecer a lo largo de nuestras vidas.

4. Trabajo en equipo. La riqueza en lo diferente

En la vida de cada uno de nosotros tal vez nos haya tocado trabajar en grupo una o más veces. Lo cierto es que el solo hecho de juntarnos con otras personas para un objetivo común no equivale a que formemos parte de un equipo de trabajo. Por otro lado, existe una tendencia natural a dejar afuera a quien piensa distinto. Esta predisposición se apoya en la ilusión de que no queremos perder el tiempo en unificar las diferentes maneras de razonar y de pensar, o simplemente porque no tenemos ganas de escuchar lo que se contrapone con nuestra habitual forma de hacer las cosas.

Si viéramos el valor que significa incorporar distintas formas de pensar en los equipos de los cuales formamos parte, podríamos atesorar esa diversidad para enriquecernos con otra mirada y ampliar los resultados que se quieren lograr en conjunto. Si bien al trabajar solos podemos llegar más rápido, haciéndolo en colaboración con otros llegaremos más lejos.

En contrapartida, es interesante analizar qué sucede cuando creemos formar parte de un equipo, aunque en realidad estamos refugiándonos con quienes no compartimos compromisos similares. Por lo general esto hace que el tiempo transcurra sin que logremos objetivo alguno. A veces, seducidos por una tranquilidad temporal, preferimos estancarnos en vez de sufrir la ansiedad y la angustia que aparecen cuando encaramos nuevos desafíos para conseguir lo que deseamos al apartarnos de la caja de confort.

Aprender a dar para motivar a quienes nos rodean y consensuar una visión nos permitirá liderar y formar equipos confiables. De esta manera será mas fácil delegar, enrolar y comprometernos con nuestro grupo para que se convierta en un verdadero equipo de trabajo.

Transitar y aplicar la filosofía ubuntu nos permitirá ver el valor para manejarnos como un bloque, en donde nuestro resultado sea el de todos.

Diferenciar el deseo de la obligación para hacer las cosas puede darnos la magnitud de cuánto poder proporciona una u otra condición para alcanzar los objetivos.

Por último, para poder desarrollar un equipo de alto rendimiento con el equipo real del cual formemos parte, necesitaremos definir un organigrama de mando y funciones que nos permita controlar, medir y mejorar los estándares que alcanzábamos en el pasado.

4.1. El efecto manada. Cuando evitamos el miedo

La mayoría de nosotros suele contar con la posibilidad de discernir y distinguir cuál es el camino que nos conviene tomar. Aun así, en algunos ámbitos, sin analizar ni modificar lo establecido, con frecuencia seguimos y hacemos lo que hace la mayoría. El razonamiento que algunas veces hacemos parecería ser simple: lo que la mayoría o un número significativo de personas hacen, lo hacen sin posibilidad de equivocarse. Si antes de nosotros alguien o un conjunto de personas han pasado por lo que vamos a transitar y lo han hecho de determinada forma, esa forma es la correcta.

El también llamado "efecto arrastre" es una manera de manejarnos que solemos tener los seres humanos desde tiempos inmemoriales, como consecuencia de protegernos en grupos para resistir la amenazas de animales o de otras tribus. Los animales también aprovechan el efecto manada cuando, ante una amenaza, comienzan a moverse y correr todos juntos para despistar a sus depredadores.

Por otra parte, nuestro cerebro es uno de los órganos más ecológicos que existen, por lo tanto, si puede ahorrar energía en el análisis no se perderá la oportunidad y posiblemente nos induzca a tomar el camino ya recorrido por otras personas.

Aquí es donde el "corre primero y pregunta después" ha sido durante miles de años la primera reacción posible y más efectiva para protegernos como respuesta biológica a nuestro sistema cerebral reptiliano (neocórtex). Ante las amenazas, él envía una señal neuronal en cuestión de microsegundos, que hace que el corazón bombee la cantidad de sangre necesaria para que nuestras piernas puedan correr y ponernos a salvo.

Elegir el camino conocido para llegar a salvar un obstáculo o realizar una tarea de la misma forma constantemente sin cambiar ni desafiarlo, puede resultar una trampa para cada uno de nosotros, junto con el convencimiento de que "si muchos han pensado antes en ese problema y han llegado a esa solución, entonces debe ser la correcta".

La historia de los monos y los plátanos
Este experimento muestra la necesidad de preguntarnos el porqué de las cosas, de cuestionar lo establecido, distinguir las creencias propias y la necesidad de desafiarlas dentro de lo posible.

En un experimento se metieron cinco monos en una jaula. En un rincón de la misma se ubicaron en lo alto unos plátanos. Cuando uno de los monos ascendía por los barrotes de la jaula para acceder a la fruta, un asistente rociaba al resto con un torrente de agua fría. Al cabo de un tiempo, los monos asimilaron la conexión entre subir por los barrotes y el disparo de agua fría, de modo que cuando uno de ellos se aventuraba a ascender en busca de un plátano, sus compañeros se lo impedían con violencia. Al final, e incluso ante la tentación del alimento, ningún mono se atrevía a subir por la jaula. En ese momento, el asistente extrajo uno de los cinco monos iniciales e introdujo uno nuevo.

El nuevo integrante, naturalmente, trepó en busca de los plátanos. En cuanto los demás vieron sus intenciones, se abalanzaron sobre él y lo bajaron a golpes antes de que el agua fría hiciera su aparición. Después de repetirse la experiencia varias veces, el nuevo mono entendió que era mejor para su integridad renunciar a ascender para alcanzar la banana.

Luego el asistente sustituyó a otro de los monos del grupo inicial. El primer mono sustituido participó con especial interés en las palizas al nuevo mono trepador. Posteriormente se repitió el proceso con el tercer, cuarto y quinto monos, hasta que llegó un momento en que todos los monos del experimento inicial habían sido sustituidos. Todo sucedió sin que se les rociara nuevamente con agua fría.

Los experimentadores se encontraron con algo sorprendente. Ninguno de los monos que había en la jaula había recibido nunca el chorro de agua fría. Sin embargo, ninguno se atrevía a trepar para tomar los plátanos. Si se hubiera podido preguntar a los primates por qué no subían para alcanzar el alimento, probablemente la respuesta habría sido: "No lo sé. Esto siempre ha sido así".

La creencia habitual nos dice que el camino más fácil es aquel que ya fue recorrido. Esto tiene raíces en el pasado, donde se privilegiaba la supervivencia. Sin embargo, hoy por hoy suele ocurrir debido a la comodidad de respetar lo que está establecido, ya sea por mandato o por creer que no puede mejorarse.

Más que sentirse tranquilo, es la ilusión de seguridad la que seduce a muchas personas a elegir lo mismo que adopta su entorno. Lo que puede ser bueno para uno no tiene por qué ser bueno para todos, sin embargo, pasarla mejor sin innovar releva a las personas de tener que hacerse cargo de sus propias decisiones y esto suele aliviar la carga.

El efecto manada no es ni bueno ni malo, sencillamente puede abrirnos o cerrarnos posibilidades según sea el momento y la circunstancia en la que nos aferremos a él. En determinadas condiciones puede liberarnos el camino para acoplarnos a nuevas formas de trabajar, pero si no distinguimos cuándo puede abrir posibilidades de mejora, corremos el riesgo de perder la ocasión de realizar nuestro trabajo de manera más efectiva.

Jugarnos por algo puede significar hacernos responsables de nuestras propias decisiones y asumir las consecuencias. Esto suele ser difícil si no se tiene claro un compromiso y una visión; para ello debe distinguirse hacia dónde vamos. Si no somos capaces de definir un camino y una meta para cambiar el rumbo, probablemente no llegaremos al lugar donde nos estamos dirigiendo.

Desafiar lo que elige la mayoría puede ser la llave para no caer en el "mal de muchos consuelo de tontos", que nos lleve a explicar por qué no hemos podido alcanzar nuestros resultados, pero como los demás tampoco lo han resuelto nos quedamos tranquilos por un tiempo.

Trazar un camino no nos va a asegurar que en algún momento el efecto manada nos alcance, pero puede permitir que nos demos cuenta de cuándo entrar y cuándo salir, debido a que si no tenemos en claro nuestro viaje, trazado con anterioridad, difícilmente podamos volver a la senda cuando somos seducidos por lo que dice y hace la mayoría.

Si definimos una meta, es probable que el efecto manada no nos pueda convencer de hacer algo que no nos lleve hacia nuestra visión. Por eso, si le preguntamos a alguien que esté afectado por este fenómeno, es muy probable que no pueda fundamentarlo claramente y no tenga muy claro con qué finalidad sigue a la corriente.

En las empresas y en las organizaciones al efecto manada también se lo conoce como el efecto moda. El concepto es el siguiente: si ya lo estamos haciendo de esta forma y va bien, ¿para qué innovar?, pero la pregunta sería: ¿va bien?

La pérdida de oportunidades, que suele ser una amenaza permanente para cualquier empresa, suele nutrirse del efecto moda. La tendencia a mantener procesos y rutinas en las organizaciones es muy fuerte, y solo ante severas crisis se revisan las distintas formas de hacer las cosas, más allá de haberlas realizado con aparente efectividad.

4.2. Comprender el beneficio de compartir. Dar para motivar

La cualidad de dar y compartir puede colocarnos en un sendero donde tendremos la posibilidad de acercarnos y gratificar a las personas al mismo tiempo que generamos vínculos más sólidos para el armado de equipos que puedan lograr lo que se proponen. Para entender el valor de esto podemos concentrar sus beneficios en siete aspectos que nos permiten comprender las ventajas de dar.

1. Dar es desapegarnos de las cosas
Mientras más apegados estamos a los bienes materiales, más nos exponemos a la infelicidad. El control que el apego suele demandar nos resta energía para observar las cosas más sencillas que pueden ser las que nos den momentos de placer y felicidad en la vida. El soltar el control puede convertirse en un primer paso para emprender el camino del sereno desapego, acostumbrarnos a compartir, sentir alegría por lo que damos y ser más generosos.

2. Compartir y dar sin esperar nada a cambio
Como posibilidad de realización, utilizar la voluntad para hacer el bien suele ser un rumbo que muchos eligen para ayudar a los demás. Estar junto a quienes enfrentan una pérdida, apoyar a otros para amortiguar los efectos de la soledad y el apego por lo que ya no estará más puede convertirnos en facilitadores de mucho valor para los que nos necesitan. El dar sin expectativas constituye un eslabón fundamental para poder compartir desde la generosidad.

3. Dar nos enseña e invita a ser agradecidos
El dar nos ayuda a tener presente que existen personas que no tienen lo que nosotros sí. Nos hace ver el medio vaso lleno y los aspectos que no consideramos por tener lo que tenemos. Contribuir y compartir con quienes necesitan lo que nos resulta cotidiano tener, suele hacernos reflexionar

sobre nuestra abundancia, y no concentrarnos tanto en nuestra escasez o en lo que a menudo nos falta.

4. Dar de manera desinteresada
Sin que nos cueste esfuerzo, desprenderse sin esperar nada a cambio es señal de madurez y de distinguir que el crear expectativas de que algo vuelva cada vez que damos no nos servirá de mucho. Cuando vuelve, suele venir en formas muy diferentes de las que pensamos. Si abandonamos nuestras expectativas, podremos ahorrarnos el efecto que puede causarnos que algo nos vuelva de una manera distinta de lo que esperábamos. En estos casos es mucho mejor sorprenderse que decepcionarse.

5. Dar todo lo posible
El estar disponible cuando alguien necesita ser escuchado, el tiempo, el perdón, el saludar, el recibir nos constituye en una oferta para los demás y para nosotros mismos. Que sepan que somos confiables suele ponernos en el lugar de ser elegidos por quienes nos rodean. El saber recibir también forma parte del saber dar, no como contrapartida, sino como la posibilidad de otorgarle al otro la oportunidad de dar y que pueda sentirse pleno. A quien no sabe recibir le será muy difícil dar de una manera sencilla y fluida.

6. Dar y compartir motiva a otros
El dar, de manera incondicional y sin esperar nada a cambio, suele convertirse en un proceso multiplicador cuando motiva a quienes nos rodean. Se dice que sin bondad plena no hay generosidad; esto viene a cuento cuando lo que nos dan nos resulta escaso, y aunque recibamos lo necesario, vemos a quien nos lo ha dado como mezquino, y no como a alguien que nos ha ayudado. Para no caer en esta trampa necesitamos ser más precisos en nuestros pedidos o indagar a quienes pensamos dar alguna ayuda.

7. Ser generosos nos ayuda a ser felices
Está comprobado que la sensación de dar es muy gratificante, más cuando lo hacemos con bondad. La señal de que estamos dando de corazón no solo responde a que no esperamos nada a cambio, sino también a trascenderlo; o sea, que no vayamos a resentirnos cuando la persona a quien le hemos dado no responda a algún pedido o necesidad que pudiéramos tener. Si están ausentes las conversaciones internas que permanentemente, o por momentos, nos hagan recordar que hemos dado, habremos trascendido el hecho de dar.

4.3. Ubuntu, soy porque somos. Los vínculos

La manera de relacionarse de quienes viven en la filosofía ubuntu se basa en el reconocimiento de lo que significa "formar parte". En esta forma de vincularse una persona es una persona por causa de quienes lo rodean.

El formar parte del espíritu de ubuntu es una actitud que mantienen los nativos que habitan en el sur del Sahara. La expresión ubuntu proviene de la frase africana abreviada *Umuntu ngumuntu nagabantu*, que en lenguaje zulú significa: "Una persona es una persona a causa de los demás".

Quienes crecen y se forjan en esta creencia basan su identidad en el hecho de ser vistos, de ser reconocidos como persona y que los demás los respeten. La filosofía de ubuntu va más allá de la forma de comunicarse.

El saludo suele ser una de las acciones lingüísticas que definen nuestra manera de comunicarnos; por eso, en su idioma, las tribus de Sudáfrica que viven en ubuntu utilizan el "te veo", un equivalente a nuestro "hola", al que se responde "estoy aquí". Ellos consideran que hasta no ser vistos por el otro, no existen, y por lo tanto no son reconocidos como personas.

Esta forma de comunicarse parece ser la clave para entender lo que se ha generado en Sudáfrica en cuanto a la convivencia y explica por qué muchos fenómenos de liderazgo en ese país han alcanzado el éxito en tan pocos años.

La filosofía ubuntu fue utilizada por los líderes sudafricanos para transmitir la paz y el perdón en su población de blancos y negros, y fue determinante para acordar la convivencia con los demás y entre ellos mismos.

Más allá que ubuntu sea un concepto tradicional africano, en la nueva República de Sudáfrica se vio como una oportunidad y como uno de los principios fundamentales para apoyar la idea de un renacimiento africano. Ubuntu es el concepto filosófico fundamental que sirvió de base a la Comisión para la Verdad y la Reconciliación de Sudáfrica.

Los que adoptan como regla ética el ubuntu creen en la lealtad de las personas y en las relaciones entre estas, y la aplicación de esa creencia se resume en todo lo que es mío, es para todos.

La ética de quienes han adoptado el ubuntu, en parte, se apoya en la filosofía de ganar-ganar, distanciándose de la antigua idea de que cuando alguien gana, otro tiene que perder, no importa el ámbito o entorno donde esto se produzca.

Por eso, quienes se manejan con esta filosofía no creen que puedan ser enteramente felices si no lo es el conjunto, y no solo llegan mejor, sino que les permite llegar más lejos.

Esta actitud de compromiso con el grupo genera vínculos muy propicios para formar equipos cuyos resultados son más efectivos para el conjunto y no para alguien en particular. Es una llamada de atención para aquel líder que suele ser autorreferencial en sus discursos y egoísta en sus actos, ya que quien realmente vive en ubuntu no necesita ponerse antes que nadie porque el reconocimiento le llega por el solo hecho de pertenecer y le permite elegir ser mejor persona.

Ubuntu funciona cuando quienes lo practican y creen en él observan el resultado y comparten lo bueno y lo malo de sus logros.

Al igual que para la vida, ubuntu propone para las empresas coordinar los esfuerzos y la idea de una calidad de trabajo más equilibrada, y por lo tanto más sana. Lo que permitiría disfrutar de una mejor relación con nosotros mismos, con los demás y con el entorno. Disfrutar de un trabajo en equipo, puede hacer la vida más sencilla y facilitarnos el camino para reconocer nuestro potencial como seres humanos, realizar una cooperación efectiva y alcanzar finalmente el bienestar común.

En las empresas, la filosofía ubuntu requiere de ciertos pasos que a medida que obtienen resultados favorables pueden aumentar en intensidad, de forma tal que permitan resistir los contratiempos y alentar a sus integrantes a relegar el bien propio por el bien común.

Toda gran empresa que quiera iniciarse en esta filosofía necesitará de pequeños cambios, que al principio suelen ser casi imperceptibles, pero que luego se fortalecen. Esto comienza con la forma de comunicarse, ya que la manera de saludar y estar presente en el saludo constituye un pilar fundamental para la manera de pensar ubuntu.

A quien viva en esta filosofía le será difícil adaptarse a aquellas comunidades que pueden pasar horas en una empresa sin saludarse, ya que, aunque son personas abiertas y están disponibles para los demás, no se sienten cómodos si no son reconocidos con el saludo.

En las empresas el ubuntu puede servir como lazo de unión entre personas dispares, tanto en su cultura como en su manera de enfocar los problemas. Los ideales del ubuntu proponen la integración y aceptación de los unos a los otros aunque existan diferencias.

Desde lo participativo, ubuntu les permite a las personas que forman equipos sentirse seguros de sí mismos, sin verse amenazados cuando los demás se muestran más capaces en algún ámbito, al saberse incluidos en esa totalidad. Solo perciben que su estado de reconocimiento decae cuando alguien de su grupo es menospreciado o humillado.

Los equipos que se manejan con la filosofía ubuntu se esfuerzan por buscar el "por qué" y el "para qué" necesitan estar de acuerdo. Se permiten enriquecerse con la diversidad de pensamiento porque el actuar juntos es lo que les proporciona la fuerza para alcanzar sus objetivos.

El espíritu ubuntu los hace actuar unidos para encontrar las distintas soluciones, coordinar las acciones para los nuevos retos que se presentan día a día y gestionan sus actividades para el bien del conjunto.

Sin duda estas enseñanzas son aplicables y han sido beneficiosas tanto en la vida cotidiana como para los distintos desafíos empresariales, inclusive en los ámbitos de gobierno. El ejemplo es Sudáfrica, donde al enfrentarse a graves problemas étnicos pudieron encontrar soluciones alternativas a retos que se habían presentado en el pasado y se había fracasado. Ubuntu les permitió perdonarse y perdonar lo ocurrido en épocas pasadas, desde la trascendencia, sin olvidar y sin resentir, en pos de sanar heridas, apostar al futuro y de la unión de las nuevas generaciones.

Quienes reciben este legado tienen la oportunidad de elegirlo como aceptación de la legitimidad de quienes los rodean y así ejercer su capacidad de perdonar e integrar a aquellos que no piensan de la misma manera.

Decálogo del líder ubuntu

1. La comunicación de un líder ubuntu está basada en el reconocimiento.
   Suele basarse en apreciar e identificarse con el otro. El "te veo" y el "estoy aquí" hacen que sus relaciones tengan como pilar fundamental el reconocimiento hacia los demás y el suyo propio.

2. Al líder ubuntu le interesa el conjunto antes que el resultado.
   Esta filosofía hace que el liderazgo que entiende su espíritu, sepa que lo que constituye a un líder es el hecho de pertenecer a su grupo. Esto hace que reconozca a su gente, y a la vez se sienta reconocido por ellos. No suele pasar que todos los liderazgos cumplan con esta característica.
3. El líder ubuntu ve la diversidad como fuente de riqueza.
   Al reconocer como enriquecedora la diversidad en la manera de pensar de las personas, puede verla ya no como una amenaza, sino como oportunidad de enriquecimiento para el conjunto y un aporte de valor significativo para alcanzar el bienestar común.
4. En el líder ubuntu prevalece el bien común antes que el propio.
   El objetivo del líder solo tiene como resultado positivo el bienestar común. Suelen creer firmemente que si la mayoría no es feliz, el resultado no alcanza. Por eso juega un papel preponderante la constante comunicación de cuál es la filosofía que los une y que los lleva a trabajar en equipo de manera conjunta y responsable.
5. El líder ubuntu no solo genera seguidores.
   También suele generar líderes a su alrededor para que el equipo pueda funcionar sobre la base de la delegación, no solo de tareas sino también de poder, de forma que los logros beneficien al conjunto en general. Es vital para todo el conjunto que todos sus miembros estén inspirados y preparados para liderar en los distintos ámbitos donde sea necesario para lograr sus objetivos.
6. Al líder ubuntu le interesa desarrollar los intereses del grupo por encima del individual.

En esta manera de ver las cosas no se busca el éxito en lo individual antes que el grupal. Esto requiere que todos se concienticen y busquen un compromiso que satisfaga las diferentes inquietudes del grupo.
7. El mensaje del líder ubuntu también se basa en el "estamos juntos en esto".
Esta filosofía reconoce y aprecia las diferentes fortalezas de quienes componen el círculo. En ella se gestiona el "nosotros vs. el yo" mediante acuerdos y consensos que ponen en evidencia el valor de trabajar en conjunto para que ganen todos.
8. El reconocimiento del líder ubuntu solo decrece cuando un miembro de su grupo es humillado.
Es tal el lazo que une al líder con su grupo que solo el padecimiento de alguno de sus integrantes hace decaer su propio reconocimiento, y esta condición hace que naturalmente él y el resto se esfuercen por restaurar el bienestar de quien lo ha perdido.
9. El líder ubuntu también trabaja para su bienestar. Aunque su prioridad sea alcanzar el éxito del grupo, no perderá la visión de trabajar por sus ideales, ya que como ubuntu también necesita que todos puedan lograr sus resultados, ya sean individuales como grupales.
10. El trabajo del líder ubuntu está basado en la generación de confianza y en el cuidado de su grupo.
El cuidado del grupo con cada acto y cada palabra es fundamental para desarrollar confianza, así como también el conocimiento, la coherencia, el involucramiento y el cumplimiento de los compromisos que puedan construir su liderazgo.

4.4. La obligación y el compromiso. Poder y querer delegar

Existen personas que a pesar de haber ejercido durante muchos años como empresarios, managers, jefes, etc. son incapaces de delegar sus tareas, y cuando se les pregunta por sus motivos contestan: "Nadie puede hacerlas como yo", y por supuesto también lo fundamentan.

Estas personas tienen la ilusión de ser "imprescindibles" para la organización y suelen ser aquellas que cuando preguntamos dónde se realiza determinada tarea nos contestan que en el sector de tal persona. Esto indica que no ha podido profesionalizar el sector; más aún, cuando esa persona falta nadie hace su actividad, pase lo que pase, con los consiguientes efectos resultantes de ese tipo de organización, como incumplimientos, retrasos, falta de respuestas, etc.

Cuando suceden situaciones como la descripta, algunas personas buscan una oportunidad para entrenarse en la delegación de tareas que permita resolver estas cuestiones. Entonces, esos procesos puede llevarlos a que empiecen a delegar mediante el aprendizaje mutuo o la manipulación individual según sea necesario.

Este tipo de delegación no conseguirá solucionar la causa sino el efecto, debido a que si bien el delegar tareas puede ser un primer paso para mejorar la situación, el delegar poder será la estrategia que aumente la posibilidad de consolidar el sistema en los distintos procesos de coordinación de acciones.

La delegación de poder surge del compromiso de poner en manos confiables, según nuestro juicio, actividades que antes eran controladas por una autoridad o por nosotros mismos. Estas tareas y decisiones se llevarán a cabo con la impronta de quien sea delegado y de la forma que mejor le parezca. Una evidencia que refleja el compromiso con la delegación de poder es el chequeo de los resultados y no el paso a paso como forma de control, que se apoya en tener la razón y que jamás nos permitirá estar conformes con el trabajo delegado, y mucho menos brindar apoyo a quien se ha dedicado a realizar la tarea, tomar sus decisiones y obtener el resultado.

El delegar no solo es una ventaja competitiva, sino también un aliado permanente de nuestra calidad de vida. Por un lado, puede servirnos como base para el crecimiento ante determinadas oportunidades de la empresa, sin importar su magnitud, y por otro, brindarnos la posibilidad de dedicar el tiempo necesario para estar con la familia, amigos, deportes y establecer un equilibrio vital, tan indispensable para seguir adelante sanos en cuerpo y alma.

Creencias como "El ojo del amo engorda el ganado" llevadas al extremo suelen entorpecer las posibilidades de liberarnos de ciertos trabajos si los asignamos a personas que cuentan con nuestra confianza, lo que puede facilitarnos el progreso en otros aspectos de la vida.

Al no poder distinguir cuáles son los factores que desarrollan la confianza, así como también por no ver valor en la delegación existen personas a las cuales la delegación de tareas le lleva años de aprendizaje y de malas experiencias

El valor delegar se apoya en que quien sepa confiar tendrá la oportunidad de dedicarse a funciones más redituables, complejas o simplemente más placenteras.

Las creencias de que todo podemos hacerlo mejor o la incapacidad de comunicarnos efectivamente hacen que nos resulte más complicado delegar tareas, y mucho más delegar poder.

Si bien la posibilidad de delegar se resume a las conversaciones que tengamos con nosotros mismos sobre el tema, existe una gran resistencia a cambiar este paradigma. Si estamos comprometidos a delegar poder y si realmente queremos formar líderes, nuestro objetivo permitirá apoyar el proceso y los resultados obtenidos. Cuando evaluemos los resultados de la delegación y para chequear cuál ha sido nuestro compromiso, podemos preguntarnos:

- ¿Apoyo los resultados o juzgo para tener razón?
- ¿Qué nos faltó? o ¿Echaremos culpas?

De lo que nuestras respuestas indiquen podremos determinar si nuestro compromiso ha sido la delegación o demostrar que teníamos razón y que no es posible confiar en delegar nuestras tareas.

4.5. El enrolamiento. Diferencia entre vender y enrolar

El enrolamiento es una herramienta para el liderazgo y es de carácter binario. Cuando no enrolamos, nos enrolan; cuando no seducimos, nos seducen. La acción de enrolar está fuertemente ligada al compromiso de liderar porque nos mantiene conscientes de la necesidad de sumar a quienes coordinan acciones con nosotros en una visión que los involucre.

Cuando un líder enrola, ya sea con su visión o con una visión compartida, lo hace desde la posibilidad que le da la coherencia entre su lenguaje, emoción y corporalidad, que le permite inspirar sus valores y compromisos. A tal punto, que nosotros mismos podremos ver su valor para comprometernos y llevar a cabo las acciones necesarias para alcanzar los objetivos del conjunto. Este enrolamiento muchas veces se puede realizar mediante el poder de transmitir lo que esta visión significa para él.

Dadas sus convicciones, existen líderes que no necesitan hablar demasiado sobre su visión y su compromiso para tener seguidores. El enrolar suele ser "un estar siendo" del líder que le permite comprometer con su visión a los demás.

Esta visión puede ser propia o consensuada, siendo esta última el resultado del aprendizaje mutuo entre el líder y sus seguidores. De esta manera, la meta suele tomar más fuerza que si fuera impuesta por él.

También estará en la habilidad del líder que los enrolados hagan suya la visión propuesta por él.

La diferencia entre vender y enrolar queda al descubierto cuando analizamos la finalidad perseguida por cada una. Algunos especialistas dicen que es una delgada línea la que separa el vender y el enrolar en una visión pero, si ahondamos en el tema, veremos que la venta persigue un fin totalmente diferente del enrolamiento, y si bien puede ser totalmente legítimo, no es ni parecido al enrolar. Así como el quiebre se diferencia del problema según el observador que estemos siendo, el enrolar difiere de la venta según el enfoque de las necesidades que consideremos de mayor importancia y a las que estemos alineados y comprometidos.

Cuando queremos vender algo, la necesidad primaria suele ser nuestra, estaremos enfocados en nosotros; luego, con un poco de suerte y poder de convencimiento, puede ser que el posible comprador juzgue que también es suya la necesidad de comprar lo que estamos por venderle. Existe, como todos sabemos, infinidad de maneras y tácticas para lograr implantar esa necesidad en los demás.

Cuando enrolamos necesitamos enfocarnos en las necesidades del otro en un contexto apropiado para indagar y proponer este encuentro con sus necesidades. De esta manera, el poder comprometerlo con algo no es solamente en nuestro beneficio, sino que se convierte en un juego de ganar-ganar y rompe con la vieja creencia de que en cualquier relación vivencial cuando una persona gana la otra indefectiblemente debe perder. Por otro lado, nuestro estar siendo para el otro pone en funcionamiento nuestra seducción y nos conecta con experiencias propias que tendrán que ver con el enrolamiento como muestra acabada de resultados que nos han acompañado. Esto, para quien es enrolado, suele ser inspirador y digno de ser seguido y abrazado.

4.6. Equipo real y de alto rendimiento. El organigrama como apoyo

Si hay un grupo de personas que forman un equipo para determinada actividad, observaremos un rendimiento que caracterizará este comportamiento. El equipo real es precisamente el que podamos observar trabajando bajo estas características, más allá de su efectividad y lo que se pueda pretender de él.

A partir de una visión conjunta cualquier equipo puede convertirse en un equipo de alto rendimiento, dependerá de la convicción y el compromiso de su líder y de sus integrantes. Lo que lo identifica es su capacidad de reaccionar ante las eventualidades y su flexibilidad para cubrir los contratiempos, para luego volver a su funcionamiento normal. La mejora continua es aliada de este tipo de equipos, ya que les permite operar sobre las causas y no solo sobre los efectos que suelen traducirse en errores y sobresaltos.

Para convertir un equipo o grupo de trabajo en un equipo de alto rendimiento necesitaremos adquirir un diccionario y un lenguaje que nos permita conducir la coherencia del cuerpo –de tal forma que ganemos la confianza interna y externa del grupo– y así poder coordinar acciones en el ámbito donde actuemos.

Como sucede con los equipos, los organigramas reales, o sea los que nos indican las verdaderas funciones de quienes participan de los procesos, nos facilitan detectar las fallas internas del grupo.

El organigrama, si bien es un mapa y no un territorio, puede indicarnos en dónde se encuentra el problema que afecta a la funcionalidad del sistema. Determinar un organigrama de funciones que nos muestre lo más fielmente posible los puestos y funciones del equipo en cuestión nos asistirá y posibilitará controlar, medir y mejorar los procesos.

5. El coaching ontológico como asistente. Hacer coaching en el liderazgo

Hoy es muy común escuchar la palabra coaching tanto en los medios de comunicación como en las redes sociales. Lo que no resulta tan sencillo es determinar a qué tipo de coaching se refieren y mucho menos cómo se lo aplica. En este capítulo mostraremos qué es y para qué sirve esta disciplina que nos permite encontrar las herramientas necesarias para alcanzar el éxito.

También analizaremos en qué consiste y qué no es, para dejar en claro que el coaching ontológico se trata de una práctica dedicada a desarrollar las posibilidades del ser humano.

Parece ser que estamos en una etapa de la humanidad donde los líderes se destacan por su ausencia. De allí que resulte importante el aporte del coaching ontológico al liderazgo. Sus distinciones genéricas y sus valores, en primer lugar, le otorgan un carácter profundo a sus herramientas tanto conversacionales como corporales. En segundo lugar, no menos importante, es que el coaching ejerce su influencia al brindar al ser humano la posibilidad de transformarse a partir de los compromisos que le facilitan llegar a su propio liderazgo.

La adquisición de distinciones y la suma de nuestras creencias, aquellas que abren posibilidades, nos brindan la alternativa de transformarnos íntimamente y lograr nuestros objetivos.

Para elevar la efectividad de las comunicaciones, utilizaremos algunas distinciones que ya hemos mencionado y analizado en capítulos anteriores, que nos posibilitarán alcanzar un compromiso conversacional más acorde con lo que deseamos alcanzar.

El coaching acerca la posibilidad de mejorar las relaciones mediante la distinción de nuestros diferentes estados de ánimo, de las emociones recurrentes que suelen aparecer, así como a reconocerlas en los demás. Identificarlas nos permite mejorar la toma de decisiones, motivar a los demás y dejar de sentir culpa en vez de responsabilidad, que es una de las causas de mayor conflictividad entre las personas. Estaremos en condiciones de reconocer nuestro poder interior, de saber cómo conectar los deseos con los compromisos y de detectar, a través del lenguaje, qué nos provocan las obligaciones. Por último, podremos transitar el aprendizaje para comenzar a delegar tareas y poder. Esto finalmente nos permitirá crecer y atraer la prosperidad a nuestras vidas.

5.1. Coaching ontológico. Lo que el coaching no es

El coaching ontológico, sistémico y constructivista es una disciplina basada en el arte de indagar al otro, como un legítimo otro, que no es terapia, pero en algunos casos es terapéutico, ya que cuenta con técnicas y metodologías que se apoyan en la Gestalt.

Muchas personas tienen la creencia de que el coaching es una novedad o moda que recientemente ha desembarcado en el mundo del desarrollo personal y profesional. Esto no es precisamente cierto, el coaching ya tiene mucho tiempo entre nosotros y básicamente se apoya en una técnica ya conocida por Sócrates (470-399 a.C.) que utiliza como práctica principal la indagación. Él solía tener profundas conversaciones con su madre, que era partera en la antigua Atenas. De allí que se autodefiniera como un partero de las palabras. Cuando un discípulo lo buscaba para preguntarle sobre algún tema, él le respondía con una pregunta. Su mayor mérito es el haber utilizado la mayéutica, método inductivo que le permitía llevar a sus alumnos a la resolución de los problemas que le planteaban por medio de hábiles preguntas cuya lógica iluminaba el entendimiento.

Más recientemente, hace unas décadas, se desarrolló en Chile una corriente de pensamiento de la mano de algunos intelectuales como el biólogo Humberto Maturana, Fernando Flores y Rafael Echeverría que han sido los fundadores del coaching ontológico tal como se lo conoce y practica en la actualidad.

Si bien hoy por hoy cualquier persona que posea o haya tenido la competencia para alcanzar un cierto reconocimiento en su carrera estaría en condiciones de ser nombrado coach, esto no significa que lo que practica sea un coach ontológico. Aun así lo habilitaría para desempeñarse en determinados ámbitos y entrenar aprendices que necesiten desarrollar sus capacidades. Al provenir este tipo de coaching de distintas extracciones, los resultados suelen ser muy diversos. Por ejemplo, un reconocido bailarín es contratado para entrenar y mejorar los pasos de una pareja de baile, entonces pasa a ser su coach. De esta manera el rol del bailarín exitoso devenido en coach será el de marcar, dirigir, aconsejar a sus bailarines para acentuar lo bueno de su danza y reducir los defectos que pudieran tener en la pista mientras dure el baile.

Lo mismo sucede con un director técnico o entrenador deportivo, también llamado coach. Él suele buscar el mayor rendimiento de su equipo, aprovechar los errores del contrario, analizar los puntos fuertes y débiles del contrincante en la hora y media o más que dura el partido.

Sin embargo, nadie llamaría médico a alguien que enseñe a aplicar una técnica de reanimación o un torniquete sobre una herida sangrante a una persona, por más que estas acciones salven vidas.

Así y todo, como lo menciona Rafael Echeverría, el llamado coaching deportivo sigue siendo un modelo válido en muchas partes del mundo, ya que ha marcado un rumbo que, si bien en contadas ocasiones puede llegar a adolecer de cierta ética y valores, se sigue utilizando como el camino más corto hacia resultados efectivos.

También es posible que en momentos de angustia hayamos recurrido a algún sacerdote, consejero familiar o psicólogo para poder aclarar nuestros pensamientos, pero en ciertas oportunidades surgen dudas sobre si podrá orientarnos y facilitarnos el camino. El aporte del coaching ontológico puede convertirse en un recurso valioso que puede ser elegido por muchos.

El coaching ontológico nos prepara para ir más allá, facilita el camino para encontrar las soluciones a los problemas que se presentan a diario en nuestras vidas, nos posibilita utilizarlo todo el tiempo y no solo lo que dura una actividad puntual.

El coaching ontológico trabaja para facilitar el cambio de observador del coachee a través de la indagación, apoya el logro de sus resultados y su crecimiento personal, como se dice comúnmente "achica la brecha" entre lo que tiene y lo que quiere. A diferencia del coaching que no se basa en la transformación del ser que antes mencionamos, esta disciplina es más genérica, ya que abarca diferentes áreas, no solo el deporte o las artes sino también la vida misma y el ser, de ahí que lo definamos como ontológico. También se diferencia por el tiempo de aplicación, ya que, como dijimos, puede aplicarse durante más tiempo del que puede durar un deporte o competencia dados.

Las organizaciones que entrenan y capacitan a sus equipos de trabajo en las áreas de liderazgo y coaching ontológico parecen alcanzar mejores resultados que los que hubiesen conseguido solo con la sumatoria de las competencias individuales de quienes los componen. Esto puede comprobarse no solamente por la tasa de retorno de los entrenamientos en coaching que tienen las empresas, sino también por la calidad de vida en el trabajo, según declaran los respectivos integrantes de equipos de trabajo; su satisfacción y compromiso son una constante en las respuestas de las encuestas de clima laboral.

Para ampliar lo que pueda decirse del coaching ontológico podremos analizar lo que no es, y de esta forma no confundirlo con otras actividades que, aunque legítimas de por sí, no lo representan y tal vez esa sea la respuesta de por qué se dice que no resulta del todo efectivo.

Cinco razones por las que se confunde el coaching con otras disciplinas

1. El coaching no es consultoría, esta práctica remite a capacidades técnicas aplicadas en empresas que recurren a estos servicios para que les aporten las directivas a seguir. El coaching ontológico no se basa en aconsejar, sino en indagar, y a través de ello facilita el encuentro de los caminos a seguir.
2. El coaching no juzga, sino que genera, a través de preguntas, alternativas para poder elegir algún rumbo y diseñar un nuevo futuro. Si el coach se ve atrapado por sus juicios, puede declararse incompetente y pedirle al coachee dar por terminada la sesión o postergarla para otra oportunidad. Si esto vuelve a repetirse, podría derivarlo con otro profesional.
3. El coaching no muestra las cualidades propias o la supuesta superioridad del coach, pero sí es una práctica que posibilita descubrir los recursos del coachee. A través de la indagación, muestra al consultante alternativas y medios que le facilitan conseguir resultados que se le negaron hasta ese momento y que a partir de ahora podrá obtener a través de esta disciplina.
4. Coaching no es aconsejar ni decirle al coachee qué debe hacer, por el contrario, es él quien decide con qué comprometerse. Lo que él decida va estar bien. Un coach ontológico sabe que jamás debe interferir

con el futuro del coachee. No debería entrometerse entre el coachee y su futuro. Todo resultado obtenido por el consultante será mérito de él mismo.
5. El coaching no es terapia, suele ser terapéutico, pero no reemplaza a la psicología. Si bien se nutre de ciertas características de esa disciplina, no es conveniente trabajar con personas que se encuentren en situación de ser tratados por ese tipo de profesionales, salvo que por algún motivo lo recomiende un psicólogo.

5.2. Coaching para el liderazgo. Sus aportes

La práctica del coaching ontológico conecta el mundo de los negocios y las organizaciones para actuar como un eslabón entre el liderazgo y el management.

El coaching podrá aportar todo el desarrollo en el lenguaje, corporalidad y emoción necesarios para el hablar y escuchar responsablemente, facilitar la confianza de toda gestión efectiva en la cual se apoya el liderazgo y ejercer el management de manera profesional.

El coaching ontológico puede darnos la posibilidad de generar en las personas el compromiso con las actividades, con la empresa y con el bien común dentro de las empresas a partir de pedidos, ofertas y promesas.

Las posibilidades de su aporte tienen que ver con alcanzar y mantener vivo el espíritu de equipo dentro del ámbito donde desarrollamos las actividades que nos importan y a las cuales estamos comprometidos, e inspirar a otros en este camino. También aprendemos con el coaching que la confianza no viene con la gente como un atributo intrínseco sino que podemos desarrollarla y sostenerla.

El cambio de observador que nos ofrece el coaching ontológico es que "la única verdad" como tal, no existe, sino que existen hechos que observamos desde una interpretación y determinamos un "juicio" que, según sea la autoridad que le otorguemos, se transforman en declaraciones, las cuales pueden abrir o cerrar posibilidades respecto a aquello que deseamos.

La posibilidad de generar en la gente el compromiso con sus actividades, con la empresa y con el bien común dentro de las empresas estará íntimamente ligada a la calidad de la comunicación que exista entre las personas que coordinan acciones.

El coaching es una disciplina y una interpretación de los seres humanos que tiene la característica de renovarse, transformarse permanentemente y que se define en tres dominios fundamentales: el lenguaje, la corporalidad y la emoción, creando desde allí todo un diccionario que aparenta ser nuevo pero no lo es tanto, dado que solemos tenerlo incorporado y solo necesita ser mostrado para que cada uno de nosotros acomodemos internamente las diversas distinciones genéricas que ya poseemos.

El coaching se renueva y se transforma de forma constante desde la convicción de que el ser humano es un "estar siendo" que cambia sus creencias si se lo propone.

Lo que suele ocurrir a veces, es que algunos hábitos y paradigmas permanecen en nosotros durante largo tiempo, entonces tendemos a creer que somos de tal forma y no que tenemos un estar siendo que perdura en el tiempo.

Ese estar siendo no significa que no tengamos la posibilidad de transformarnos y cambiar los hábitos que nos cierran posibilidades. Una de las características del coaching ontológico es que ve y trata a las personas como posibilidad para el cambio, no por lo que está siendo sino por lo que puede ser.

Como dijo el gran maestro Ray Dalton con relación a los coaches ontológicos, "somos como ese guía en una visita a una galería de arte que trata de llamar la atención del alumno sobre lo que hay, que se detenga ante una obra y que la magia ocurra, somos solo eso...".

El coaching ontológico es una disciplina que recibe los aportes de muchas corrientes, como por ejemplo la programación neurolingüística, la psicología, las neurociencias, el psicodrama, etc., pero no por eso carece de personalidad, sino todo lo contrario, estos aportes suman características muy interesantes.

El coaching ontológico nos prepara para ir más lejos y facilita el camino más allá de determinada tarea, o sea que se vuelca todo el tiempo y no solo en lo que puede durar una competencia o actividad determinada.

Muchas de las distinciones que nos propone el coaching nos acercan la posibilidad de generar el compromiso de las personas con las actividades, las empresas, el bien común, y aportan a la comunicación, a la visión y a los objetivos que tienen que ver con alcanzar y mantener vivo el espíritu del equipo en el ámbito donde desarrollamos las actividades, comprometiéndonos a inspirar a otros en ese camino, como habíamos planteado al comienzo.

Al desarrollar distinciones como escucha, declaraciones, pedidos y ofertas encontraremos los accesos que posibilitaron que muchas empresas hayan podido alcanzar la visión de contar con equipos comprometidos con sus actividades, y en la actualidad esas personas se sientan parte de estos equipos, al colaborar desde la oferta su compromiso de sostenerlo y apoyarlo día tras día, basándose en la confianza y el respeto.

El aporte de las distinciones del coaching ontológico permiten establecer los recursos necesarios para la creación de equipos, generación de líderes, utilización de recursos preexistentes y el compromiso de nuevos integrantes que puedan sumarse, a través de una retroalimentación del propio equipo, desde la visión y la motivación que inspiran los compromisos manifestados en cada conversación que se realiza.

Los posibles caminos que podemos emprender para la gestión del liderazgo desde esta mirada se dirigen a:

- Mejorar la comunicación: la escucha.
- Mejorar las relaciones: las emociones y estados de ánimo.
- La toma de decisiones y la motivación: la culpa y la responsabilidad.
- Poder delegar: la obligación y el compromiso.

5.3. La escucha. Mejorar la comunicación

Como vimos en el Capítulo II, puntos 5 y 6, para mejorar la comunicación y convertir nuestras conversaciones en conversaciones efectivas, necesitaremos revisar nuestra escucha y preguntarnos, cuando escucho, ¿para qué compromiso escucho?

- Si escucho para interpretar juicios contrarios a los míos, ¿qué escucho y qué genero?
- Si escucho para interpretar que siempre se equivocan, ¿qué escucho y qué genero?

Estos ejemplos permiten observar que la escucha previa, donde escuchamos nuestros propios juicios y no el compromiso del otro, nos cierran posibilidades de legitimar al otro al darle un carácter disfuncional a la comunicación. Cuando nos referimos a comunicación nos referimos a coordinar cualquier tipo de acciones desde las declaraciones, los pedidos y las ofertas.

Para sanar las relaciones necesitamos limpiar y salir de la escucha previa, revisar nuestro compromiso, pasar a una escucha comprometida y permitir que el fenómeno de la escucha sea de carácter relacional y bidireccional.

Finalmente, si escucho para la posibilidad, ¿qué escucho y qué genero?

5.4. Emociones y estados de ánimo. Mejorar las relaciones

Cuando estamos ante un acontecimiento y lo interpretamos puede ocurrir que intentemos controlar las emociones que nos surgen, de esta manera no solo las negamos sino que también podemos caer en la trampa de quedar secuestrados por ellas.

A través de una conversación interna responsable podemos revisar nuestras emociones, abrirnos a un espacio reflexivo y permitirnos vivir una libertad que desafíe a nuestras creencias. Esta mirada puede abrirnos un camino para continuar con el desarrollo de nuestras actividades, convivir aceptando lo que nos pasa con las emociones e incorporarlas como parte de lo que es posible que pueda pasar.

Si el acontecimiento que dispara una emoción es identificable, podemos influir en la aparición o desaparición del "disparador". Como líderes, necesitamos evitar los disparadores que cierran posibilidades (descalificar, culpar, "pasar facturas", exigir, controlar, castigar, etc.) e incorporar aquellos que las abren (pedir, ofertar, gratificar, reconocer, etc.). Al igual que las emociones, los estados de ánimo aparecen a partir de ellas y son el reflejo de la interpretación que hará que actuemos abriendo o cerrando nuestras posibilidades en el futuro.

Desde el punto de vista colectivo, el estado de ánimo es un fenómeno que se suele propagar y transportar. Por lo tanto, es de vital importancia diseñar, desde un compromiso grupal, disparadores que nos permitan desarrollar un ámbito de trabajo de fluidez y armonía (abriendo posibilidades) que puedan mantenerse en el tiempo y que desplacen a cualquier otro que pueda cerrarnos posibilidades.

5.5. Culpa vs. responsabilidad. Toma de decisiones y motivación

En las reuniones donde se tratan aspectos como la falta de conformidad o cómo llevar adelante la reparación de un procedimiento que no ha sido llevado a cabo por alguna razón, surge la culpa como emoción recurrente. Al presentarse en forma disfuncional suele cerrarnos la posibilidad de encontrar la salida o la oportunidad ante la crisis, y a veces dispara estados de angustia, resentimiento, enojo, etc.

Cuando se trata de cumplir, hacer cumplir órdenes o simplemente respetar normas en nuestras ocupaciones, y esto no sucede, culpamos a alguien o somos culpados.

La culpa es una emoción que manifestamos de forma recurrente cuando juzgamos que se ha violado un código o norma establecidos. Esto genera con frecuencia resistencia propia y ajena a la hora de interpretar una crisis como una oportunidad en cualquiera de nuestras actividades.

Con el liderazgo tenemos la oportunidad de transformar la culpa disfuncional en funcional. Esto nos otorga la posibilidad de salir de un modelo culpador donde el castigo, la resistencia, el enojo, etc., no nos permite diseñar futuro ni coordinar acciones de manera fluida. Si escuchamos con todos nuestros sentidos y nuestro ser, podemos ser oferta para ver de qué manera necesita el culpado ser informado y escuchar sus posibles miedos. Es esencial que el culpado pueda entender que la norma también lo protege a él y que ella le sirve de guía, encontrando el valor que tiene para no transgredirlas.

Desde el compromiso con la responsabilidad podemos diseñar el futuro accionando y declarando a partir de pedidos, ofertas, y alejarnos de un estar siendo víctima y no describir el pasado como una resistencia al futuro. La responsabilidad es algo que nos permite avalar lo que hacemos, lo que decimos y nos otorga capacidad de respuesta.

A partir de darnos cuenta de cómo lo que decimos impacta en el otro y construimos nuestra coherencia desde la garantía de hacernos cargo de nuestras declaraciones, estamos abriéndonos el camino para comunicarnos efectivamente.

La confianza permite tomar decisiones y motivar a quienes nos rodean desde un contexto de involucramiento y competencia que inspira a comprometerse con sus actividades a quienes colaboran y coordinan acciones con nosotros.

5.6. La obligación y el compromiso. Saber delegar

La obligación surge por lo general de una autoexigencia o algo que se nos ordena para, muchas veces, dejar de lado lo que queremos. Al sentirnos obligados con cierta ocupación, reaccionamos según el tipo de nuestra responsabilidad, estar siendo, emociones, etc. Cuando desde el lenguaje decimos "tengo que hacer", delatamos que lo que vamos a realizar es a partir de una obligación.

Nuestros deseos de hacer las cosas, en cambio, los manifestamos con un "quiero hacer", y así mostramos el compromiso que nos mueve. El problema surge cuando confundimos querer con compromiso.

La distinción entre querer y estar comprometido suele ser la principal confusión en la que están inmersas las personas que no pueden alcanzar sus metas. Seamos buenos o malos, todos estamos comprometidos con los resultados que obtenemos. Este razonamiento puede resultar ilógico cuando consideramos que las razones por las cuales no logramos nuestros objetivos son externas a nosotros y son las que han influido sobre nuestros resultados, entonces nos victimizamos y ponemos el poder fuera de nosotros. Tanto cuando los logros son efectivos o cuando nos golpean, somos totalmente responsables de lo que nos pasa; por lo tanto, formamos parte de la solución y de los resultados que no podemos obtener. Si nos sentimos parte de la solución, podremos chequear si estamos involucrados con lo que queremos y así comprometernos con el resultado deseado.

Cuando logramos ver el valor de delegar, ya sea poder o actividades, y acceder a la posibilidad de que las personas con las cuales interactuamos se comprometan a cumplirlas, podemos diseñar una visión propia o consensuada por medio de conversaciones que nos permitan declarar dichos compromisos a través de pedidos, ofertas y promesas. Pasar de la obligación al deseo de delegar, basados en el valor que esto significa para el empoderamiento de quienes nos rodean y nuestra calidad de vida, nos permitirá acceder a actividades más propicias que nos permitan no solo obtener mayores beneficios sino comprometernos con nuestra prosperidad.

6. Metaliderazgo. Llegar para mantenerse

Estamos por llegar al final del camino, pero en realidad es solo el comienzo, para aprovechar lo que hemos recorrido y entender que si necesitamos cambiar, si estamos comprometidos con una modificación, podemos echar mano a todas estas posibilidades de reinterpretar nuestras creencias. Principalmente aquellas que no nos han facilitado alcanzar nuestros deseos. Analizaremos en este último trayecto el aporte del liderazgo para achicar la brecha entre lo que tenemos y lo que queremos. Primero necesitaremos liderarnos, o sea desarrollarnos como líderes, y luego liderar las circunstancias. Tanto las que provocamos o diseñamos como las que nos llegan a cada momento.

Nuestro liderazgo puede apoyarse en la actitud que presentemos frente a determinadas situaciones. Estas suelen desafiar nuestro estar siendo, según las cualidades y competencias que poseamos ante ciertos sucesos en uno o varios dominios de nuestras vidas. En algún momento de su existencia casi todo el mundo ha liderado alguna situación que, por intuición o por conciencia, ha manejado para lograr que las cosas sucedan.

Un líder que se comporte como tal en todo momento y en todos sus ámbitos no es algo que se encuentre con frecuencia. Esto se debe a que nuestra condición de seres humanos nos limita ontológicamente, ya sea por las creencias que poseemos o por nuestra biología.

Existen numerosos libros sobre liderazgo. Si buscamos en ellos, encontraremos que nos muestran los más variados métodos para alcanzarlo. Si bien estamos conectados a través de las redes que nos aportan todo tipo de información al respecto, nada nos garantiza liderar lo que queremos a fin de alcanzar lo que deseamos.

Pueden leerse libros sobre liderazgo basados en que para liderar necesitamos tener conocimientos previos en la materia que vamos a abordar y haber pasado por experiencias que permitan conducir a buen puerto a quienes lideramos. Este es un punto de vista válido, aunque coloca al que lidera en la condición de que lo que suceda necesita estar dentro de su caja de conocimientos. Sabemos que no siempre es así, ya que el mundo y las circunstancias cambian permanentemente.

Un líder con mayor cantidad de competencias técnicas acortará los caminos hacia mejores resultados, pero si a esto agregamos la capacidad de desafiar sus propias creencias con competencias genéricas, estaremos ante un líder con mejores aptitudes de cara a lo nuevo. Esta condición de aprendiz le otorgará características de alto valor para generar no solo seguidores sino también nuevos líderes.

Estamos asistiendo a un cambio de paradigma y a una transformación donde la creencia indicaba que los líderes debían contar con competencias técnicas y conocimientos sólidos sobre sus organizaciones, para dar paso a un liderazgo que, desde nuevos desafíos, escucha e indaga en su entorno para hacer honor a la frase "La salida está en el otro", que no es ni más ni menos que un nuevo enfoque para los desafíos actuales. Por lo tanto, aquel líder que pretenda llegar al metaliderazgo necesitará entrenarse en la escucha comprometida y la indagación, desde el deseo de legitimar al otro.

En este caso, la duda puede ser el motor de las preguntas que puede hacer un líder en el nuevo paradigma. No la incertidumbre como solución a todos los problemas, sino como posibilidad de que las respuestas obtenidas puedan facilitarle distinguir para elegir.

6.1. Desarrollar el liderazgo. Definirnos líderes

La responsabilidad de liderar en alguno de los ámbitos de nuestras vidas puede nacer de algo que nos falta o de cierto compromiso con quienes nos rodean. En estos casos, desarrollarnos como líderes depende de nosotros.

A veces, las circunstancias externas también nos conducen e incentivan a que nos convirtamos en líderes. Ocurre cuando personas que ante el desastre que significa la caída de un avión sirven, organizan y cubren el rol de líder casi sin pensarlo.

Es conocido el caso en el que personas que podríamos denominar "comunes" han liderado rescates o la salvación de personas luego de catástrofes o accidentes y se han visto liderando en dominios donde no tenían ni la más remota experiencia. La característica se repite una y otra vez, y a pesar de que estos líderes ocasionales a veces no hayan querido serlo, como decimos habitualmente, "le pusieron el cuerpo".

Este liderazgo circunstancial no es el tipo de liderazgo que analizaremos, ya que lo que nos hace líderes en esos casos probablemente no podamos distinguirlo; por lo tanto, disfrutemos o no de él no sabremos cómo mantenerlo o cómo poder aplicarlo en otro dominio de nuestras vidas. Dependerá del compromiso en determinado ámbito lo que nos lleve a emprender el camino hacia el liderazgo y su efectividad, que podrá apoyarse en nuestros valores, competencias, involucramiento, confiabilidad, coherencia y luego también de las circunstancias externas. Estas últimas, como las oportunidades, la suerte, etc., pueden retrasar o adelantar la llegada de ese estar siendo líderes. Este tipo de liderazgo consciente al que nos referimos es el que nos permite distinguir cuáles son las características que nos hacen líderes, y así poder alimentarlas y mantenerlas de manera que nos abran posibilidades al ejercerlo.

No existe una definición exacta de líder, pero sí podemos definir qué tipo de líder queremos ser, y para ello podemos elegir y compartir algunas de estas definiciones:

- Líder es aquel que influye sobre los demás.
- Líder es quien tiene una visión y la comparte.
- Líder es quien genera líderes, más allá de sus seguidores.
- Líder es quien deja un legado.
- Líder es quien se distingue por la innovación.
- Líder es quien sirve, agrega valor, descubre.
- Líder es quien escucha, acepta y se adapta.
- Líder es aquel que trasciende sus logros.
- Líder es aquel que hace que las cosas sucedan.

Existen muchas más definiciones para agregar a la lista, pero digamos que las mencionadas son bastante atractivas para definir el tipo de líder del que vamos a hablar.

6.2. Desafíos del liderazgo. Lo que necesitamos

Podemos encontrar miles de librerías en el mundo con trabajos acerca del liderazgo, sin embargo los líderes no son muy fáciles de encontrar. Lo que se desprende de esto es que a través de los libros podremos conocer estilos, formas de liderar, cómo clasificarlos y las características innatas, e inclusive adquiridas por los distintos líderes reconocidos mundialmente, pero no podremos adquirir sus habilidades solo leyendo uno o varios libros sobre el tema.

También hay cursos motivacionales que relatan cómo ciertos CEOs o líderes han podido tener éxito en sus empresas. Participar de estas presentaciones no nos garantizará que al aplicar sus principios o recetas tengamos resultados exitosos, y mucho menos que podamos alcanzar un liderazgo.

Lo que puede facilitarnos convertirnos en líderes, es observar quiénes estamos siendo para llevar adelante nuestro proyecto, y esto a su vez depende del entrenamiento en competencias genéricas que adquiramos y de cuánto nos apeguemos a la ética y a nuestros valores.

Una vez que ejerzamos nuestro liderazgo podremos enrolar a otros al mostrarles el valor de nuestra visión, que también podrá ser chequeada y revisada por quienes quieran compartirla; esto en un ámbito de liderazgo democrático, donde todos pueden aprender.

Está de más decir que sería complejo aplicar lo recién dicho en un contexto de rebeldía, donde es otro tipo de conducción la que podría ejercerse.

No hace falta ser sociólogo o licenciado en ciencias políticas para saber que lo dictatorial no tiene asegurada su permanencia en el tiempo, condición necesaria para el metaliderazgo.

Hemos recorrido este camino transitando muchas de las competencias genéricas que se necesitan para sortear, o por lo menos facilitar la salida, los problemas y adversidades que en la mayoría de los casos solemos generar sin poder distinguirlo. También hemos explorado una cantidad de herramientas que nos permitirían, junto al compromiso de liderar en los ámbitos que deseemos, alcanzar mejores resultados.

No podemos dar lo que no tenemos, por lo tanto, para liderar necesitaremos legitimarnos, liderarnos, conocernos a nosotros mismos y respetar nuestros valores y creencias. Esto posibilitará comprender al otro y legitimarlo.

Si no nos lideramos será complicado que podamos tener

la coherencia de un líder y que esto nos permita liderar en el ámbito donde queramos influir sobre las personas.

También dependerá de nuestra visión y confianza que podamos generar una coherencia para liderar; esta capacidad será un punto valioso para poder inspirar en los demás la posibilidad de seguirnos y obtener resultados efectivos. Cuando el líder habla en privado, lo mismo que cuando lo hace en público, obtiene una fuerza que es vital para la construcción de dichos resultados exitosos. Como se ve, la receta de cómo llegar a ser líder puede convertirse en algo complejo, pero resulta más sencillo conocer lo que no debe hacerse.

La comunicación efectiva será un aliado indispensable a la hora de ejercer influencia en los demás y hacer que las cosas sucedan cuando queramos que pasen. Es el hilo conductor que nos permitirá construir confianza para generar relaciones que nos posibiliten relacionarnos con quienes coordinaremos acciones, comprometernos para la acción y finalmente alcanzar logros con resultados efectivos.

6.3. El líder que nace vs. El que se hace. Distinguirnos líderes

Si observamos la historia, podemos hablar sobre los caminos que han recorrido los líderes que muchos de nosotros conocemos, pero conocer esos caminos no nos garantizará que nos transformemos en uno de ellos.

Se han clasificado estilos de liderazgo desde todos los puntos de vista posibles, la bibliografía nos permite juzgar y clasificar sus distintos tipos. Sin embargo, lo importante no es etiquetar, sino asumir desde nuestro compromiso cuál es el estilo de liderazgo que deseamos tener y poder distinguir cuáles son los cambios que nos posibilitarán alcanzarlo.

Este libro no pretende clasificar la infinidad de características, contextos, dominios, etc. que definen a un líder, sino facilitar el distinguir qué tipo de líder podemos elegir ser ante un determinado contexto o problema, y realizar un viaje imaginario que nos permita observar las posibilidades y oportunidades que nos ofrece la vida, para liderarla en el ámbito que queramos o necesitemos.

Si en este viaje conseguimos plantearnos qué podemos hacer para liderar y liderarnos, habremos descubierto la llave de un mundo donde el paradigma que dice "líder se nace, no se hace" es solo eso, una creencia limitante para que unos pocos puedan manipular el poder de muchos.

Existe toda gama de líderes y combinaciones entre los innatos y los que se han convertido pero, a modo de ejemplo, hablaremos de los extremos: los que nacen y los que se hacen.

La persona que nace líder para un determinado ámbito de su vida, lo pone en práctica y lo desarrolla posee la ventaja de disponer naturalmente del carisma que la suerte le ha puesto en sus manos, y esto suele generar en los demás una atracción casi irresistible.

El líder que se hace probablemente necesite entrenarse y adquirir distinciones genéricas sobre lenguaje, corporalidad y emoción para sumarlas a sus condiciones innatas que probablemente se encuentran dentro de él pero que no fueron suficientes para ejercer un liderazgo natural.

La diferencia a favor del líder que se hace radica en que cuando el líder que nace quiere incursionar en otros ámbitos o dominios, puede que no tenga las distinciones necesarias para hacerlo, y en este caso no puede elegir cómo acceder al nuevo liderazgo. Es el ejemplo típico del jugador de fútbol que ha sido brillante en su liderazgo mientras formaba parte del equipo, pero cuando madura y llega el momento de dirigir un equipo, y hablamos de dominios muy cercanos, no consiguen brillar como líderes efectivos porque desconocen las raíces del liderazgo; por lo tanto, no pueden distinguir cuáles son las transformaciones que lo conducirán a resultados efectivos e influir sobre quienes está entrenando.

6.4. Factores del liderazgo. Entorno y contexto

Al analizar los factores que definen al liderazgo, vemos que la clave radica en una sumatoria de competencias genéricas aplicadas y el compromiso que se posea en hacer que las cosas sucedan.

Liderar no solo depende de la voluntad de una persona, sino también del entorno que la condiciona. Esto le otorga al liderazgo su condición sistémica, característica que ha sido estudiada y que define el tipo de liderazgo que el contexto puede admitir.

Sabemos que un liderazgo autoritario no tendría espacio en un entorno donde se necesitan resultados que evidencien participación y delegación o, por el contrario, un liderazgo democrático en un contexto donde los posibles liderados se muestren de forma hostil o rebelde.

El liderazgo es relacional ya que es un camino de ida y vuelta, un camino que requiere de muchos factores entrelazados.

Si entrenamos y transformamos podremos, paso a paso, obtener resultados que nos permitan elegir qué tipo de líder queremos ser. De esta manera podríamos decir que cualquier persona puede liderar un equipo o circunstancia siempre y cuando lo desee y pueda distinguir cuáles son las opciones que tiene a su alcance. El metaliderazgo requerirá de una transformación auténtica que permita establecer contextos donde la palabra amor y calidad de vida gocen de contenido en el mundo del liderazgo a largo plazo.

Luego analizaremos posibles caminos para esta transformación que a cualquier persona que quiera comprometerse con el liderazgo y pueda ejercerlo le facilitará el camino hacia una visión coherente, que permita que los demás nos crean y nos sigan hacia los objetivos planteados.

Como vimos anteriormente, a veces se suele relacionar el liderazgo con la experiencia, esto significa que el liderazgo es más efectivo si la persona que lo ejerce, tiene competencias claras sobre el dominio en el cual se está desempeñando, pero hay circunstancias en las que no necesariamente el que lidera debe tener tal experiencia.

La preocupación de la mayor parte de los empresarios, políticos, religiosos, etc. consiste en mantener el liderazgo propio y el de sus seguidores encargados de dirigir a los de menor nivel de responsabilidad, y así sucesivamente. El metaliderazgo nos permite ir más allá de la obtención del liderazgo, ya que nos posibilita mantenerlo desde las competencias genéricas y nuestro compromiso al comprender que lo sostiene en el tiempo.

6.5. Más allá del liderazgo. Sostenerlo

Hasta hace poco el desafío de quienes manejaban personal o coordinaban acciones con personas se reducía solo a convertirse en líder. Hoy, debido a los permanentes cambios de los ámbitos tanto personales como profesionales, el reto se basa en cómo mantener el liderazgo en el tiempo, ya que si se lo tiene la mayor amenaza a la que se enfrentan los seres humanos es a perderlo.

Muchos cursos y talleres de liderazgo hablan de la experiencia de quienes han alcanzado esta meta, pero ninguno muestra cómo sustentarlo. Esto ha cambiado. Las competencias necesarias para mantener el liderazgo en el tiempo pueden ser nuestras aliadas siempre y cuando las tengamos incorporadas luego de haber iniciado un camino de transformación personal.

¿Puede una persona mantener el liderazgo indefinidamente en el tiempo? Es la pregunta que posiblemente defina al metaliderazgo.

Existen razones por las cuales el liderazgo de las personas es desafiado por el transcurso del tiempo. La primera es biológica, ya que todos tenemos un permiso biológico que va disminuyendo gradualmente con el paso del tiempo; a veces imperceptiblemente y otras no tanto, y dependerá del grado de trascendencia que queramos darle a nuestro liderazgo. El trabajo que realicemos en la delegación de poder será un aliado importante para esta visión. Si la visión del líder es trascender y lo logra a través de la delegación de poder y su visión, podemos decir que puede mantenerse indefinidamente el liderazgo, cosa que no puede ocurrir cuando lo que se delega son solo tareas.

Otra de las características que facilitan sostener el liderazgo es la coherencia que un líder muestra en todo momento que lidera. Esta coherencia está dada entre su cuerpo, sus emociones y su discurso.

Para lograrlo, el líder puesto a jugar como tal necesitará administrar sus emociones, distinguir su corporalidad y mantener un lenguaje responsable de forma tal que su mayor fortaleza sea la construcción de la confianza de quienes lo rodean.

El metaliderazgo también suele nutrirse durante el liderazgo de la generación que hagamos de líderes y no tanto de seguidores.

Si siendo líder lo que delegamos son solo actividades o tareas, posiblemente generaremos seguidores; en cambio, si lo que delegamos es poder, tendremos la posibilidad de producir líderes.

El metaliderazgo se basa en la formación de líderes, o sea un líder puede delegar en un seguidor o en un líder. En este paradigma, el desafío que nos propone el metaliderazgo es el de posibilitar el desarrollo de quienes nos siguen en primera instancia, pudiendo resolver de menor a mayor las actividades coordinadas, para luego designarles tareas, pero chequeando solamente los resultados y controlándolos desde el compromiso de la delegación en la persona. El compromiso del líder deberá estar alineado, como dice Oscar Anzorena en su libro *Maestría personal*, a predisponer, envisionar, empoderar, facilitar y desarrollar a la persona que lideramos para que pueda convertirse en líder. Nuestra coherencia entre lenguaje, corporalidad y emoción colaborará también para que influenciemos e inspiremos en los otros la posibilidad de que, como seres humanos, puedan convertirse en líderes de sus vidas y luego en líderes de los demás, con el desafío de poder mantener y cuidar este liderazgo en el tiempo. En el seguidor podemos delegar tareas, en el líder podemos delegar poder.

Esto podrá traducirse en un mayor liderazgo a lo largo del tiempo y una mejor calidad de vida, es decir: metaliderazgo.

6.6. Palabras finales. Ser feliz

La felicidad tiene un significado particular para cada uno de nosotros. Algunos la obtenemos por momentos, otros al recordar viejos tiempos, pero habrá quienes han sido felices y no se dieron cuenta. Este libro puede facilitarnos el camino para distinguir cuáles son las cosas que nos alejan y cuáles las que nos acercan a esos momentos de felicidad que la mayoría de los seres humanos deseamos alcanzar. También nos asistirá en el camino hacia nuestros compromisos, y de esta forma podremos elegir disfrutarlo, ya que forma parte importante del proceso de conseguir nuestra mejor calidad de vida durante el viaje. Los juicios y las valoraciones que puedan encontrar en este trabajo apuntan a mejorar el día a día de quienes, al buscar nuevas posibilidades de éxito, se han apoyado en este libro.

www.ingramcontent.com/pod-product-compliance
Lightning Source LLC
Chambersburg PA
CBHW070632160426
43194CB00009B/1435